DAS
TÜRKISCHE
KOCHBUCH

DAS TÜRKISCHE KOCHBUCH

von
Nevin Halıcı

Weltbild Verlag

*Das Buch ist
Ağabeyim Feyzi Halıcı 'ya
gewidmet*

Aus dem Englischen übersetzt von Elke vom Scheidt
Redaktion: Vera Murschetz
Korrekturen: Brigitte Milkau
Herstellung: Dieter Lidl
Satz: Fotosatz Völkl, Germering

Die englische Originalausgabe *(Nevin Halıcı's Turkish Cookbook)* ist erstmals 1989
im Verlag Dorling Kindersley Ltd., London erschienen.
Genehmigte Lizenzausgabe für
Weltbild Verlag GmbH, Augsburg 1993
© Copyright der deutschsprachigen Ausgabe
by Christian Verlag GmbH, München
© Copyright by Dorling Kindersley Ltd., London
© Copyright für den Text by Nevin Halıcı
Layout: Bridgewater Design, Ltd.

Illustration des Schutzumschlags
und künstlerische Gestaltung: Lorraine Harrison
Fotos von Timuçin Tulgar und Roland Michand (Seiten 11, 22, 35, 38, 51, 58, 90, 95,
110, 143, 154)
© Copyright für die Fotos by John Hillelson Agency
Druck- und Bindearbeiten: Milanostampa
Printed in Italy

ISBN 3-89350-199-1

◊ INHALT ◊

VORWORT
CLAUDIA RODEN

Nevin Halıcı klopfte in jedem Dorf an zehn Türen, um die Küche der Region zu erforschen. Ich habe nie jemanden getroffen, der so leidenschaftlich, hingebungsvoll und unermüdlich wie sie nach traditionellen Rezepten sucht, ihre Authentizität so treu bewahrt und so darauf bedacht ist, das Erbe ihres Landes zu hüten.

Von Nevin Halıcı hörte ich zum ersten Mal 1984 im Sheraton Hotel von Istanbul, als dort neben der französischen auch eine türkische Speisekarte eingeführt wurde. Man hatte sie gebeten, die Köche mit regionalen Gerichten bekanntzumachen. In keinem anderen Land als der Türkei gibt es eine solche Trennung zwischen der häuslichen Küche und der der Restaurants, zwischen der Küche der Stadt und der der Provinzen. Restaurants spezialisieren sich auf gegrilltes Fleisch und kleine Gerichte. Die meisten professionellen Köche sind Urenkel der Männer, die zur Zeit der osmanischen Sultane im Topkapı-Palast oder in den Häusern des Adels von Istanbul kochten. Sie alle kommen aus der Gegend von Bolu und gehören einer eifersüchtig gehüteten Zunft an, die Frauen nicht erlaubt, auch nur einen Fuß in eine Restaurantküche zu setzen. Sie bieten eine Standardspeisekarte der Gerichte an, die sie als Saray- oder Palastküche bezeichnen.

Die klassische türkische Küche, die ihren Ursprung in Istanbul hat, ist eine der am weitesten verbreiteten und bekanntesten Küchen. Als ich noch ein Kind war, waren die königliche Familie und die regierende Elite Ägyptens osmanischer Herkunft, und die von ihnen bevorzugte Küche war unsere Haute Cuisine. Alle Länder, die zum Osmanischen Reich gehörten, der größte Teil der arabischen Welt und auch der Balkan, Ungarn, Griechenland und Teile Rußlands, übernahmen die Kebabs, die Pilafs, die gefüllten Gemüse, Milchpuddings und das Nuß- und Sirupgebäck aus Istanbul. Doch eine unendliche Vielfalt an Gerichten aus dem anatolischen Kernland blieb sogar in Istanbul unbekannt; erst in den letzten fünfzehn Jahren sind allmählich einige dieser regionalen Gerichte in der Stadt aufgetaucht und sehr populär geworden.

Nevin lehrte Kochen an einem Polytechnikum für Mädchen. Sie selbst lernte das Kochen bei den Zusammenkünften, zu denen sie ihre Mutter in der Gegend von Konya im Herzen Anatoliens begleitete, wo ihr Vater Teppichhändler war. Es gehört zum traditionellen Leben in der Türkei, daß Frauen ihre Freundinnen einmal im Monat zu einem Festessen einladen, das den ganzen Tag dauert und bei dem alle gemeinsam kochen. In Konya konnten bis zu zwanzig solcher Treffen im Monat stattfinden.

In der Türkei ist das Interesse an diesem kulinarischen Erbe heute wieder sehr lebendig, und Wissenschaftler und Ernährungsfachleute entdecken die ländlichen und provinziellen Gerichte neu. Ein großer Teil dieser Aktivität konzentriert sich auf Konya in Zentralanatolien, wo Nevins Brüder den Verband für Kultur und Tourismus leiten. Seit 1979 haben sie ein jährliches Nahrungsmittelfestival organisiert, bei dem auch ein Kochwettbewerb stattfindet und ein Symposium abgehalten wird. 1986 war der Verband Gastgeber eines internationalen Kongresses in Istanbul, Konya und Ankara. Dieser Kongreß war eine bemerkenswerte Veranstaltung; neben akademischen Abhandlungen wurden eine Bootsfahrt durch den Bosporus geboten, Besuche im Topkapı-Palast, in Moscheen und Museen, eine Vorstellung tanzender Derwische (Konya ist das historische Zentrum des Mewlewije-Ordens der Derwische), Volks- und Bauchtänze und zwei Bankette täglich, darunter ein Mittagsmahl in einem privaten Garten, bei dem in einer Erdgrube drei Lämmer gegart wurden, und ein Abendessen in der Kantine einer Zuckerraffinerie in Konya, zu dem Frauen der Gegend ihre hausgemachten Gerichte brachten. Bei dieser Gelegenheit wurden einundvierzig verschiedene Speisen gereicht, von denen einige selbst den Türken unter uns unbekannt waren.

Nevins Buch stellt eine Auswahl solcher regionalen Gerichte aus der ganzen Türkei vor und enthält auch einige der besten klassischen Gerichte aus Istanbul. Ihre Rezepte erinnern an Bilder vom ägyptischen Gewürzbazar in Istanbul – eine Stadt in der Stadt mit Hunderten von winzigen Läden, die sich in einem Gewirr von Straßen und Gassen drängen –, an die Spezialisten für Kuttelsuppe, Milchpudding und Gebäck aus Izmir, an den ganzen Charme und die Faszination der Türkei. Und sie wecken die Sehnsucht in mir nach der unglaublichen Wärme und Gastfreundschaft der Halıcıs.

Gastfreundschaft und Geselligkeit sind in der Türkei tief verwurzelt, und das Anbieten von Speisen ist dabei die Hauptsache. »Wähle deinen Freund nach dem Geschmack seiner Speisen« ist ein türkisches Sprichwort, für das es kaum ein Äquivalent gibt, weil das Essen nur in wenigen Ländern so wichtig genommen wird wie in der Türkei. Diejenigen, die mit Nevin befreundet sind, können sich außerordentlich glücklich schätzen.

ANMERKUNGEN
ZUR TÜRKISCHEN AUSSPRACHE

Türkisch ist eine phonetische Sprache; alle Buchstaben werden deutlich ausgesprochen, und alle Silben werden mehr oder weniger gleich stark betont. Die meisten Konsonanten werden ausgesprochen wie im Deutschen, aber beachten Sie:

c wie dsch

ç wie tsch

g wie im Deutschen

ğ ist ein weicher, fast tonloser Laut, der den Vokal verlängert, auf den er folgt

h wird immer ausgesprochen

j kommt in einigen Fremdwörtern vor und wird wie ein weiches Sch ausgesprochen

s wie das Sch in Schiff

Die Vokale klingen wie folgt:

a wie ä

e wie das E in Ende

ı ohne Punkt geschrieben, ist ein Laut fast wie »eh« oder ein tonloses E

i wie das i in Milch

o wie das O in offen

ö wie das Ö in Mörser

u wie im Deutschen

ü wie im Deutschen

EINFÜHRUNG

»Himmel und Erde sind nichts als ein Apfel, gewachsen an Gottes Baum Unendlicher Macht.«

MEWLANA JALALUDDIN-I RUMI (1207–1273)
MESNEVI (GEDICHTE), BAND IV

Große Imperien haben große Küchen hervorgebracht. Der fruchtbare Boden und die Tüchtigkeit der Bauern und Fischer des türkischen Reiches, verbunden mit der Begeisterung und dem Können seiner Küchenchefs und häuslichen Köche, haben feine, wohlschmeckende Gerichte entstehen lassen, die die türkische Küche neben der französischen und chinesischen zu einem der drei herausragendsten Beispiele für kulinarische Kunst in der Welt gemacht haben. Im Lauf ihrer Entwicklung, von der Küche der türkischen Stämme Zentralasiens bis zu der Küche von heute, hat die türkische Kochkunst einen individuellen Charakter angenommen, der in der Anlage der Küche, den Kochgeräten, den Gerichten und Garmethoden, dem Anrichten von Speisen und in bestimmten Sitten zum Ausdruck kommt. Abwechslungsreichtum und Vielfalt werden auf jedem Gebiet der Kochkunst gleichermaßen gepflegt.

DIE HISTORISCHE ENTWICKLUNG DER TÜRKISCHEN KÜCHE

Die Geschichte der türkischen Küche kann unterteilt werden in die zentralasiatische, die Seldschuken- und die osmanische Periode:

Die zentralasiatische Periode (vor 1038)

Das Wissen über die Nahrung und die Eßgewohnheiten der frühen türkischen Nomadenstämme in Zentralasien ist begrenzt und beruht auf Mutmaßungen. Wahrscheinlich ernährten sie sich, ebenso wie andere Nomadenstämme, von Schafs- und Pferdefleisch, ungesäuerten Backwaren oder Brot aus Weizenmehl, Milch und Milchprodukten wie Joghurt. Man weiß heute, daß Koumiss, ein fermentiertes Getränk aus Stutenmilch, und Ayran getrunken wurden.

Hinweise aus Gemeinden von Kazantürken und Tataren in Anatolien, die noch immer viele zentralasiatische Bräuche bewahrt haben, deuten darauf hin, daß eine Reihe von Nahrungsmitteln aus der zentralasiatischen Periode bis heute überlebt hat. Mantı (eine Art Ravioli), Çörek (ringförmige Brötchen), verschiedene Pasteten und Tarhana (eine Art getrockneter Quark), sie alle stammen aus Zentralasien.

Eine der frühesten schriftlichen Quellen über die präislamischen Türken, die Orhun-Inschriften, bezieht sich auf eine Begräbniszeremonie für einen Regenten der Göktürken, der zwischen dem sechsten und dem achten Jahrhundert ein großes Reich in Zentralasien errichtete. Sie zeigt, daß diese Jäger sich hauptsächlich von Hirsch- und Hasenfleisch ernährt haben.

Die Periode der Seldschukenherrscher (1038–1299)

Aus der Zeit der Seldschukensultane haben mehr schriftliche Informationen über die Ernährung überlebt. Der »Divanu Lugat-i Turk«, ein Wörterbuch, das Kaşgarlı Mahmut in den Jahren 1072 und 1073 zusammenstellte, um die Araber Türkisch zu lehren, enthält nicht nur die Namen bestimmter Nahrungsmittel, sondern beschreibt auch einige Gerichte. Zu denen, die als alte türkische Gerichte bezeichnet werden, gehören: Tutmac (Nudelsuppe); Yufka (flaches, ungesäuertes Brot); Katma, Juga oder Katmer (ein Schichtgebäck); Ekmek (Brot); Joghurt; Ayran; Kımız; Koumiss; Çörek (ein ringförmiges Brötchen); Pekmez (Sirup aus gekochtem Traubensaft); und Kavut Helva (eine Speise aus Reismehl). Es gibt auch Hinweise auf das Kochen in einer Erdgrube, auf die Verwendung von Grillrosten, Spießen und irdenen Kochgefäßen.

Das andere wichtige Schriftstück aus dem elften Jahrhundert, verfaßt von Yusuf Has Hacip, trägt den Titel »Kutadgu Bilig« (Das Buch des Wissens) und befaßt sich weniger mit Speisen als vielmehr mit Eßgewohnheiten, Festmählern und der Bedienung an der Tafel.

Ein weiteres Werk, das Licht auf dieselbe Periode wirft, ist »Dede Korkut Hikayeleri« (Die Erzählungen von Dede Korkut), zusammengestellt gegen Ende des 14. Jahrhunderts. Diese zwölf Erzählungen sind eine reiche Informationsquelle über die Bräuche der ogusischen Türken, die im Südwesten Asiens lebten. Eintopf (Yahni), Speisen am Spieß (Kebabs), eine Suppe aus Weizenmehl und Joghurt (in Anatolien Togya Çorbası genannt), Sauerrahm, Joghurt, Käse, Getränke wie Milch, Ayran, Koumiss und Wein – all das wurde laut den Erzählungen von Dede Korkut verzehrt.

Die literarischen Werke von Mewlana Jalaluddin-i Rumi, der im 13. Jahrhundert lebte, enthalten viele Hinweise auf die Eßkultur dieser Zeit. Mewlana, der die Philosophie von Harmonie und Zusammenarbeit vertrat, die Menschen in Liebe vereinen kann, liefert unschätzbare Informationen zum Thema Essen.

Viele Gerichte werden in Mewlanas Werken Kategorien zugeordnet und detailliert beschrieben: Fleisch beispielsweise wird mit Gemüsen gegart, die auch separat vorbereitet werden können; Helva kann mit Traubensirup bereitet werden (Pekmez Helvası) oder mit Mandeln (Badem Helvası); zu den Desserts gehören gesüßter gekochter Reis mit Safran (Zerde) und Stärkepuddings (Paluze).

Mewlanas Schriften zeigen, daß im Anatolien des 13. Jahrhunderts die folgenden Nahrungsmittel und Getränke gebräuchlich waren: Gemüse wie Lauch, Auberginen, Eierkürbisse, Sellerie, Spinat, Rüben, Zwiebeln, Knoblauch, Gurken; Hülsenfrüchte wie schwarzgefleckte Bohnen, Linsen, Kichererbsen und Puffbohnen; Früchte wie Äpfel, Quitten, Granatäpfel, Birnen, Pfirsiche, Feigen, Melonen, Wassermelonen und Datteln; Nüsse wie Walnüsse, Mandeln und Haselnüsse; Milchprodukte wie Joghurt, Ayran und Käse; mit Mehl hergestellte Nahrungsmittel wie Tutmac (hausgemachte Nudeln, mit Fleisch und Joghurt gekocht); Yufka (Fladenbrot); Etli Ekmek (eine Art flache Pastete mit Hackfleisch); Börek (Pasteten); Çörek (ringförmige Brötchen); Tırıt (in Bratensaft gekochtes Brot); süße Speisen wie Honig, Trauben und Traubensirup, Helva, Kadayıf, Zerde; Getränke wie gesüßte Obstsäfte und Wein.

Der seiner tanzenden Derwische wegen berühmte Mewlewije-Orden – er wurde nach dem Tode von Mewlana gegründet – stellte gewisse Regeln für die Organisation der Küche und für die Tischsitten auf, die bis heute befolgt werden.

Der Mewlewije-Orden betrachtet die Küche als geheiligte Feuerstelle, als Tempel, in dem ein Novize reift und ausgebildet wird. Den Herd, der die Domäne des Ateş Baz-ı Veli (im übertragenen Sinn »Hüter des Herdes«) ist, kann man als Altar dieses Tempels ansehen. Der Aşçı Dede – der Erste Koch – erzieht die

Novizen in jeder Hinsicht. Der Kazancı Dede – der Erste Heizer – ist sein Assistent. Ein Bewerber mußte, bevor er für eine Aufgabe im Orden ausgebildet wurde, auf einem Schaffell in einem Alkoven sitzen, der nur für eine Person Platz bot, und zwar direkt links vom Eingang in die Klosterküche. Von dort aus beobachtete er drei Tage lang Arbeit, Verhalten und Handeln der Schüler, die für Küchenaufgaben eingeteilt waren. Dann mußte er seine Entscheidung treffen. Wenn er in den Orden eintreten wollte, dann schrieb das Noviziat vor, daß er zahllose Tage in der Küche verbringen mußte. Das Herz des Mewlewije-Ordens schlägt in der Küche. Die Novizen legen in der Küche ihre Persönlichkeit und jedes Gefühl von Stolz ab. In der Küche werden sie in den Verhaltensregeln und der Arbeitspraxis unterwiesen, und der Erste Koch ist ihr oberster Lehrer.

Achtzehn verschiedene Pflichten sind in der Küche zu erfüllen:

1. Der Erste Heizer ist der Stellvertreter des Ersten Kochs, und als einer der Klosterprioren ist er verantwortlich für die Verwaltung der Küche und für die Novizen.
2. Der Halife Dede – der Erste Assistent – unterweist die neu aufgenommenen Novizen und zeigt ihnen, wie sie sich zu verhalten haben.
3. Der Derwisch, der mit der »Äußeren Hausarbeit« beauftragt ist, überbringt den Derwischen, die sich in die Abgeschiedenheit zurückgezogen haben, die Befehle des Ersten Kochs.
4. Der Wäscher kümmert sich um das Waschen der Kleidung von Prioren und Schülern.
5. Der Sanitärreiniger ist für die sanitären Anlagen verantwortlich.
6. Der Sherbet-Meister bereitet und serviert gesüßte Fruchtsäfte den Prioren und Schülern, die ihr Noviziat beendet haben.
7. Der Geschirrwäscher säubert das Küchengeschirr und die Geräte.
8. Der Lagerhalter ist für die Küchenausstattung zuständig und arbeitet als Blechschmied.
9. Der Einkäufer ist verantwortlich für den Einkauf von Nahrungsmitteln und Getränken auf dem Markt.
10. Der Kellner deckt die Refektoriumstische für die Prioren und Schüler und räumt sie ab.
11. Der mit der »Inneren Hausarbeit« beauftragte Derwisch kocht den Kaffee für die Prioren und Schüler.
12. Der Wärter der »Inneren Lampen« ist für das Anzünden und Instandhalten der Öllampen in der Küche zuständig.
13. Der Kaffeemeister röstet und mahlt den Kaffee.
14. Der Bettenmacher macht die Betten und wechselt die Laken.
15. Der Wärter der »Äußeren Lampen« ist für die Öllampen im Hof zuständig.
16. Der Putzer säubert Küche und Hof.
17. Der Kerzenwärter entzündet und betreut die Kerzen.
18. Der Laufbursche erledigt Botengänge.

Mewlanas Koch, Ateş Baz-ı Veli, der Erste Meisterkoch, war eine prominente Persönlichkeit, von der man sich folgende Geschichte erzählt. Eines Tages sagte Ateş Baz-ı Veli zu Mewlana: »Es ist kein Holz mehr da, um den Herd anzuzünden.« Mewlana antwortete, er solle seine Füße in den Herd stellen. »Gut«, sagte Ateş Baz-ı Veli, streckte die Beine aus und stellte die Füße in den Herd. Die Flamme, die aus seinen großen Zehen schoß, brachte den Inhalt des Kochtopfs augenblicklich zum Sieden. Als Ateş Baz-ı Veli jedoch Zweifel beschlichen, er könne vielleicht Verbrennungen erleiden, wurde seine linke große Zehe versengt. Man berichtete Mewlana, was geschehen war. Er kam in die Küche und bemerkte kummervoll: »Wie konntest du, Ateş Baz?«, womit er auf dessen Zweifel anspielte. Und der Koch legte die große Zehe seines rechten Fußes über die versengte linke große Zehe, um sie schamhaft zu verbergen.

Ateş Baz-ı Veli, der im Jahr 1285 starb, wurde in einem Mausoleum aus rotem Stein beigesetzt, der erste Koch, zu dessen Gedenken in der Türkei ein Mausoleum errichtet wurde. Das sagt viel über die Aufmerksamkeit, die man dem Essen und der kulinarischen Kunst widmete, und die Wertschätzung, die ein Koch zu dieser Zeit genoß.

In der heutigen Türkei ist der Glaube weit verbreitet, daß ein Besuch im Mausoleum von Ateş Baz-ı Veli, bei dem man eine Prise von dem dort ausgegebenen Salz nimmt, segensreich für die Küche des Besuchers ist, seine Kochkunst verbessert und wohltuend auf jede Krankheit einwirkt, an der er vielleicht leidet.

Die »Seldschukenarchive« sind eine unschätzbar wertvolle Quelle an Informationen über diese Periode. Als der Seldschukenherrscher Alaaddin Keykubat I. (1227–1237) zum ersten Mal als Monarch in Konya, der Hauptstadt des Seldschukenreiches, eintraf, gab es Feuerwerke und Zeremonien, wie man sie nie zuvor gesehen hatte, und es wurden Bankette und Trinkgelage ausgerichtet. In H. T. H. Houtsma's Ausgabe der »Seldschukenarchive« werden diese Festmähler wie folgt beschrieben: »Verschiedene Arten von Reis und geschmorte Hauptgerichte, gedünstete und gebratene Gemüse, Fleischragouts, ungeschälte, in heißer Asche gegarte Gemüse, Braten, gegrillte Hühner, Tauben, Rebhühner und Wachteln, alles in Gold- und Porzellanschüsseln, wurden gemäß den Traditionen der beiden ogusischen Türkenstämme auf einem erhöhten Platz angerichtet. Ogusischen Bräuchen entsprechend trank man Koumiss und eine Vielfalt von gesüßten Fruchtsäften.«

Damals gab es viele Organisationen in Anatolien, die sich streng an die Regeln und Vorschriften über das Führen von Küchen hielten. Die bekanntesten unter ihnen waren die Wakif-Gesellschaften, religiöse Einrichtungen und Stiftungen, die viele kostenlose Wohltaten und Dienste erwiesen.

Die Germiyan-Oğlu-Beyi-Yakup-Bey-Suppenküche in Kütahya beispielsweise bot ihren Mitgliedern und Reisenden, die Obdach suchten, zwei Mahlzeiten und vier Laibe Brot täglich: ein Fleischgericht täglich (sowohl das Gericht als auch das Brot mußten hervorragend sein); Reis und Weizensuppe; Fleisch, Reis und Gemüse, wie Spinat und Rüben; Helva aus Mehl, Butter und Zucker sowie süßes Backwerk mit Honig.

Für diejenigen, die zu spät für die Mahlzeiten eintrafen, gab es Butter, Käse und ungesäuerte Brotfladen.

In anderen Einrichtungen dieser Art wurde Besuchern, wie es der Brauch war, drei Tage lang Gastfreundschaft gewährt, aber wer wollte, konnte seinen Aufenthalt auch länger ausdehnen.

Die osmanische Periode (1299—1923)

Während der osmanischen Periode wurde die türkische Küche immer mehr verfeinert. In den Palastküchen und in den Häusern des Adels und hoher Beamter erreichte die spezialisierte Kunst der Köche ein sehr hohes Niveau. So entstand die Istanbuler Küche oder Palastküche, die als Höhepunkt der türkischen Kochkunst gilt.

Als Sultan Mehmet II., der Eroberer, 1453 Konstantinopel besetzte, befahl er als erstes den Bau eines Palastes, in dem er residieren konnte. In einem berühmten kaiserlichen Dekret legte er die Anstandsregeln fest, denen bei Hofe zu folgen war, die Regeln des Protokolls, denen gehorcht werden mußte, und die Tischsitten, die im 1478 vollendeten Topkapı-Palast gelten sollten. Auch die Art und Weise wie die Speisen für den Herrscher, seine Minister, die Würdenträger des Hofes und andere Mitglieder des Hofstaates zuzubereiten und zu servieren waren, wurden festgelegt.

Zur Zeit Mehmets II. umfaßte der Palastküchenkomplex vier Hauptbereiche, von denen der wichtigste Kuşhane hieß – die Vogelkäfigküche, benannt nach einem kleinen Kochtopf. In dieser Küche wurde in kleinen Mengen und kleinen Gefäßen nur die Nahrung des Herrschers zubereitet. Die zweite Küche, als Has Mutfak bekannt – die Küche des Herrschers –, diente zur Bereitung der Speisen für die Mutter des Sultans, die Prinzen und die privilegierten Mitglieder des Harems. Zu den anderen Küchen gehörten, entsprechend ihrem Rang, die des Harems, die des Ersten Eunuchen, die der kaiserlichen Staatskanzlei und die der Mitglieder des Palasthaushalts.

Das Haushaltsmitglied, das für die Küchen verantwortlich war, war der Erste Diener, der zusammen mit dem Koch, der der Küche vorstand, und dem Küchenverwalter, der für Materialien und Vorräte verantwortlich war, das Personaltriumvirat bildete, dem die Leitung der Küchen unterstand.

Während der Regierungszeit von Mehmet II. umfaßte das Küchenpersonal Bäcker, Dessertköche, Helva-Bereiter, Köche für eingelegte Gemüse, den obersten Joghurtbereiter und so weiter. Die bereits im Mewlewije-Kloster im 13. Jahrhundert auszumachende kulinarische Spezialisierung fand ihre Vollendung im 15. Jahrhundert. Das gesamte Personal der Palastküchen strebte danach, exquisite Gerichte zu kreieren, und experimentierte mit neuen Ideen, um bestehende Gerichte zu verbessern.

Der Adel und die Beamten bewirteten einander regelmäßig und wetteiferten darum, die besten Speisen anzubieten. Diejenigen, deren

Küchen denen des Palastes nicht nachstanden, erlangten Ruhm, und die Sultane beehrten sie mit einem Besuch. So wurde während der Regierungszeit von Sultan Mehmet II. der Großmufti Abdullah Molla (das Oberhaupt der islamischen Staatskirche, das im Rang direkt nach dem Großwesir kam, dem Oberhaupt der Regierung) für seine Großzügigkeit, seinen Reichtum, seine Vornehmheit und seine Küche berühmt. Eines Abends, zur Zeit des Fastenbrechens im Ramadan, versammelte der Sultan seine Minister und stattete der Residenz des Muftis einen unangemeldeten Besuch ab. Der Diener, der sich plötzlich dem Sultan gegenübersah, eilte aufgeregt zu seinem Herrn. Der Mufti ermahnte den Diener, nicht in Panik zu geraten, und wies ihn an, dem Sultan sein eigenes Mahl zu servieren und den anderen Gästen zwei oder drei Tabletts von den Speisen zu reichen, die für den Harem reserviert waren. Nach dem Mahl lobte der Sultan die Üppigkeit der Gerichte und bewunderte die Bedienung und das Tafelgeschirr, wollte aber wissen, wieso das Kompott aus getrockneten Früchten (Hoşaf), das auf

das Reisgericht folgte, nicht in einer ebenso kunstvollen Schüssel serviert worden sei wie die anderen Speisen. Der Mufti erklärte, um die Textur der Frucht nicht zu verderben, erlaube er nicht, daß sie mit zerstoßenem Eis angerichtet werde, sondern lasse statt dessen den Saft in einer Schalenform gefrieren und das Kompott in dieser Eisschale reichen.

Ebenso wie in den Palastküchen wurden in den Küchen aller großen osmanischen Häuser Köche beschäftigt, die sich innerhalb der kulinarischen Kunst spezialisiert hatten.

In dieser Zeit wurden in der Hauptstadt verschiedene Kochzünfte gebildet, und diese spielen noch heute eine wichtige Rolle bei der Überlieferung und Verbesserung alter Rezepte. Unter osmanischer Herrschaft wurden nur die besten Zutaten nach Istanbul gebracht. Der Verkauf minderwertiger Nahrungsmittel wurde durch ein System sehr strenger Kontrollen verhindert. Diese Tatsache, zusammen mit dem lebhaften Wettbewerb zwischen Köchen und Erzeugern, nur das Beste anzubieten, sorgte dafür, daß das hohe Niveau gehalten wurde.

Unter den verschiedenen Herstellern, die seit undenklichen Zeiten in Istanbul ihren Handel treiben, sind die Muhallebiciler, die Hersteller und Verkäufer von Milchspeisen, einzigartig. Obwohl sie heute selten geworden sind, kann man in Istanbul noch immer ihre Läden finden, in denen Hühnersuppe, mit Huhn gekochter Reis, Tavuk Göğsü (eine weiße Creme mit dünnen Hühnerbruststreifen [S. 148]) und ähnliche Milchspeisen sowie leichte Desserts verkauft werden.

Hier müssen auch die Straßenhändler erwähnt werden, die im Istanbul vergangener Tage bestimmte Arten von Speisen zubereiteten und verkauften. Es gab den Çörekçi, der süße Brötchen backte; den Börekçi, der würzige Pasteten zubereitete; den Simitçi, der Brotrollen herstellte; den Kağit Helvacı, der Waffeln mit Zuckerwerk backte; den Pogaçacı, der verschiedene Arten von Pasteten zubereitete; den Lokmacı, der Fettgebackenes herstellte; den Gozlemeci, der Pfannkuchen backte; den Lokum ve şekerlemeci, der Türki-

schen Honig und Süßigkeiten herstellte; den Helvacı, der Helva zubereitete; den Kelle-Paçacı, der Suppe aus Schafsköpfen und -füßen kochte; den Pilafcı, der Reisgerichte zubereitete; den Köfteci, der Fleischbällchen garte; und viele andere mehr. Meiner Meinung nach waren die originellsten von allen diejenigen, die ihren Handel in Booten trieben und gebratenen Fisch verkauften. In früheren Zeiten pflegten diese Händler in Istanbuls sauberem Meer zu fischen, den frisch gefangenen Fisch auszunehmen, in Meerwasser zu waschen und ihn dann, nachdem sie ihn in Mehl gewälzt hatten, in ihren Booten auf Holzkohlenöfen zu braten, mit gehackten Zwiebeln in einen halbierten, in der Mitte aufgeschnittenen Laib Brot zu legen und zu verkaufen. Für die Passagiere, die auf das Ablegen der am Kai festgemachten Schiffe und Fähren warteten, und für die Menschenmengen am Ufer war es ein Vergnügen, Fische von diesen Booten zu kaufen und zu essen. Ein oder zwei solcher Boote gibt es noch heute.

Die türkische Küche verdankt ihre Entwicklung und ihr Überleben bis auf den heutigen Tag der praktischen kulinarischen Sachkenntnis, die der Palast, die großen Häuser und die zahlreichen Vereinigungen von Köchen und Erzeugern von Generation zu Generation weitergegeben haben. Der türkische Spruch: »Vergiß, was du gegessen und getrunken hast, erzähl mir, wo du gewesen bist und was du gesehen hast« zeigt, daß es als unfein galt, über Essen zu reden. Und das ist der Grund, warum es auf türkisch wenig kulinarische Literatur gibt.

Abgesehen von einigen Wörterbüchern und medizinischen Schriften auf der Grundlage früher Studien, die Gerichte beschrieben oder Lebensmittel erklärten, war »Tabh-i Et'ime« (Unterweisung im Kochen) das erste Kochbuch. Man nimmt an, daß es aus dem arabischen »Kitabut-Tabih« (Buch des Kochens) von Şirvani aus dem 15. Jahrhundert übersetzt worden ist. Andere bemerkenswerte Bücher sind »Ağıdiye Risalesi« (Handbuch der Ernährung) von Abdullah Efendi und »Yemek Risalesi« (Handbuch der Gerichte) von unbekann-

ten Autoren, die im 18. Jahrhundert veröffentlicht wurden. Das »Melceu't Tabbahin« (Das Heiligtum der Köche), 1844 von Mehmet Kamil zusammengestellt, war das erste im Steindruckverfahren gedruckte Kochbuch; es wurde später von Turabi Efendi ins Englische übersetzt.

Die Bücher aus dem 20. Jahrhundert, die am meisten Aufmerksamkeit verdienen, sind »Yemek Kitabı« (Ein Rezeptbuch) und »Tatlıcı Başı« (Der Dessertkoch) von Hadiye Fahriye, in der alten türkischen Schreibweise geschrieben, die auf dem arabischen Alphabet basiert. Die Bücher wurden 1924 beziehungsweise 1926 veröffentlicht. Obwohl man inzwischen gewisse ausländische Einflüsse in der türkischen Küche finden konnte, ist davon in diesen beiden Werken, die die klassische türkische Küche anbieten, wenig zu bemerken. Spätere Kochbücher jedoch weisen viele Spuren fremder Küchen auf, und heute gibt es eine gezielte Anstrengung, diese Spuren zu beseitigen, und die türkische Küche wieder auf ihre Ursprünge zurückzuführen.

Zweifellos hat es in der Entwicklung der türkischen Küche viele gegenseitige Befruchtungen gegeben. Als die Türken von Zentralasien nach Westen kamen, wurden sie beeinflußt von den Küchen der Länder, die sie durchquerten, und auch von einigen Speisen früherer anatolischer Kulturen. Ein wichtiges Merkmal der türkischen Küche ist ihre Fähigkeit, alles erfolgreich anzupassen, was sie übernommen hat.

Natürlich gibt es verschiedene kulinarische Ähnlichkeiten mit den Speisen der benachbarten Regionen, die im wesentlichen dasselbe Klima und dieselbe Vegetation haben. So gleicht etwa die rote Kohlsuppe der Schwarzmeerregion dem russischen Borschtsch; einige Desserts und Fleischbällchen mit gekochtem und zerstoßenem Weizen ähneln denen südlicher Nachbarn der Türkei; Pilaki-Gerichte mit gedünstetem Fisch oder Bohnen, kalt serviert, haben ihre Entsprechungen in der griechischen Küche.

Börek (würzige Pasteten), Kebabs, Baklava (ein Dessertgebäck mit Sirup und Nüssen), Joghurt, Lokum (Türkischer Honig) und türkischer Kaffee wiederum haben sich von der Türkei aus im Ausland verbreitet.

Çerkez Tavuğu (tscherkessisches Huhn [S. 40]), Arnavut Ciğeri (albanische Leber [S. 77]), Kürt Köftesi (kurdische Fleischbällchen) und Arap Köftesi (arabische Fleischbällchen) sind Beispiele für ausländische Gerichte, die in der türkischen und anatolischen Küche weit verbreitet sind. Heutzutage findet man auch einige integrierte westliche Gerichte.

Der Einfluß des Islam in der türkischen Küche und verbotene Speisen

Nach der Bekehrung der Türken zum Islam im neunten Jahrhundert wurde der islamische Einfluß in der türkischen Küche und auch auf anderen kulturellen Gebieten sichtbar. Der Islam führte die Praxis ein, gewisse heilige Tage zu beachten und bestimmte Nahrungsmittel zu essen, die als geheiligt galten, brachte aber auch gewisse Einschränkungen in bezug auf Essen und Trinken mit sich. Nach den im Koran genannten Beschränkungen gibt es vier Nahrungsmittel, die in der islamischen Welt streng verboten sind: das Fleisch von Tieren, die auf andere Weise als durch das Durchschneiden der Kehle getötet wurden; Blut aus einem Tierkörper; Schweinefleisch und das Fleisch eines Tieres, das in irgendeinem anderen Namen als dem Gottes geschlachtet wurde. Der Koran erwähnt zwar kein Fleisch, das von Tieren wie Reptilien und Raubtieren stammt, deren Verzehr jedoch wird von islamischen Gelehrten als schädlich angesehen, obwohl er nach kanonischen Regeln nicht verboten ist. Die vorherrschende Meinung über den Verzehr von Wassertieren besagt, daß dieser gesetzlich ist. Der Koran sagt: »Im Meer zu fischen und den Fang zu verzehren, ist für euch und für Reisende als Mittel des Lebensunterhalts rechtmäßig.« Geht man von der Aussage dieses Verses einen Schritt weiter, so gilt es als rechtmäßig, Krustentiere zu verzehren, die anders als nach dem vorschriftsmäßigen Ritual getötet wurden, und das betrifft unter den Landtieren auch die Wanderheuschrecken.

Obwohl in der islamischen Welt dem Fleisch eines von Moslems geschlachteten Tieres der Vorzug gegeben wird, ist es gestattet, das Fleisch von Tieren zu essen, die von Angehörigen anderer Glaubensrichtungen mit eigenen Schriften geschlachtet wurden. Die Art der Schlachtung jedoch muß dem moslemischen Ritus entsprechen, was bedeutet, daß dem Tier die Kehle durchgeschnitten werden muß.

Was Getränke betrifft, so verbietet der Koran alkoholische Getränke. Doch die Tatsache, daß im Koran der Begriff »Wein« vorkommt, hat die Liebhaber von alkoholischen Getränken zu der Auffassung veranlaßt, daß sie nicht verboten sind. Der Prophet Mohammed jedoch hat gesagt: »Das, was irgendeine Form von Berauschung verursacht, ist Wein, und jede Art von Wein ist verboten.«

Die Einschränkungen werden aufgehoben, wenn kanonisch zugelassene Nahrungsmittel zur Linderung von Hunger und Durst oder zur Behandlung von Krankheit nicht verfügbar sind. Unter solchen Umständen darf ein Moslem verzehren, was normalerweise verboten ist.

Abgesehen von diesen Einschränkungen, brachte der Islam neue Bräuche und Rituale in das türkische Sozialleben und war dafür verantwortlich, daß bestimmte Nahrungsmittel eine sakrale Bedeutung erlangten.

Im Islam ist der Monat Ramadan der Monat des Fastens, der im ganzen Land eingehalten wird. Es gibt außerdem fünf Kandil-Nächte; Nächte religiöser Feste, an denen die Minarette und Moscheen festlich beleuchtet sind. Die Daten gehen auf den arabischen Kalender zurück, der auf dem Mondjahr basiert. In der islamischen Welt wird er noch immer benutzt, um die Zeiten religiöser Ereignisse zu bestimmen. Die zwölfte Nacht von Rebiülevvel, dem dritten Monat, ist der Geburtstag des Propheten Mohammed. Der erste Freitag von Receb, des siebten Monats, ist bekannt als Ragaib Kandili und kennzeichnet die Empfängnis des Propheten Mohammed. In dieser Nacht, so glaubt man, werden die Gebete der Gläubigen erhört. Die 27. Nacht von Receb ist bekannt als Mirac Kandili, die Nacht der Himmelfahrt des

Propheten Mohammed. Die 15. Nacht von Şaban, des achten Monats, ist Berat Gecesi, die Nacht der Bevorzugung, in der die zukünftigen Handlungen eines Individuums für das folgende Jahr von den Engeln erwogen, beschlossen und ordnungsgemäß verzeichnet werden. Die 27. Nacht des Ramadan, des neunten Monats, ist Kandil Gecesi, die Nacht der Macht, die Nacht, in der der Welt der Koran offenbart wurde.

An dem Tag, der diesen Festen vorangeht, ist es in ganz Anatolien weitverbreitete Tradition, drei geheiligte Speisen zu bereiten und zu verteilen, die dem Volksglauben nach folgendes repräsentieren: das Siegel Mohammeds: Lokma (Fettgebackenes); das geschriebene Edikt des Propheten: Katmer (Blätterteig); und seinen Segen: Pişi (gebackener Brandteig).

Aşure, das auf den zehnten Tag des Muharrem, des ersten Monats, fällt, ist ein beliebter Feiertag. Die Menschen glauben, daß Gott an diesem Tag seinen neun Propheten Gunst erwies und den Himmel erschuf. Sie feiern den Anlaß mit großer Begeisterung und tauschen Aşure-Geschenke aus – eine Süßigkeit aus Getreide, Reis, Zucker, frischen und getrockneten Früchten und Milch (S. 152).

Die Anlage einer Küche

In alten türkischen Häusern war die Küche in zwei Bereiche unterteilt, die Vorratskammer und die eigentliche Küche. Gewöhnlich lag die Vorratskammer an einer sonnengeschützten Stelle und hatte kleine Fenster, um für gute Durchlüftung zu sorgen, und eine Tür, die in die Küche führte.

Lebensmittel, die lange aufbewahrt werden mußten, wurden in der Vorratskammer gelagert. An deren Wänden wurde ringsum eine etwa fünf bis zehn Zentimeter hohe Stufe er-

richtet. Darauf standen Reihen von Gefäßen mit Öl, Eingemachtem, Traubensirup, Honig oder eingelegten Gemüsen – jedes Gefäß mit einem dünnen Tuch bedeckt – und ähnliche Nahrungsmittel, die in Gruppen angeordnet zusammenstanden. Sucuk (Würste) und Pastırma (Dörrfleisch mit Kümmel und Knoblauch) wurden in Mullbeuteln an Haken in der Wand oder hölzerne Pfosten gehängt. Früchte wie Trauben, Melonen und Birnen, die für den Winter gelagert wurden, wurden ebenfalls aufgehängt und konserviert. Auch trockene Lebensmittel wie Mehl, Hülsenfrüchte, Reis und geschroteter Weizen wurden in der Vorratskammer aufbewahrt und jeweils für den täglichen Küchenbedarf entnommen.

In der Küche war die Feuerstelle unter einem Kaminabzug angelegt, der unangenehme Gerüche absorbierte. Zum Abwaschen gab es ein Becken und eine Wasserquelle. Über dem Ständer des Beckens und zu einer Seite befanden sich ab Bodenhöhe Reihen von Regalen; die unteren waren breit genug, um Pfannen und Töpfe aufzunehmen, die schmaleren oberen Bretter waren für das Porzellan vorgesehen. An einer passenden Stelle stand ein großer Eckschrank mit Drahtgeflecht, in dem gekochte Speisen und täglich benötigte Nahrungsmittel aufbewahrt wurden. Auf dem Fußboden befanden sich lange, gepolsterte Sitze und Kissen, die einander gegenüberlagen, so daß man im Sitzen arbeiten konnte, wenn man Gemüse oder Früchte putzte oder Teig ausrollte.

Abgesehen von der Kochstelle wurden noch zwei Arten von Öfen benutzt: der Mangal-Ofen, mit Holzkohle beheizt, zum Garen der verschiedensten Speisen, und der Maltız-Ofen, mit Koks betrieben, zum Garen von Speisen, die intensive Hitze benötigen, wie

Schafsköpfe, Schafsfüße und Kutteln. Gerichte, die in einem Backofen gebacken werden mußten, wurden in die örtliche Bäckerei gebracht. Im allgemeinen waren alle Küchen auf die gleiche Weise angelegt, aber manchmal kamen noch besondere regionale Merkmale hinzu, in Südanatolien etwa ein Tandır, eine in den Boden gegrabene Mulde, die als Ofen benutzt wurde.

Küchengeräte

Die in der türkischen Küche verwendeten Geräte lassen sich anhand des Materials beschreiben, aus dem sie gefertigt sind.

Hölzerne Geräte: Die wichtigsten Utensilien in jedem Haushalt sind das Teigbrett, der Knettrog, eine zylindrische Trommel, ein Rahmen oder ein zusammenklappbares Gestell, auf das das große Tablett gesetzt wird, welches als Eßtisch dient, Nudelhölzer in verschiedenen Größen, Löffel, die zum Kochen und Essen benutzt werden, sowie ein Löffelbehälter.

Kupfergeräte: große, runde Tabletts, die als Eßtisch dienen, Schalen, Trinkgefäße, ein flacher Topf mit Henkeln, Platten, Kochtöpfe, Joghurt- und Milchkübel, große, tiefe Servierschüsseln, Teller, Kellen und Lochkellen, Seiher, Bratpfannen, Hackmesser und Schüsseln mit Henkeln.

Messinggeräte: ein Mörser, Kaffeemühle, Krüge für Salep (pulverisierte Wurzeln von *Orchis mascula*, mit Milch vermischt als heißes Getränk im Winter) und Şerbet (gesüßter Fruchtsaft).

Emailgefäße: Kochtöpfe in allen Größen, Kaffeekannen, ein Topf für heißes Wasser und eine Teekanne (so geformt, daß letztere auf ersterem steht und beide eine Einheit bilden).

Irdene Gefäße: Kasserollen mit Deckeln in verschiedenen Größen, Suppenschalen für einzelne Portionen, ein Fischtopf mit Platte, Krüge, Wasserkannen und Schüsseln.

Porzellan: Speiseservice, Kaffeeservice, Salep-Service, Geschirr.

Glas: Wassergläser, Şerbet-Gläser, Teeservice, Dessertteller und -schalen.

Andere Materialien: Dessertformen für Zuckerwerk und andere Nachspeisen, Essigbehälter, Salzstreuer, Spieße zum Grillen von Fleisch, Backblech, Mörser aus Eisen und Stein.

Mahlzeiten und Sitten

Seit der Zeit der Seldschuken bis heute sind die Türken im allgemeinen gewohnt, vier Mahlzeiten am Tag zu sich zu nehmen: zwei Hauptmahlzeiten und zwei leichte Erfrischungen.

Die erste Mahlzeit wird für den Zeitpunkt bereitet, an dem die älteren Familienmitglieder zur Arbeit fortgehen, das heißt nach den Morgengebeten und etwa zwei Stunden vor dem mittäglichen Gebetsruf. Diese Mahlzeit ist als Kuşluk Yemeği bekannt; die wörtliche Übersetzung bedeutet »Vogelhaus-Mahlzeit«, was eine geringe Menge bezeichnen soll, wie Brotkrumen für Vögel. Zu Mittag, wenn die Männer nicht zu Hause sind, dienen Reste vom vergangenen Abend oder ein leichter Imbiß als Mahlzeit.

Die zweite Hauptmahlzeit des Tages, die nach den Abendgebeten bereitet wird, ist das Abendessen, zu dem sich die Familie im Haus versammelt. Für diese Mahlzeit werden mit großem Aufwand die besten Speisen zubereitet.

Die vierte Mahlzeit des Tages, die man vor allem an den langen Winterabenden einnimmt, ehe man sich zurückzieht, ist in Zentralanatolien als Yat Geber Ekmeği (Leg dich aufs Ohr und schlaf) bekannt, ein Nachtmahl aus Frühstücksspeisen, Früchten, süßen Brötchen und Pasteten. Es heißt, diese Mahlzeit habe ihren Namen erhalten, weil die Männer, die den ganzen Abend außer Haus waren, um zu trinken, mitten in der Nacht heimzukommen pflegten und ihre Frauen baten, ihnen ein Frühstück oder eine Suppe zu machen, um das Getrunkene zu kompensieren. Die Frau, ärgerlich, aber aus Respekt schweigend, murmelt: »Nimm, leg dich aufs Ohr und laß mich in Ruhe!«

Diese täglichen Mahlzeiten waren natürlich

unterschiedlich, je nachdem, ob die Familien besonders viel Wert auf Essen legten oder Gäste eingeladen waren; dann beispielsweise wurde aus dem Mittagessen eine Hauptmahlzeit.

Die folgenden Anmerkungen erschienen in einem Werk aus dem elften Jahrhundert mit dem Titel »*Kutadgu Bilig*« (Das Buch des Wissens) über Mahlzeiten und Tischsitten:

»Dein Heim, dein Eßtisch und deine Teller seien sauber. Dein Raum sei ausgestattet mit gepolsterten Kissen, deine Speisen und Getränke seien frisch zubereitet. Die Speisen und Getränke müssen ebenfalls rein und wohlschmeckend sein, damit deine Gäste ihr Mahl genießen. Die Speisen und Getränke, die während der Mahlzeit verzehrt werden, müssen einander ergänzen und reichlich vorhanden sein. Die Getränke, die den Gästen angeboten werden, sollen in ausreichender Menge dasein, und die Beilagen zu jedem Gang müssen jederzeit zum Servieren bereitstehen. Als Getränk biete entweder Fuka (ein süßer Saft aus Getreidekörnern und Früchten), Mizab (Trinkwasser) oder Rosenhonig und gesüßten Rosensaft an. Ist die Mahlzeit beendet, serviere Leckerbissen und Früchte. Neben getrockneten und frischen Früchten reiche Simis (in Salzwasser eingeweichte und gebratene Kürbiskerne) als Leckerbissen. Wenn deine Verhältnisse es gestatten, biete den Gästen Geschenke an. Wenn du reich bist, verschenke eine Gabe aus Seide, und wenn es möglich ist, beende das Gastmahl mit einem ganz besonderen Geschenk, das deine Besucher aufs höchste überrascht.«

Im 13. Jahrhundert waren die Regeln für die Tischsitten im Mewlewije-Kloster wie folgt:

»Wenn das Essen in der Küche gar und bereit war, nahm der Kazan Dede (der Erste Heizer) den Deckel vom Kessel oder Topf, und die Schüler verneigten sich bis zur Erde. Der Erste Heizer sprach ein Gebet. Die Tafel wurde in der Küche gedeckt, und ringsum wurden Teppiche aus Schaffell ausgebreitet. Einer der Schüler begab sich dann zu den Kammern der Derwische und rief aus: ›Das Mahl ist serviert!‹ Dann wiederholte er diesen Ruf für die

Novizen. Rings um das als Tafel dienende große Metalltablett wurden kleine Tücher ausgelegt. Die Löffel wurden mit der Vertiefung nach unten und dem Stiel nach rechts ausgerichtet hingelegt. Das Oberhaupt des Mönchsordens, der Oberste Derwisch oder Aşçi Dede (der Erste Koch), setzte sich ebenfalls an den Tisch; alle Derwische und Schüler, Mewlewijes genannt, nahmen ihre Plätze am Tisch ein. Während der Mahlzeit wurde striktes Schweigen eingehalten. Das Mahl begann mit einem Gebet und damit, daß man eine Prise Salz aus dem Salzfäßchen kostete, das auf dem Tisch stand; ebenso wurde zum Ende der Mahlzeit eine Prise Salz genommen und das Mahl mit einem Gebet beendet. Die Schüler, deren Aufgabe es war, Wasser zu servieren, bereiteten die Krüge vor, und nachdem der Becher desjenigen, der seinen Wunsch nach Wasser signalisiert hatte, gefüllt war, hob der betreffende Schüler den Becher, küßte ihn und reichte ihn zurück. Derjenige, der den Becher erhielt, küßte ihn gleichfalls und trank das Wasser. Während dieser Ritus vollführt wurde, hörten alle, die zu Tisch saßen, auf, sich Speisen zu nehmen und zu essen, und diejenigen, die Speisen im Mund hatten, hörten zu kauen auf. Der Erste Koch wandte sich dann mit dem Ausspruch ›wohlgetan‹ an denjenigen, der das Wasser getrunken hatte, und die Versammelten aßen weiter. Das Mahl wurde aus einer gemeinsamen Servierschüssel gegessen. Mit dem Gedanken, daß ›das, was ein Gläubiger übrigläßt, einem anderen Gläubigen nutzt‹, wurde jeder Gang beendet. Nach dem Gebet zum Abschluß der Mahlzeit und dem Dankgebet verließen die Schüler (Mewlewijes) und die Derwische schweigend und in einer Atmosphäre von Frömmigkeit die Tafel.«

In traditionellen Häusern, vor allem im ländlichen Anatolien, bestehen diese Bräuche noch heute, und die Mahlzeiten werden nach alter Sitte auf dem Boden serviert. Alle Teilnehmer waschen sich die Hände und nehmen am Tisch Platz. Der Familienälteste beginnt mit der Mahlzeit, nachdem er das Tischgebet gesprochen hat. Jeder bedient sich selbst aus einer großen gemeinsamen Servierschüssel,

die in der Mitte steht. Für Suppe, Reis und gedünstete Früchte werden Löffel benutzt. Andere Speisen werden mit der Hand gegessen, obwohl man heutzutage auch Gabeln verwendet. Wenn jemand den Tisch verläßt, rührt niemand das Essen an, bis der Betreffende zurückkommt. Ist die Mahlzeit beendet, wird ein Dankgebet gesprochen, und die Ältesten verlassen den Tisch zuerst.

Wird mit der Hand gegessen, so sind bestimmte Sitten zu befolgen: Fleischbällchen, gegrilltes oder gebratenes Fleisch, gefüllte Gemüse und dergleichen werden an einem Ende gefaßt und gegessen; und Gerichte in Bratensaft oder Sauce werden so gegessen, daß die Finger nicht mit der Flüssigkeit in Berührung kommen. Im allgemeinen werden solche Speisen mit Brot serviert. (Brot ist das Hauptnahrungsmittel der Türken; alles andere wird als Ergänzung betrachtet.) Die Speisen werden mit Daumen, Zeige- und Mittelfinger aufgenommen. Das Gemüse- oder Fleischstück, das dem Rand der gemeinsamen Servierplatte am nächsten liegt, wird mit einem Stück Brot ganz an den Rand geschoben; dabei hält man das Brot zwischen Zeige- und Mittelfinger. Dann

wird der Bissen von unten mit dem Daumen angehoben (oft ist das nicht nötig, da weiche Speisen wie Helva an dem Brot kleben) und zum Mund geführt. Fleisch vom Knochen wird gegessen, indem man ein Ende des Knochens hält. Feuchte Tücher, mit Rosenwasser beträufelt, werden bereitgelegt und benutzt, um sich zwischendurch Hände und Mund zu säubern.

Nachdem die Mahlzeit beendet ist, wird ein entsprechendes Gebet gesprochen. Wenn die Zeit drängt, wird die kürzere Gebetsform verwendet, die lautet: »Im Namen Gottes, Gott sei gedankt, Ehre sei Gott.« Dann wird der letzte Bissen der Speise genommen, und es ist üblich, ihn vom entferntesten Teil der Servierplatte zu nehmen. (Man glaubt, daß man dadurch im Geiste mit Freunden und Verwandten vereinigt ist, die fern von zu Hause sind.) Dann verlassen alle den Tisch, und nachdem sie sich die Hände gewaschen haben, wird der Kaffee serviert.

Tischdecken und Bedienung

Die Türken Zentralasiens nahmen ihre Mahlzeiten gewöhnlich auf einem leinenen oder ledernen »Bodentuch«, Kenduruk genannt, ein, das auf dem Boden ausgebreitet wurde. Im elften Jahrhundert dagegen benutzten sie ein Tergi oder Tewsi – ein großes Tablett.

Damals sah die türkische Architektur kein abgetrenntes Speisezimmer im Haus vor. Zur Essenszeit wurde im Hauptraum gedeckt und das Essen serviert. Selbst im Topkapı-Palast, der Residenz der osmanischen Sultane, gibt es keinen abgetrennten Speisesaal. Die Mahlzeiten wurden auf Eßtischen serviert, die man in verschiedenen Teilen des Palastes aufstellte.

Heutzutage wird ein traditioneller türkischer Tisch auf dem Boden folgendermaßen gedeckt: Zuerst wird ein Tuch auf dem Boden ausgebreitet, damit Brot und Speisen den Fußboden nicht beschmutzen. Darauf wird ein großes Tablett gestellt, das auf einer Trommel ruht, einem kreisförmigen Rahmen oder auf einem Gestell, damit es die richtige Höhe hat. Hölzerne Suppenlöffel für jede Person werden entweder rings um die Suppenterrine gelegt oder aber an den Rand des Tisches, je nach persönlichem Geschmack. Deckt man einzelne Servietten, so werden diese auf die Löffel gelegt; deckt man dagegen ein Serviettentuch, so muß das über den ganzen Tisch reichen. Becher, Wasserkannen, Schüsseln mit Speisen und Desserts werden auf ein kleineres Tablett in der Nähe gestellt.

Kleine Handtücher, in heißes Seifenwasser getaucht und mit Eau de Toilette – gewöhnlich Rosenwasser – beträufelt, werden gereicht, um sich die Hände zu säubern.

Ehe die Mahlzeit beginnt, werden eine Waschschüssel und eine Kanne Wasser hereingebracht und die Hände gewaschen, angefangen bei den Kindern. Dann nehmen alle Platz.

Die Mahlzeit beginnt damit, daß die Suppenterrine in die Mitte des Tisches gestellt wird, und dann bringt, falls es keine Bediensteten gibt, die Mutter oder die Tochter des Hauses die Speisen, sammelt die leeren Teller ein und serviert den nächsten Gang. Ayran (ein Joghurtgetränk), Şerbet (gesüßte Fruchtsäfte) und Surup (Sirups) werden aufgetragen; außerdem werden Salate und eingelegte Gemüse als zusätzliche Leckerbissen auf den Tisch gestellt. Wenn Dessert oder gedünstete Früchte gereicht werden, verteilt man besondere Dessertlöffel. Sind kleine Kinder anwesend, kann für sie ein separates kleines Serviergefäß auf den Tisch gestellt werden.

Nach Beendigung der Mahlzeit wird der Tisch abgeräumt. Wieder wird eine Schüssel zum Händewaschen hereingebracht, und diesmal beginnen die Ältesten. Dann werden Kaffee und für die Männer Tabak angeboten.

Speisenfolgen und Mahlzeiten für besondere Gelegenheiten

Das erste überlieferte Bankett ist Yuğ, das Morgenfestmahl, wie aus den Orhun-Inschriften zu entnehmen ist. Im elften Jahrhundert wurden zu religiösen Festtagen oder anläßlich von Hochzeiten eines Khans Bankettgerichte, bekannt als Kenc Liyu, in Form eines Minaretts aufgetürmt, das bis zu 30 Arşin (ein altes türkisches Maß, das etwa 70 cm entspricht) hoch war, und das die Besucher dann zerstörten und verzehrten.

Im gleichen Jahrhundert hatte Yusuf Has Hacip über die Speisenfolge und die bei einem Festmahl vorgeschriebenen Regeln folgendes zu sagen: »Wenn du nach dem Genuß zu vieler heißer Gerichte eine zu große Hitze verspürst, so nimm sofort ein kaltes Getränk zu dir. Wenn du dich im Lenz deines Lebens befindest, greife zu kälteren Dingen, denn dein Blut wird sie aufwärmen. Bist du mehr als 40 Jahre alt und im Herbst deines Lebens, gleiche deine Verfassung mit heißen Dingen aus. Wenn du 60 Jahre alt und im Winter deines Lebens bist, iß heiße Speisen und liebäugele nicht mit kalten. Hast du zu viele trockene und kalte Speisen verzehrt, so halte (um deren schädliche Folgen abzuwenden) Heißes und Frisches bereit. Wenn du dein Alter und die Kälte zu stark spürst, stärke dich mit Hitze. Hast du ein heißes Temperament, so ernähre dich von kalten Dingen. Wenn du immer gesund sein und nie unter Unpäßlichkeiten leiden möchtest, so iß mäßig und lebe nach dieser Regel. Wenn du in völligem Seelenfrieden ein langes Leben genießen willst, sei still und hüte deine Zunge. Wer reinen Herzens ist, lebe nach dieser Regel.

Beginne nicht vor den Älteren zu essen. Fange deine Mahlzeit immer mit einem Tischgebet an und iß mit deiner rechten Hand. Berühre nicht die Speise, die vor einer anderen Person steht, und iß das, was dir am nächsten ist. Ziehe bei Tisch kein Messer und schabe keine Knochen ab, sei nicht zu gierig und nimm keine nachlässige Haltung ein. Doch so gesättigt du auch sein magst, zeige Freude und Eifer, wenn du die Speisen in Empfang nimmst, die dir angeboten werden, und wenn du sie verzehrst, damit die Dame des Hauses, die die Speisen bereitet hat, zufrieden sein kann. Auf diese Weise würdige das Bemühen derer, die sich die Mühe gemacht haben, dich zu einem Mahl zu laden. Beiße ab, was du in den Mund gesteckt hast, und kaue es langsam. Blase nicht mit dem Mund über heiße Speisen. Wenn du ißt, lehne dich nicht über den Tisch und störe nicht deine Nachbarn. Iß mäßig, denn ein Mensch sollte immer wenig essen und trinken.«

Im allgemeinen besteht eine türkische Mahlzeit aus Suppe, einem Hauptgericht aus Fleisch, Reis oder gefüllten, gewürzten Pasteten, einem Gemüsegericht und einer Nachspeise; innerhalb dieser Speisenfolge wird die größtmögliche Vielfalt geboten.

Im Palast von Istanbul gab es Festmähler, bei denen bis zu 100 Speisen gereicht wurden; in Anatolien waren es bis zu 40. Heutzutage besteht ein formelles Essen aus Suppe, einer Eierspeise, Fisch, Fleisch, Geflügel oder Wild, Gemüsen, die mit Fett oder Olivenöl gegart wurden, Börek (gefüllte, würzige Pasteten), Pilaf oder Teigwaren sowie Nachspeisen, Früchten und Kaffee.

In einem Werk aus dem 16. Jahrhundert, das den Titel »Bankettarrangements« trägt, wird vorgeschlagen, den Tisch zu einem abendlichen Mahl mit Blumen zu schmücken und mit Blütenblättern von Rosen zu bestreuen. Wesentlich bei einem solchen Mahl waren Braten, die innen noch rosa waren, sauer gewürzte Suppen, gebratene Speisen und Fleischbällchen; verschiedene Arten von Fisch oder Schalentieren wurden als Mezes oder Vorspeisen serviert. Es wird vorgeschlagen, als Mezes mindestens 40 oder 50 verschiedene Dinge und reichlich Haselnüsse, Pistazien und Mandeln anzubieten; der Tisch sollte üppig gedeckt sein mit Fischrogen, Kaviar und verschiedenen Arten von Pastırma (Dörrfleisch, gewürzt mit Kümmel und Knoblauch), und mit Ausnahme von Reis sollten schwere Speisen wie gefüllte Pasteten und dergleichen vermieden werden.

Angeblich wurden in späteren Zeiten in verschiedenen Tavernen Istanbuls Abendmahlzeiten mit ungefähr der gleichen Vielfalt an Speisen angeboten, und der Bezirk Yedi Kule (Sieben Türme) soll wegen seiner Mezes einen besonderen Ruf gewonnen haben. Heute ist diese Gegend in Istanbul als Çicek Pasajı (Blumenallee) bekannt – und berühmt für ihre Getränke und Mezes.

Heutzutage werden bei Partys die kalten Speisen auf dem Tisch angerichtet, die heißen dagegen nacheinander hereingebracht und serviert. Kuttelsuppe ist der übliche Abschluß eines solchen Abends.

Eine weitere besondere Abendmahlzeit, die es in ein paar Häusern in Anatolien noch gibt, ist das Helva-Essen. Helva-Essen entstanden in Istanbul in den Häusern einflußreicher Leute, angeführt von Ibrahim Pascha und seinen Schwiegersöhnen während der Regentschaft von Sultan Ahmed III. (1703–1730). Helva wurde nach Diskussionssitzungen und verschiedenen Arten der Unterhaltung gereicht. Sultan Ahmed III. pflegte viele dieser Helva-Zusammenkünfte zu besuchen.

Einen besonderen Platz in der türkischen Küche nehmen die Sahur- und Iftar-Mahlzeiten ein, die Mahlzeiten, die vor und nach der täglichen Abstinenzperiode während der religiösen Fastenzeit eingenommen werden.

Das Fasten während des Ramadan-Monats, eines der fünf wesentlichen Gebote des Islam, ist ein Akt der Frömmigkeit, der darin besteht, daß von etwa einer Stunde vor dem Morgengebet bis zum Ruf zum Abendgebet nicht gegessen und getrunken wird. Früher wurde in Istanbul der Ramadan in festlicher Atmosphäre begrüßt. Zwischen den Minaretten aufgehängte Lampions wurden entzündet und die Stunden von Iftar und Sahur mit Trommelschlägen und Böllerschüssen begrüßt. Während des ganzen Monats fanden im Vergnügungspark Direklerarası Unterhaltungen und Spiele statt. Die Häuser wurden schon einen Monat im voraus geschmückt, und man legte Lebensmittelvorräte an; die vornehmen Häuser spendeten einige der für den Ramadan gekauften Lebensmittel den Witwen und armen Frauen des Bezirks.

Die Iftar-Mahlzeit wurde vor dem Ruf zum Abendgebet bereitet. Vor dem Iftar-Mahl wurde das Fasten gebrochen, indem man zuerst ein Frühstück zu sich nahm, um einen leeren Magen nicht mit üppigen und schweren Speisen zu überfüllen. Nachdem man dieses verzehrt hatte, wurde das Abendgebet gesprochen (einige wohlhabende Familien nahmen für die Dauer des Ramadan die Dienste eines

Imam in Anspruch), und danach versammelten sich alle zum Iftar-Mahl.

Auf dem Tablett, das dabei als Tisch diente, wurden verschiedene Marmeladen, Honig, Käse, Kaviar, Oliven, Würste und Pastırma gereicht – alles eigens für den Ramadan zubereitet. Außerdem gab es frische Früchte, Salate, Schalen mit geweihtem Wasser, Datteln und Senf. Kleine Teller mit in Musselin gewickelten, mit bunten Bändern zusammengebundenen Zitronenhälften wurden in Reichweite auf den Tisch gestellt und dienten sowohl als Dekoration als auch dazu, die Kerne von Früchten aufzunehmen. Weißbrot, Pide (leicht gesäuertes Fladenbrot) und Çörek (ringförmige süße Brötchen) vervollständigten das Speisenangebot zum Fastenbrechen.

Das Iftar-Mahl endete immer mit einem Kompott aus getrockneten Früchten. Das besondere Dessert für den Ramadan, bekannt als Güllac (mit Nüssen gefüllte Waffeln und ein milchiger, mit Rosenwasser aromatisierter Sirup), erschien alle zwei bis drei Tage wieder auf dem Speiseplan.

Die Bewohner Istanbuls waren immer besonders begierig auf Kuttelsuppe (Işkembe Çorbası). Wenn die Zeit des Fastenbrechens nahte, bildeten sich vor den Verkaufsständen von Kuttelsuppen Menschenschlangen. Wenn ein Iftar-Bankett oder -Abendessen gegeben wurde, reichte man am Ende Geschenke, wie es bei allen Banketten oder formellen Abendessen der Brauch war. In einigen Häusern in Istanbul wurde ein Goldkügelchen in Form einer Kichererbse in ein Gericht aus Reis und Kichererbsen gegeben, und derjenige, der in seinem Löffel das goldene Kügelchen entdeckte, bekam das Hauptgeschenk.

Nach dem Iftar-Mahl folgten die Nachtgebete, und dann machten sich alle auf in die Vergnügungsparks, wo sie bis Sahur mit Musik von Saiteninstrumenten, mit Theatervorstellungen, Karagöz (türkischen Schattenspielen), Marionettentheater und von Geschichtenerzählern unterhalten wurden.

Sahur-Mahlzeiten bestanden aus leichteren Gerichten, weil man sich nach einem schweren Mahl leicht übersättigt fühlt. Außerdem hätte ein schweres Mahl auch Durst verursachen können. Die Sahur-Mahlzeit einer mittelständischen Familie bestand aus Gerichten wie Hackfleisch in Weinblättern, Makkaroni mit Hackfleisch oder Käse, Fleischbällchen und Fruchtkompott.

Auch heute noch sind die Iftar- und Sahur-Mähler im wesentlichen unverändert, allerdings ohne das Geschenk, das derjenige gewinnt, der die goldene Kichererbse entdeckt. Der Brauch, daß Freunde und Verwandte einander während des Ramadan einladen, besteht fort.

Die heutige türkische Küche und ihre regionalen Unterschiede

Heute umfaßt die türkische Küche die klassische oder Palastküche, die sich in Istanbul entwickelte, ausgehend vom Palast des Herrschers, den Häusern des Adels und den Kochzünften – die heute nur noch in Privathäusern zu finden ist –, die internationale Küche, die es im wesentlichen in Touristenhotels und -restaurants gibt, und die volkstümliche türkische Küche, wie die in Anatolien, die auf den regionalen Erzeugnissen basiert. Viele dieser Gerichte, obwohl in alten Dokumenten beschrieben, waren in Istanbul unbekannt und wurden nie in das klassische Repertoire aufgenommen.

Ekmek Dolması (ein Brotlaib, der mit Fleisch gefüllt und im Wasserbad gegart wird) und

Haşhaşli Çörek ([S. 165] ringförmige Mohnküchlein) stammen aus der ägäischen Region; Saksuka (Gemüseeintopf mit Auberginen, Paprikaschoten, Tomaten und Knoblauch) und Kabak Helvası (ein Kürbisdessert) stammen aus dem Mittelmeergebiet; Maş Piyazi ([S. 116] ein Gericht aus Mungobohnen und Zwiebeln) und Külünce ([S. 160] ein stark gewürztes Gebäck) stammen aus Südostanatolien; Keledos (ein Gericht aus Hülsenfrüchten, Gemüsen und Fleisch [S. 128]) und Mirtoğa ([S. 43] ein würziger, süßlicher Käse) kommen aus Ostanatolien; Hamsi Pilavi (ein Gericht aus Reis und Anchovis [S. 52]) und Lahana Çorbasi (rote Kohlsuppe) stammen aus dem Schwarzmeergebiet, Çebic (am Spieß gebratenes Lamm) und Arabacı (Hühner- und Gemüsesuppe) aus Zentralanatolien. Keines dieser Gerichte findet sich in der Istanbuler Küche; sie alle basieren auf den Erzeugnissen der jeweiligen Region.

Wenden wir uns jetzt den regionalen Merkmalen der türkischen Küche zu. Anatolien besteht aus sieben geographischen Regionen: Das Marmara-Gebiet umfaßt das Zentrum der türkischen Kochkunst – Istanbul. Dieses Gebiet ist bekannt für das Sonnenblumenöl, das in seinem westlichsten Teil, Thrakien (europäische Türkei), erzeugt wird, und für den Käse von Edirne. Das anatolische Gebiet ist besonders reich an Gemüsen und Früchten. Bursa ist die Stadt, in der das an einem senkrechten Drehspieß gebratene Fleisch – Döner Kebab – entstand, und Bolu ist die Stadt, aus der die meisten berühmten Köche der osmanischen Zeit stammten; viele der Meisterköche kommen auch heute noch von dort.

Die ägäische Region ist bekannt für ihre Fische und Meeresfrüchte: Die Erzeugnisse des südlichen Teils, der sich von Izmir aus an der Küste entlang erstreckt, sind in der Türkei die begehrtesten; darüber hinaus gibt es eine große Vielfalt von Gerichten aus Blattgemüsen.

Die Mittelmeerregion ist zwar eine Küstenregion, hat aber keine große Auswahl an Fischen und folglich auch nicht an Fischgerichten; vermutlich liegt das am Überfischen und an der Umweltverschmutzung. Der westliche Teil der Mittelmeerregion, der an das südliche Ende der ägäischen Region angrenzt, ist wesentlich reicher an Erzeugnissen. Der östliche Teil ist wie die benachbarte Region Anatolien bekannt für sein Acılı Kebab (mit scharfen Paprikaschoten gebratenes Fleisch) und Bulgurlu Köfte (Fleischbällchen mit gekochtem und zerstoßenem Weizen). Auch Adana Kebab und Şalgam Suyu (Kürbissaft) verdienen Aufmerksamkeit.

Südostanatolien bietet die besten Beispiele dafür, welch breites Spektrum an gebratenen Fleischarten die türkische Küche zu bieten hat. Die Stadt Gaziantep hat vermutlich die meisten Fleischgerichte und auch ausgezeichnetes Baklava (ein rhombusförmiges, süßes Gebäck mit Pistazien, das hier in kommerziellen Mengen hergestellt wird). Çiğ Köfte ([S. 71] gewürzte Bällchen aus rohem Fleisch) und Peynirli Kadayıf (ein süßes Gebäck mit Käse) sind die Spezialitäten von Şanli Urfa. Künefe ist eines der bemerkenswerten Gerichte von Antakya, der Stadt, die in der Antike Antiochia hieß. Die Stadt Diyarbakır hat eine große Zahl traditioneller Gerichte, darunter Bumbar (eine Art Wurst), Kelle-Paça ([S. 75] Suppe aus Schafskopf und -füßen) und Kaburga Dolması

([S. 58] gefüllte Jungziegenbrust), die alle in Restaurants angeboten werden. Ein Favorit der häuslichen Küche ist ein köstliches Dessert namens Nuriye, eine Art süßes Waffelgebäck mit einer Füllung aus Nüssen und milchigem Sirup.

Ostanatolien, das ein kühles Klima hat, ist das Gebiet der Korn- und Getreideproduktion und der Viehzucht. Butter, Joghurt, Ayran, Käse, Honig, Getreide und Hülsenfrüchte bestimmen den Charakter der lokalen Küche. Ayran-Suppe, Keledos (ein Gericht aus Bohnen, Fleisch und Gemüsen) und Kurt Köftesi (Fleischbällchen) sind berühmte Spezialitäten. Mit Joghurt zubereitete Gerichte werden mit den aromatischen Kräutern gewürzt, die man in den Bergen der Region findet. Das legendäre Getränk der Gegend ist natürlich Tee, der eine so große Rolle spielt, daß man in den Dörfern, sogar bei recht armen Familien, zu Hause noch immer einen »Teemacher« hat, der jedermann jederzeit mit Tee versorgt. Butter und Honig aus Kars, der köstliche Käse aus Van, Sirmo Ve Mendu genannt, der mit Kräutern bereitet wird, die man in den Monaten April und Mai im Gebirge sammelt, und der in irdenen Töpfen reift, die auf dem Kopf stehend in der Erde vergraben werden; sowie Tomast, Käse aus Erzincan, in einer Hülle aus Ziegenhaut, der so gut schmeckt, daß man nie genug davon bekommt. All das sind Spezialitäten dieser Region, die man probieren muß.

Die bloße Erwähnung des Schwarzen Meeres erinnert sofort an Speisen, die mit Fisch, vor allem mit Anchovis, bereitet sind. Es gibt mindestens 40 verschiedene Anchovisgerichte, außerdem Balladen, Gedichte und Anekdoten über Anchovis. Darüber hinaus ist diese Region berühmt für ihr Maismehl und die damit zubereiteten Gerichte wie Kaymak. Grüner und roter Kohl sind hier beliebt, und Hamisiköy Sütlacı (wörtlich: »Anchovis-Dorf-Reis-Pudding«) – ein würziges Gericht – ist über die regionalen Grenzen hinaus bekannt. Am berühmtesten ist die Region für den Tee, der im Gebiet von Rize angebaut wird.

Zentralanatolien hat eine ausgezeichnete Küche entwickelt, weil es neben Getreideanbau und Viehzucht auch alle Arten von Früchten und Gemüsen erzeugt. Konya, die damalige Hauptstadt und Residenz der Seldschuken, zeichnet sich sowohl durch seine Nahrungsmittelindustrie als auch durch seine häusliche Küche aus. Angespornt durch den Wunsch, das Beste hervorzubringen, und mit dem gleichen Wettbewerbsgeist, der in den großen Häusern Istanbuls vorherrschte, bietet die häusliche Küche von Konya Beispiele reicher und hervorragender Kochkunst, wie ich sie nirgends sonst angetroffen habe. Etli Ekmek (mit Fleisch gekochtes Brot), Peynirli Pide (gesäuertes Fladenbrot mit Käse) und Fırın Kebabı (auf besondere Art zubereitetes Fleisch) sind Gerichte, die immer auf Begeisterung stoßen.

Andere bemerkenswerte Gerichte der Region sind Ankara Tavası (ein Rezept aus Ankara mit Kichererbsen, Trauben, Nüssen und Fleisch, gekocht und dann im Ofen gebacken), Pastırma (Dörrfleisch mit Kümmel und Knoblauch) und Mantı (gefüllte Teigwaren [S. 134]); sie alle sind Spezialitäten von Kayseri (des antiken Caesarea).

Garmethoden

Die in der türkischen Küche hauptsächlich angewandten Garmethoden kann man in vier Hauptkategorien einteilen:

1. Kochen mit Wasser

Viele Gerichte werden gekocht, einige danach mit einer anderen Methode fertiggestellt. Dämpfen ist eine heute kaum noch angewandte Methode, außer für Gerichte wie mit Reis gefüllte Muscheln. Es heißt, früher sei der Reis ohne direkten Kontakt mit Wasser gekocht worden; der vorbereitete Reis wurde in einen kleinen Topf gegeben und dieser in einen großen, mit Wasser gefüllten Kochtopf gestellt.

2. Braten in Öl

Sowohl Braten wie Fritieren in Öl werden für Fettgebackenes, Kroketten, Fleischbällchen und so weiter angewandt.

3. Garen mit trockener Hitze

Viele Speisen – Fleisch, Gebäck, Gemüse – werden im Ofen gegart. Ein Bratrost, das älteste Kochgerät in der Türkei, wird noch heute häufig verwendet, um beispielsweise Brot, gefüllte, würzige Backwaren und Fleisch über einem offenen Feuer zu garen.

Eine weitere uralte Methode ist es, Früchte und Gemüse mit fester Haut in der Glut eines Holzkohlenfeuers zu backen. Die gebackenen Gemüse werden entweder halbiert und mit Butter angerichtet oder geschält und für andere Gerichte wie pürierte Auberginen (Hünkar Beğendi) oder Ali Nazik (S. 94) verwendet.

Grillen über glühender Holzkohle ist ebenfalls sehr verbreitet. Fleisch oder Fisch, die über einem Holzkohlenfeuer gegart wurden, haben einen ganz anderen Geschmack als mit Gas oder Strom Gegrilltes. Neben dem Grillen über offenem Feuer gibt es noch eine weitere Methode, Fleisch zu garen: Man legt das Fleisch in ein Gefäß und stellt dieses in ein in einer Erdgrube entfachtes Feuer (siehe Çebic [S. 60]).

4. Garen mit Fett und Wasser

Dies ist die häufigste Kochmethode. Sie findet Anwendung bei allen Arten von Ragouts und Eintöpfen, die eingeteilt sind in Kategorien wie Yahni (Fleisch- oder Fischragouts); Basti (Gemüseragouts); Oturtma (Gerichte aus Hackfleisch mit Gemüsen); Dolma (gefüllte Gemüse) und Pilaf (Reisgerichte).

Portionen

Die Mengenangaben pro Person in den Rezepten basieren auf der Annahme, daß ein fünfgängiges türkisches Menü geplant ist, bestehend aus Suppe, einem Fleischgericht, einem Börek, einem Gemüsegericht und Dessert. Besteht das Menü aus weniger Gängen, kann die Menge pro Person erhöht werden.

Bei Gerichten wie Baklava oder Börek, die nicht in kleinen Mengen hergestellt werden können, sind die Rezepte für eine größere Anzahl von Personen berechnet.

SUPPEN, APPETITHAPPEN UND EIERGERICHTE

◇ ÇORBALAR ◇
SUPPEN

*I*n der klassischen türkischen Küche beginnt eine Mahlzeit immer mit Suppe. Es heißt, die Türken in Zentralasien hätten Tarhana-Suppe getrunken – eine Suppe aus getrocknetem Quark und Getreide –, und in dem »Klassischen Türkischen Wörterbuch« aus dem elften Jahrhundert gibt es einen Eintrag für Tutmac-Suppe, die mit Nudeln, Fleisch und Joghurt zubereitet wird.

Türkische Suppen werden im allgemeinen heiß serviert, selbst in den wärmeren Regionen, aber es gibt Ausnahmen. In Adıyaman in Südostanatolien beispielsweise wird »Dögmeli Yoğurt Çorbası« – eine mit Joghurt zubereitete Suppe – kalt serviert. In Mardin ißt man die gleiche Suppe kalt als Dessert, übergossen mit Traubensirup (Pekmez). Zum österlichen Mittagsmahl der christlichen Bewohner von Mardin, das aus gebratenem Hammelfleisch, Reis, gekochten Eiern und Osterkuchen besteht, gehört auch diese kalte Suppe – sie symbolisiert die Reinheit der Jungfrau Maria.

Bis vor 50 oder 60 Jahren wurde in der Türkei die Suppe mit hölzernen Löffeln gegessen, um die Gefahr, sich den Mund zu verbrennen, möglichst gering zu halten.

◇ TANDIR ÇORBASI ◇
SUPPE AUS DER KOCHGRUBE

*I*n Konya wird Tandır-Suppe immer am Backtag zubereitet. Sie ist nach der Kochgrube benannt (S. 60), in der sie gekocht wird. Alle Zutaten werden roh in einen Steingutkochtopf gegeben, dann legt man den Deckel auf und dichtet ihn mit einer Paste aus Mehl und Wasser ab. Der Topf wird in die heiße Asche gestellt, die in der Grube zurückgeblieben ist, nachdem früh am Tag Brot gebacken wurde. Die Suppe kocht darin und ist rechtzeitig für die Mittagsmahlzeit fertig.

Daß man an der archäologischen Ausgrabungsstätte von Catalhöyük, nicht weit von Konya entfernt, Linsen und Bulgur (geschroteten Weizen) und tandırähnliche Kochgruben gefunden hat, deutet darauf hin, daß der Vorläufer dieses Gerichts in Konya schon vor 7000 bis 8000 Jahren gegessen wurde.

FÜR 6 PERSONEN

---

50 g Hackfleisch
50 g Fett
50 g Zwiebeln, feingehackt
25 g Tomatenpüree
50 g Linsen, über Nacht eingeweicht
25 g Kichererbsen, über Nacht eingeweicht
50 g getrocknete Gartenbohnen, über Nacht eingeweicht
50 g Bulgur (S. 173)
1,5 l Fleischbrühe
1 TL Paprikapulver
½ TL schwarzer Pfeffer, gemahlen
½ TL getrocknete Minze
Salz

Hackfleisch, Fett und Zwiebeln in einen Topf geben und 4–5 Minuten unter gelegentlichem Umrühren braten. Tomatenpüree zugeben und 1 Minute rühren. Linsen, Kichererbsen, Bohnen und Bulgur hinzufügen. Die Brühe angießen, dann Paprikapulver, schwarzen Pfeffer und Minze unterrühren, zudecken, zum Kochen bringen und die Hitze reduzieren.

2½–3 Stunden kochen, bis Bohnen und Kichererbsen weich sind. Salzen, weitere 10 Minuten kochen, dann heiß im Topf servieren.

◊ TARHANA ÇORBASI ◊
TARHANA-SUPPE

Tarhana-Suppe gehört seit langer Zeit zu den bevorzugten Gerichten der Türken und geht bis auf die Antike zurück. Tarhana ist ein Teig, der aus Hefe, Mehl und Gemüsen hergestellt wird – man sollte ihn schon einige Zeit vor Gebrauch zubereiten. Variationen der Tarhana-Suppe enthalten zerstoßenen oder geschälten Weizen und können zu jeder Tageszeit gegessen werden, auch zum Frühstück.

FÜR TARHANA

500 g Zwiebeln, gehackt
500 g Paprikaschoten, entkernt und gehackt
500 g Tomaten, enthäutet und in Scheiben geschnitten
Einige Minzeblätter
3 EL Pflanzenöl
450 ml Süzme-Joghurt (S. 171)
¼ TL frische Hefe
1 kg nicht zu feines Mehl
1–2 TL Salz

Gemüse, Minzeblätter und Öl in einen Topf mit schwerem Boden geben. Deckel auflegen und bei sehr geringer Hitze 1–1½ Stunden garen, bis Zwiebeln und Paprikaschoten weich sind.

Die gegarten Gemüse abkühlen lassen, bis sie nur noch lauwarm sind, dann in einer Rührschüssel mit den übrigen Zutaten vermischen und gründlich durchkneten. Mit Folie abdecken und den Teig an einem kühlen Ort 10–15 Tage ruhen lassen. Alle zwei Tage die Hände in Milch tauchen und den Teig gründlich durchkneten, damit er nicht austrocknet. Nach 10–15 Tagen ein sauberes Tuch ausbreiten und mit Mehl bestäuben. Den Teig in Stücke brechen und diese auf das Tuch legen. Während der nächsten paar Tage die Teigstücke häufig umdrehen, damit sie trocknen. Wenn der Teig sich schließlich nur noch geringfügig feucht anfühlt, jedes Stück in den Handflächen zusammendrücken und rollen und dann durch ein grobes Sieb drücken. Die Krumen erneut auf einem Tuch ausbreiten und in der Sonne oder an einem anderen warmen Platz trocknen. Tarhana wird traditionell in Baumwollbeuteln an einem kühlen Ort gelagert und hält sich bis zu einem Jahr.

Anmerkung: Tarhana kann auch mit rohen Gemüsen bereitet werden. Hacken Sie sie klein, vermischen Sie sie mit den anderen Zutaten und zerstoßen Sie sie, bis sie ein dickes Püree haben.

FÜR 4 PERSONEN

FÜR DIE SUPPE

50 g Tarhana
100 ml Wasser
1 l Fleischbrühe (S. 33)
50 g Schafskäse oder Kaşar-Käse (S. 173)
Salz

BEILAGE
Ganze rote Paprikaschoten, über Glut gegrillt

Tarhana 3–4 Stunden in dem Wasser einweichen. Die Brühe erhitzen, und wenn sie warm ist, das nasse Tarhana hineingeben. Zum Kochen bringen, häufig umrühren, dann auf ganz geringe Hitze stellen und 10 Minuten köcheln lassen. Nach Belieben würzen.

Die heiße Suppe in eine Terrine gießen. Mit zerbröckeltem Schafskäse oder geriebenem Kaşar-Käse bestreuen. Mit den roten Paprikaschoten servieren.

◊ YOĞURT ÇORBASI ◊

HEISSE JOGHURTSUPPE

Heiße Joghurtsuppe ist in der Türkei sehr beliebt, vor allem im Winter. In der Istanbuler Küche wird sie gewöhnlich mit Reis zubereitet, in der anatolischen mit zerstoßenem Getreide. In Istanbul wie in Anatolien beginnen klassische Menüs zu festlichen Anlässen immer mit Joghurtsuppe.

FÜR 4 PERSONEN

FÜR DIE FLEISCHBRÜHE

*500 g Nacken-, Brust- oder Beinfleisch am Knochen
oder 1 kg Knochen
2,5 l Wasser
1 kleine Zwiebel, gehackt
1 Karotte, gehackt
1 Stange Bleichsellerie, in Scheiben geschnitten
1 Stange Lauch, in Scheiben geschnitten
Einige Zweige Petersilie
1 EL Reis, gewaschen
3 Nelken
4 schwarze Pfefferkörner
1 Zimtstange (2,5 cm)
1 EL Salz*

FÜR DIE SUPPE

*1 l Fleischbrühe (siehe oben)
25 g getrocknete Kichererbsen
100 g Reis, verlesen und gewaschen
500 ml dicker Joghurt
2 Eigelb
25 g Mehl*

ZUM ANRICHTEN

*50 g Butter
1 EL Minze, gehackt*

Für die Zubereitung der Brühe Fleisch oder Knochen mit dem Wasser in einen Topf geben und zum Kochen bringen. Allen Schaum von der Oberfläche abschöpfen. Die restlichen Zutaten außer dem Salz zugeben. Den Topf zudecken, und wenn die Flüssigkeit wieder kocht, die Hitze reduzieren und 2 Stunden köcheln lassen. Das Salz zugeben, nach 5 Minuten vom Feuer nehmen und die Brühe durchseihen. Wenn weniger als 1 l übrig ist, mit Wasser auffüllen.

Um die Suppe zu bereiten, die Kichererbsen vorher 7–8 Stunden in Wasser einweichen. Dann abgießen, mit reichlich Wasser in einen Topf geben und bei mittlerer Hitze kochen, bis sie weich sind.

Etwa 1 l von der Fleischbrühe in einen Topf gießen und den Reis dazugeben. Deckel auflegen und zum Kochen bringen, dann bei geringer Hitze etwa 15–20 Minuten köcheln lassen, bis der Reis gar ist. Abseihen, dabei die Flüssigkeit auffangen. Wenn die Flüssigkeitsmenge sich verringert hat, wieder auf 1 l auffüllen.

Etwas Joghurt mit den Eigelb und dem Mehl in einen Topf geben und gut zu einer Paste verrühren. Dann den restlichen Joghurt und anschließend die Reisflüssigkeit unterrühren. Den abgeseihten Reis und die Kichererbsen zugeben. Erhitzen, und wenn die Flüssigkeit zum Kochen kommt, unter ständigem Rühren 5 Minuten kochen lassen. Nach Belieben salzen, nochmals umrühren und sofort vom Feuer nehmen. (Bei längerer Kochzeit mit dem Salz könnte der Joghurt gerinnen.)

Die Suppe in eine Terrine gießen. Zum Anrichten in einem kleinen Topf die Butter erhitzen, Minze hineingeben, kurz durchrühren und sofort vom Feuer nehmen. Vorsichtig auf die Oberfläche der Suppe träufeln und heiß servieren.

Anmerkung: Joghurtsuppe kann statt mit Reis auf dieselbe Art auch mit geschältem Weizen zubereitet werden. Weichen Sie den Weizen vorher 7–8 Stunden mit den Kichererbsen ein und kochen Sie beides zusammen.

KURU BAMYA ÇORBASI
SUPPE VON GETROCKNETEN OKRA-SCHOTEN

Winzige getrocknete Okra-Schoten, wie Perlen auf eine Schnur gefädelt, sieht man in Anatolien in vielen Lebensmittelgeschäften. Sie werden hauptsächlich verwendet, um diese Suppe zuzubereiten. Okra-Suppe ist besonders beliebt als Zwischengang klassischer Menüs in Zentralanatolien. Dort besteht ein typisches Hochzeitsmenü aus Toyga (Joghurtsuppe); Etli Pilav (Reis mit Fleisch); Lirmik Helvası (Grießpudding); dann Okra-Suppe, gefolgt von Pilaf und Zerde (ein süßes Reisgericht mit Safran) und Hoşaf (Kompott von getrockneten Früchten).

FÜR 4 PERSONEN

50 g Hammelfleisch
50 g Hammelschwanz oder anderes Fett
150 g Zwiebeln, feingehackt
2 EL Tomatenpüree
1 l Fleischbrühe (S. 33)
25 g Okra-Schoten, aufgefädelt und getrocknet
500 ml Wasser
4 EL Zitronensaft oder Saft unreifer Trauben
(S. 173)
Salz

BEILAGE
Reispilaf

Fleisch und Fett in feine Scheiben schneiden. In einen Topf geben, zudecken und vorsichtig erhitzen. Gelegentlich umrühren. Wenn es zu brutzeln beginnt, Zwiebeln dazugeben. 5 Minuten rühren, bis sie blaßgolden sind. Tomatenpüree zugeben und mehrmals umrühren. Die Brühe angießen und etwa 30 Minuten kochen, bis alles richtig weich ist.

Während das Fleisch kocht, Okra-Schoten zwischen zwei Tücher legen und kräftig reiben, um alle Härchen zu entfernen. Gut waschen, noch an den Fäden in den Topf geben, das Wasser und 2 EL Zitronensaft angießen, zudecken und in 15–20 Minuten halb gar kochen. (Der Zitronensaft sorgt dafür, daß die Okra-Schoten ihre Form behalten.) Okra-Schoten von den Fäden nehmen und sie mit dem restlichen Zitronensaft und dem sauren Traubensaft in die Suppe geben. Deckel auf den Topf legen, Inhalt zum Kochen bringen, dann Hitze verringern und etwa 20–25 Minuten köcheln lassen, bis die Okra-Schoten weich sind. Abschmecken und heiß servieren.

IŞKEMBE ÇORBASI
KUTTELSUPPE

In der Türkei wird Kuttelsuppe im allgemeinen spät am Abend gegessen. In großen Städten gibt es Kuttelrestaurants (Işkembeci), die die ganze Nacht geöffnet bleiben. Wer lange aus war und getrunken hat, kehrt zum Schluß noch in ein Kuttelrestaurant ein, ehe er nach Hause geht.

Während des Kurban Bayramı, des religiösen Opferfestes, wird Kuttelsuppe in jedem Haus zubereitet, in dem das Opferritual stattgefunden hat.

FÜR 4 PERSONEN

200 g Kutteln
1 l Wasser
25 g Fett
25 g Mehl
Salz
1 Eigelb
1 EL Zitronensaft
25 g Butter

½ TL Paprikapulver

ZUM WÜRZEN
6 Knoblauchzehen
100 ml Essig

ZUM GARNIEREN
3 Scheiben Brot

Kutteln mit dem Wasser in einen Topf geben. Unbedeckt zum Kochen bringen, dann den Schaum abschöpfen. Deckel auflegen und etwa 20 Minuten kochen, bis die Kutteln weich sind. Salz zugeben und nach 5 Minuten vom Feuer nehmen. Brühe von den Kutteln abgießen und auffangen. Falls nötig, auf 750 ml auffüllen. Kutteln in feine Streifen schneiden.

In einem Topf das Fett schmelzen, das Mehl einrühren und eine Einbrenne zubereiten. Nach und nach die kalte Kuttelflüssigkeit einrühren. Bei sehr geringer Hitze 5 Minuten kö-

cheln lassen, die Kutteln hineingeben und weitere 5 Minuten köcheln. Inzwischen die Würze vorbereiten: Knoblauchzehen mit ¼ TL Salz zerdrücken und mit dem Essig vermischen. Die Garnitur vorbereiten: Brot in kleine Würfel schneiden, unter einem Grill toasten oder in Butter braten. Warm stellen.

Jetzt das Eigelb mit dem Zitronensaft verquirlen. Etwas von der Suppenflüssigkeit dazugeben, dann alles zusammen in den Topf gießen und mit einem Schneebesen kräftig rühren. Mit Salz würzen. Aufkochen lassen, dann vom Feuer nehmen.

Die kochendheiße Suppe in eine Terrine gießen. Die Butter in einer Bratpfanne schmelzen, Paprikapulver hineingeben. Nach weniger als 1 Minute vom Feuer nehmen und dünn verteilt auf die Oberfläche der Suppe träufeln. Mit der Knoblauch-Essig-Würze und den gerösteten Brotwürfeln servieren.

◊ TUTMAÇ ÇORBASI ◊
NUDELSUPPE

Das Wort Tutmaç ist abgeleitet von dem Ausdruck »Tutma aç«, was bedeutet: »Laß uns nicht hungrig bleiben!«. Tutmaç wurde bei einem Festessen zu Ehren des großen Seldschukenherrschers Tugrul Bey gereicht, als er im Jahre 1043 die Stadt Neyshapur einnahm, die im heutigen nordöstlichen Iran liegt. Nachdem er die Suppe gekostet hatte, bemerkte der Herrscher: »Das Tutmaç ist gut, aber es ist zuwenig Knoblauch daran.«

FÜR 6 PERSONEN

FÜR DIE NUDELN

1 Ei
2 EL Wasser
¼ EL Salz
125 g Mehl
Pflanzenöl zum Fritieren

FÜR DIE SUPPE

250 g Hammelschulter, gewürfelt
500 g dicker Joghurt (S. 171)
1 Ei
25 g Mehl
3 Knoblauchzehen (nach Belieben)
Salz

FÜR DIE EINLAGE

75 g Mehl
1 Ei
¼ TL Salz
Pflanzenöl zum Braten

ZUM ANRICHTEN

25 g Butter
½ TL Paprikapulver

Die Zutaten für die Nudeln in eine Schüssel geben und 10 Minuten kneten. Den Teig in zwei Teile teilen, zudecken und 20 Minuten ruhen lassen. Den Teig mit einem langen, dünnen Nudelholz 3 mm dick ausrollen und dann in Quadrate von 1,25 cm Seitenlänge schneiden. Auf einem Bogen Wachspapier 20–30 Minuten trocknen lassen. Die Teigquadrate in Öl fritieren und auf Küchenkrepp ausbreiten.

750 ml Wasser zum Kochen bringen, das Fleisch hineingeben und wieder aufkochen lassen. Schaum abschöpfen und bei aufgelegtem Deckel etwa 1 Stunde köcheln lassen, bis das Fleisch weich ist. Salz zugeben und den Topf 5 Minuten später vom Feuer nehmen. Die Flüssigkeit auffüllen, soweit sie verkocht ist.

In einem anderen Topf 1 l Wasser mit je 1 EL Salz und Öl zum Kochen bringen. Die fritierte Tutmaç-Pasta hineingeben, Deckel auflegen, 15–20 Minuten köcheln lassen.

Für die Einlage das Mehl in einer Schüssel mit dem Ei und Salz verkneten. Auf einem Nudelbrett den Teig zu einer langen, dünnen Rolle formen und diese in feine, linsenähnliche Scheibchen schneiden, in Öl fritieren und auf Wachspapier auslegen.

In einer Schüssel Joghurt, Ei und Mehl vermischen. Knoblauch mit etwas Salz zerdrücken und mit ein wenig Fleischbrühe unter den Joghurt rühren. Die Mischung zum Fleisch in den Topf geben.

Die Tutmaç-Pasta abgießen und unter langsamem Umrühren bei geringer Hitze zu Fleisch und Joghurt geben. Zum Kochen bringen, dabei ständig in der gleichen Richtung rühren. Salzen und vom Feuer nehmen.

Die Suppe in eine Terrine gießen. Die Butter in einer Pfanne erhitzen und Paprika dazugeben. Nach weniger als 1 Minute vom Feuer nehmen und dünn über die Suppe gießen. Mit einigen der Teiglinsen bestreuen, den Rest in einem separaten Gefäß reichen.

Anmerkung: Statt Paprika kann auch Aspur (Safran) verwendet werden. Erhitzen Sie den Safran nicht mit der Butter, sondern streuen Sie ihn über die Suppe, nachdem Sie sie mit der Butter beträufelt haben.

◊ ARABACI ÇORBASI ◊

ARABACI-HÜHNERSUPPE

Arabacı ist ein Wintergericht aus Konya in Zentralanatolien. An den langen Winterabenden laden Familien und Nachbarn einander regelmäßig ein, und dabei werden manchmal Arabacı-Suppe und Pişmaniye (eine von den männlichen Gästen zubereitete besondere Art von Helva [S. 11]) gereicht. Diese Zusammenkünfte sind als Arabacı- und Pişmaniye-Abende bekannt.

Jeder bedient sich selbst aus einer Terrine, die in der Mitte des Tisches steht, nimmt zuerst eine der kleinen Teigrauten in den Löffel und dann etwas Suppe, so daß beides zusammen verzehrt wird. Wenn jemand eine Teigraute in die Suppe fallen läßt, dann ist er in der folgenden Woche an der Reihe, die Gäste einzuladen.

FÜR 6 PERSONEN

---

500 g Huhn
1 Zwiebel, gehackt
1 Karotte, gehackt
2 Stangen Bleichsellerie, gehackt
1 Stange Lauch, in Scheiben geschnitten
Einige Zweige Petersilie
1 EL Reis
½ EL Salz
50 g Butter
50 g Mehl
25 g Tomatenpüree
1 TL Paprikapulver

FÜR DIE TEIGRAUTEN

1 l Hühnerbrühe
½ TL Salz (oder nach Belieben)
100 g Mehl

DAZU SERVIEREN

Zitronensaft

Das Huhn mit 2 l kaltem Wasser in einen Topf geben. Zum Kochen bringen, Schaum abschöpfen. Die Hitze verringern und den Topfinhalt 1 Stunde köcheln lassen, dann die Gemüse, Petersilie und Reis zugeben. Weitere 1–1½ Stunden köcheln lassen. Das Salz zugeben und den Topf nach 5 Minuten vom Feuer nehmen. Durchseihen. Falls die Brühe eingekocht ist, mit heißem Wasser auffüllen. Das Fleisch von den Knochen lösen und in kleine Stücke schneiden.

Für die Teigrauten 1 l von der Brühe in einen Topf gießen, das Salz zugeben und erwärmen. Dann 2 Tassen von der Brühe gut mit dem Mehl verrühren. Den Rest der Brühe zum Kochen bringen, dann unter raschem Umrühren das angerührte Mehl angießen. Weiter rühren, bis die Mischung andickt, dann vom Feuer nehmen. Ein flaches Tablett mit kaltem Wasser anfeuchten, den Teig darauf ausgießen und fest werden lassen.

Zur Fertigstellung der Suppe die Butter schmelzen, das Mehl einrühren und 3–4 Minuten unter ständigem Umrühren bei geringer Hitze golden werden lassen. Tomatenpüree unterrühren, Paprikapulver zugeben und vom Feuer nehmen.

Die restliche kalte Hühnerbrühe angießen, gut verrühren und unter ständigem Rühren zum Kochen bringen. Das Hühnerfleisch dazugeben, Deckel auflegen und 10 Minuten köcheln lassen.

Wenn der Teig fest geworden ist, in rautenförmige Portionen schneiden (wie Baklava). Einige Portionen aus der Mitte des Tabletts nehmen, damit die Suppenterrine Platz hat, die kochende Suppe in die Terrine gießen und sehr heiß mit einem Kännchen Zitronensaft servieren.

MEZELER
APPETITHAPPEN

»Und am Ende soll deine Geliebte deine Speise und dein Trank sein, unterwürfig und gehorsam und auch schön; und auch dein Meze und Wein.«

Auf fast jeder türkischen Speisekarte werden Mezes angeboten – eine Reihe heißer oder kalter Appetithappen.

Zu den kalten Mezes gehören Salat, verschiedene Arten von eingelegten Gemüsen, Käse, Pastırma (Dörrfleisch mit Knoblauch und anderen Gewürzen), schmackhafte Würste, Fischrogen, Kaviar und in Olivenöl gegarte Gemüse.

Beliebte heiße Mezes sind beispielsweise in Papier eingewickelte, gekochte Pastırma, Eier mit Würsten, Arnavut Cigeri (gebratene und dann im Ofen gebackene Leber [S. 77]), Böreks (würzig gefülltes Gebäck) und Pilafs.

MIDYE DOLMASI
GEFÜLLTE MUSCHELN

Gefüllte Muscheln sind sehr beliebt, vor allem in Istanbul und Izmir. In Izmir gehören sie außerdem zu den bevorzugten hausgemachten Gerichten. Ab April fragen die Leute einander, ob sie schon gefüllte Muscheln gegessen hätten. Und kurz danach findet man an fast jeder Straßenecke Verkäufer mit ganzen Körben gefüllter Muscheln.

FÜR 3–4 PERSONEN

30 große Miesmuscheln
Füllung mit Olivenöl (Rezept und Menge wie auf S. 103)
500 ml Wasser
1 TL Salz

Die Füllung vorbereiten. Die Muscheln 30 Minuten in einem Eimer Wasser einweichen. Die Schalen gründlich mit einem Messer sauber kratzen und dann unter fließendem, kaltem Wasser reinigen. Die Schalen mit einem Messer öffnen, so daß sie einen Schmetterling bilden. Die Bärte abschneiden und säubern.

Das Wasser mit Salz in einen Topf geben. Ein Sieb oder einen Dampfeinsatz über das Wasser stellen.

Die rohen Muscheln mit der vorbereiteten Füllung füllen und die Schalen schließen. Muscheln in das Sieb legen. Damit sie sich nicht öffnen, einen Deckel oder Teller darauflegen und diesen mit einem sauberen Stein beschweren. 20–30 Minuten dämpfen. Kalt servieren.

◊ HUMUS ◊
KICHERERBSENPÜREE

FÜR 6 PERSONEN

150 g Kichererbsen
100 ml Tahina-Paste (S. 173)
3 Knoblauchzehen, zerdrückt
4 EL Zitronensaft
4 EL Olivenöl
1 TL Kümmel, gemahlen
½ TL Paprikapulver
½ TL Salz
3–4 Zweige Petersilie
¼ TL grobes Paprikapulver oder Haspir (S. 173)

Die Kichererbsen 7–8 Stunden einweichen, abgießen, abspülen und dann in einen Topf mit 1,5 l frischem Wasser geben. Bei mittlerer Hitze mit aufgelegtem Deckel 2 ½–3 Stunden kochen, bis die Kichererbsen zu platzen beginnen. (Wenn Sie Wasser nachgießen müssen, nehmen Sie heißes Wasser, weil sonst die Kichererbsen hart werden.)

Während des Kochens die sich von den Kichererbsen gelösten Häute mit einem Schaumlöffel abschöpfen. Dann das Wasser abgießen und die Kichererbsen in einem Mörser zerdrücken. Sie sollten etwa 250 g Kichererbsenpüree erhalten. Tahina-Paste, Knoblauch, Zitronensaft, die Hälfte des Olivenöls, Gewürze und Salz zugeben und gut verrühren.

Humus in einer Servierschüssel anrichten, mit dem restlichen Olivenöl übergießen und mit Petersilie und grobem Paprikapulver oder Haspir bestreuen. Kalt servieren.

◊ KISIR ◊
BULGUR-SALAT

Einmal im Monat empfangen die Damen in der Türkei Gäste. An diesem Tag oder zu besonderen Gelegenheiten, wenn ein Gast kommt, wird – ehe man den Tee serviert – Kısır angeboten.

FÜR 4 PERSONEN

150 g feingemahlener Bulgur (S. 173)
150 ml kochendes Wasser
100 g Zwiebeln, feingehackt
400 g Tomaten, enthäutet, entkernt und gehackt
50 g Paprikaschoten, entkernt und gehackt
25 g Petersilie, feingehackt
3 EL Olivenöl
½ TL Paprikapulver; Salz
1 EL Grenadinesirup (S. 173)
oder 2 EL Zitronensaft

BEILAGEN
*Gekochte Weinblätter oder Rotkohlblätter,
eingelegte Gemüse, Tomatenscheiben*

Bulgur in eine Schüssel geben und das Wasser löffelweise unterrühren. Zugedeckt 15 Minuten bei Zimmertemperatur ruhen lassen.

Dann die Zwiebeln zum Bulgur geben und gründlich untermischen. Danach die anderen Zutaten unterrühren und nach Belieben würzen.

Eine Servierplatte mit Weinblättern auslegen und darauf den Kısır anrichten. Sie können ihn auch in einzelnen Portionen auf Rotkohlblättern servieren und Tomatenscheiben und eingelegte Gemüse dazu reichen.

◇ ÇERKEZ TAVUĞU ◇

TSCHERKESSISCHES HUHN

FÜR 4–6 PERSONEN

1 kg Huhn, zerlegt
1 Zwiebel, gehackt
1 Karotte, gehackt
1 Stange Bleichsellerie, in Scheiben geschnitten
1 Stange Lauch, in Scheiben geschnitten
Einige Stengel Petersilie
1 EL Reis, gewaschen
3 Nelken
1 TL Salz
50 g Butter
50 g Zwiebeln, feingehackt

FÜR DIE WALNUSSAUCE

125 g Walnußkerne
50 g Semmelbrösel
1 Knoblauchzehe
2 TL Paprikapulver
200 ml Hühnerbrühe

ZUM ANRICHTEN

3–4 EL Walnußöl
¼ TL Paprikapulver

Um das Hühnerfleisch zu pochieren, 1 l Wasser zum Kochen bringen, das Geflügelfleisch, die Gemüse, Petersilie und Reis hineingeben. Bei geringer Hitze köcheln, bis das Hühnerfleisch gerade eben gar ist – es sollte nicht zu weich sein. Salzen und nach 5 Minuten vom Feuer nehmen. Die Brühe durchseihen, das Hühnerfleisch in kleine Stücke schneiden.

In einem anderen Topf die Butter schmelzen. Die Zwiebel darin unter häufigem Rühren leicht bräunen. Das kleingeschnittene Hühnerfleisch und 200 ml heiße Brühe dazugeben und vorsichtig ohne Deckel etwa 10 Minuten köcheln lassen, bis die Flüssigkeit verdampft ist. Hühnerfleisch und Zwiebeln in eine Servierschüssel geben.

Mit Mörser und Stößel die Zutaten für die Walnußsauce zerkleinern und vermischen oder in den Mixer geben. Die Sauce über das Hühnerfleisch gießen, mit Öl beträufeln, Paprika darüberstäuben und kalt servieren.

◇ MUHAMMARA ◇

GEWÜRZTE WALNUSSPASTE

FÜR 6 PERSONEN

75 g Walnußkerne
25 g Tomatenpüree
25 g Semmelbrösel
2 EL Olivenöl
1 EL Grenadinesirup (S. 173) oder Zitronensaft
1 TL Paprikapulver
1 TL Kümmel, gemahlen
1 TL Zucker

Die Walnüsse im Mörser zu einer Paste zerstoßen, dann alle anderen Zutaten dazugeben. Sie können auch alle Zutaten im Mixer zu einer Paste vermischen. Bei Zimmertemperatur servieren.

◊ FAVA ◊
PÜRIERTE PUFFBOHNEN

FÜR 6 PERSONEN

250 g getrocknete Puffbohnen
150 g Zwiebeln, geviertelt
3 EL Olivenöl
1 l Wasser
1 TL Zucker
1 TL Salz
2 EL Dill, feingehackt

ZUM ANRICHTEN
2 EL Olivenöl
2 EL Zitronensaft

ZUM GARNIEREN
5–6 Zweige Dill
Zitronenscheiben

Die getrockneten Bohnen waschen, dann 8 Stunden einweichen, abgießen und erneut waschen. Die Bohnen mit Zwiebeln, Olivenöl, Wasser, Zucker und Salz in einen Topf geben. Deckel auflegen und bei geringer Hitze 40 Minuten kochen, bis die Bohnen platzen. Abgießen, solange die Bohnen noch heiß sind. Alles durch ein grobes Sieb drücken oder im Mixer pürieren – die Mischung sollte die Konsistenz von dickem Joghurt haben. Das Püree in einem Topf bei geringer Hitze auf den Herd stellen, Dill hinzufügen und 1 Minute unter ständigem Rühren köcheln lassen. Das Püree in eine Servierschüssel füllen und 1–2 Stunden abkühlen lassen. Olivenöl und Zitronensaft verrühren und über das Püree gießen. Mit Dillzweigen und Zitronenscheiben garnieren.

Eine andere Art, Fava zu servieren: Das Püree 5 Minuten kochen, dann in eine flache Schüssel von etwa 22 cm Durchmesser füllen. Wenn es erkaltet ist, in rautenförmige Stücke schneiden. Mit Öl und Zitronensaft beträufeln und garnieren.

◊ ÇÖKELEKLI BIBER ◊ KAVURMASI
KÄSE MIT GRÜNEN PAPRIKASCHOTEN

Dieses Gericht aus heißem Çökelek und grünen Paprikaschoten ist eine Spezialität aus Edirne, der Hauptstadt von Thrakien (dem europäischen Teil der Türkei). Çökelek ist eine Art Quark, der hergestellt wird, indem man Joghurt salzt und kocht. Die Hitze und das Salz bewirken, daß das Milcheiweiß gerinnt und Quark (Çökelek) entsteht.

FÜR 4 PERSONEN

100 g grüne Paprikaschoten, entkernt und gehackt
3 EL Sonnenblumenöl
250 g Çökelek oder weißer Käse

ZUM GARNIEREN
½ TL grobes Paprikapulver

Paprikaschoten bei mittlerer Hitze 4–8 Minuten in dem Öl braten, dabei ständig rühren. Den Quark dazugeben, Hitze reduzieren und weitere 1–2 Minuten unter ständigem Rühren braten, bis Quark und Paprika gut vermischt sind. Vom Feuer nehmen.

Die Mischung in eine Schüssel füllen – traditionell nimmt man dazu eine Kupferschüssel mit gekerbtem Rand. Mit Paprikapulver bestreuen und warm servieren. Çökelekli Biber Kavurmasi kann auch kalt gegessen werden.

◊ ÇİNGENE PİLAVI ◊
ZIGEUNER-PILAF

Dieses Pilaf kommt aus Aydın an der ägäischen Küste, wo es stets am Markttag serviert wird. Wenn die Hausfrau müde vom Markt nach Hause kommt, bereitet sie Zigeuner-Pilaf zu, weil es einfach zu machen ist und man dafür auch beschädigtes Gemüse verwenden kann.

Weil Zigeuner ständig unterwegs sind, essen sie Gemüse sehr häufig roh. Deshalb heißt das Gericht Zigeuner-Pilaf.

FÜR 6 PERSONEN

250 g weißer Käse oder Çökelek (S. 41)
Salz

100 g Zwiebeln, feingehackt
150 g Tomaten, enthäutet, entkernt und
grobgehackt
50 g grüne Peperoni,
in feine Scheiben geschnitten
2 EL Olivenöl
2 EL Petersilie, gehackt

Den Käse in eine Schüssel bröckeln. Etwas Salz an die Zwiebeln geben, mit ihnen vermischen und zerdrücken, um den Saft freizusetzen. Die Zwiebeln mit den Peperoni, den Tomatenwürfeln und dem Olivenöl unter den Käse rühren. In eine Schüssel füllen. Mit Petersilie garnieren und zimmerwarm servieren.

◊ BATIRIK ◊
BULGUR-KÜCHLEIN

Batırık wird wie Kısır im allgemeinen gereicht, ehe der Tee serviert wird, aber man ißt es auch zu jeder anderen Tageszeit. Statt Pistazien oder Walnüssen können auch Sesamsamen verwendet werden. Eine flüssige Version bereitet man zu, indem man 500 ml Wasser zu den Zutaten gibt; das Gericht wird dann mit einem Löffel gegessen.

FÜR 6 PERSONEN

150 g feingeschroteter Bulgur
300 g Tomaten, enthäutet, entkernt und zerdrückt
1 TL Tomatenpüree
100 g Zwiebeln, in feine Scheiben geschnitten
25 g grüne Paprikaschoten, feingehackt
100 g Walnußkerne oder Pistazien
1 TL Chiliflocken
Salz
1 EL Petersilie, gehackt
1 EL Basilikum oder Majoran, gehackt

BEILAGEN
Tomatenscheiben
Grüne Paprikaschoten

Bulgur auf einer Platte ausbreiten. Tomaten und Tomatenpüree dazugeben und mit den Händen sehr gründlich untermischen. Dann Zwiebeln und Paprika zugeben und kneten, bis sich alles verbunden hat. Die Walnüsse oder Pistazien entweder zerstoßen oder im Mixer zerkleinern. An die Mischung geben und kneten, bis Bulgur und andere Zutaten gründlich vermischt sind. Die Chiliflocken zugeben, nach Geschmack salzen, Petersilie und Basilikum hinzufügen und alles gründlich verkneten. Kleine Mengen abteilen und zwischen den Handflächen zu kleinen, abgeflachten Bällchen formen.

Mit Tomatenscheiben und grünen Paprikaschoten auf einer Servierplatte anrichten. Nicht stehenlassen, sondern sofort servieren.

42

◇ MIRTOĞA ◇
OMELETTE MIT HONIG

Mirtoğa ist ein beliebtes Frühstücksgericht in Ostanatolien, eine Spezialität aus Van und ein einfaches Gericht, dessen man nie überdrüssig wird, vor allem, wenn es mit dem köstlichen und charakteristischen lokalen Kräuterkäse (S. 28), dem berühmten Honig aus Kars und im Samowar bereitetem Tee serviert wird.

In ganz Anatolien gibt es eine Reihe von Speisen, die traditionell als erstes Mahl für eine junge Mutter nach der Geburt ihres Kindes empfohlen werden. Mirtoğa ist dabei eines der am meisten bevorzugten Gerichte.

FÜR 3 – 4 PERSONEN

---

2 Eier
¼ TL Salz
125 g Butter
100 g Mehl

DAZU SERVIEREN

Honig

Eier und Salz mit einer Gabel gründlich verquirlen.

In einer kleinen Bratpfanne bei mittlerer Hitze die Butter zerlassen, das Mehl dazugeben und mit einem Holzlöffel 5–7 Minuten rühren, bis die Masse goldgelb zu werden beginnt. Die Eier darübergießen und rasch unterrühren. Die Bratpfanne schütteln, bis der Boden der Omelette leicht Farbe annimmt, dann mit einem Spachtel wenden und die andere Seite braten. Mirtoğa heiß und mit Honig beträufelt servieren.

◊ YUMURTALAR ◊
EIERGERICHTE

*I*n der Türkei halten sich viele Leute im eigenen Garten Hühner, und folglich sind Eier ein wichtiger Bestandteil der Ernährung. Darüber hinaus haben Eier in der türkischen Küche symbolischen Charakter. Vor allem in Südostanatolien spielen sie eine wichtige Rolle bei Zeremonien und Festen, wie in Siirt, wo die erste Maiwoche als Eierfest gefeiert wird. Am ersten Tag des Festes werden in jedem Haushalt hartgekochte Eier vorbereitet und zu Picknicks auf dem Land mitgenommen, wo zur Unterhaltung Veranstaltungen stattfinden. Junge Leute tragen Wettbewerbe im Eierschälen aus, und junge Mädchen und Männer verbringen den Feiertag damit, einander kennenzulernen. Traditionell ist dies die Zeit der Verlobungen.

Wenn ein Mädchen sich verlobt, schickt die zukünftige Schwiegermutter ihr als Geschenk 250 rohe und 250 gekochte Eier. Das Mädchen schenkt die gekochten Eier seinem Verlobten, die rohen verwendet es zu Hause. Ist es erst verheiratet, so muß es seiner Schwiegermutter bis zu deren Tod zu jedem Eierfest Eier zum Geschenk machen.

In Sanlı Urfa werden die Briefe, die ein junger Mann während seines Militärdienstes schreibt, aufbewahrt, bis er seinen Dienst abgeleistet hat und nach Hause kommt. Dann werden die Briefe verbrannt, und über den Flammen wird ein Ei gebraten und dem Schreiber serviert, um den Anlaß zu feiern.

Mit einem anderen anatolischen Fest, Hıdırellez, feiert man die Ankunft des Frühlings am 6. Mai, dem 40. Tag nach der Frühlings-Tagundnachtgleiche. Die Menschen machen draußen auf dem Land Picknick und beschließen, »die Sorgen und Probleme des vergangenen Jahres wie eine Eierschale abzustreifen« – und während sie das sagen, schälen sie gekochte Eier und essen sie.

◊ SUCUKLU YUMURTA ◊
EIER MIT WÜRZIGEN WÜRSTEN

*D*ies ist ein beliebtes Gericht zum Frühstück und für Iftar, das Mahl, mit dem das Ramadan-Fasten gebrochen wird.

FÜR 3 PERSONEN

---

60 g Butter
100 g würzige Würste, in feine Scheiben geschnitten
3 EL Wasser
6 Eier
Salz
(Eine flache Pfanne von 30 cm Durchmesser)

Bei mittlerer Hitze die Butter in der Pfanne zerlassen. Die Wurstscheiben hineingeben und 2 Minuten unter häufigem Wenden braten. Das Wasser zugeben, Deckel auf die Pfanne legen. Wenn das Wasser zu kochen beginnt, zwischen den Wurstscheiben sechs freie Stellen schaffen, in die die Eier geschlagen werden. Jedes Ei mit etwas Salz bestreuen und in der zugedeckten Pfanne bei sehr geringer Hitze 3–4 Minuten braten. Heiß servieren.

Anmerkung: Eier mit Pastırma (S. 173) können auf dieselbe Weise zubereitet werden.

◇ KIYMALI YUMURTA ◇
HACKFLEISCH MIT EIERN

FÜR 3 PERSONEN

25 g Butter
200 g Zwiebeln, in Scheiben geschnitten
150 g Hackfleisch
50 g grüne Paprikaschoten, feingehackt
½ TL Salz (oder nach Belieben)
100 g Tomaten, enthäutet und gewürfelt
1 EL Petersilie, gehackt
100 ml Wasser
6 Eier
(Eine flache Pfanne von 30 cm Durchmesser)

Die Butter in der Pfanne erhitzen und die Zwiebeln darin in 3–4 Minuten goldgelb braten. Hackfleisch und Paprikaschoten dazugeben und 8–10 Minuten braten, bis der Fleischsaft eingekocht ist. Salzen und weitere 2 Minuten braten, dabei den Pfanneninhalt wenden. Tomaten, Petersilie und Wasser zugeben. Deckel auflegen, zum Kochen bringen, dann die Hitze verringern und 10 Minuten leise köcheln lassen. Mit einem Löffel sechs Vertiefungen in die Mischung drücken, in jede ein Ei schlagen. Etwas Salz auf jedes Ei streuen, Deckel auf die Pfanne legen und die Eier bei sehr geringer Hitze 3–4 Minuten garen lassen. Sofort heiß servieren.

◇ ÇILBIR ◇
POCHIERTE EIER MIT JOGHURT

FÜR 2–3 PERSONEN

Joghurt-Knoblauch-Sauce (Rezept und Menge wie
auf S. 172)
6 Eier

ZUM POCHIEREN

1 l Wasser
1 EL Salz
1 EL Essig

ZUM GARNIEREN

50 g Butter
6 Salbeiblätter
¼ TL Paprikapulver

Joghurt-Knoblauch-Sauce zubereiten und in eine Servierschüssel füllen.

Wasser mit Salz und Essig zum Kochen bringen, die Eier vorsichtig hineingleiten lassen. Deckel auflegen, Hitze verringern und die Eier 2–3 Minuten pochieren, bis das Eiweiß fest wird, die Dotter aber noch weich sind. Die Eier mit einer Schaumkelle herausnehmen und auf der Joghurtsauce anrichten.

In einer Bratpfanne die Butter mit den Salbeiblättern erhitzen, Paprikapulver zugeben, nach weniger als 1 Minute vom Feuer nehmen und über die Eier geben. Heiß servieren.

FISCHE
UND
MEERESFRÜCHTE

◊ BALIKLAR ◊
FISCHGERICHTE

Die türkische Küche ist reich an Gerichten aus Fisch und Meeresfrüchten, was nicht überraschend ist, da die Türkei an drei Seiten von Meer umgeben ist. Die Schwarzmeerküste ist besonders berühmt für die Vielfalt ihrer Fischgerichte, von einfachen gebackenen, gegrillten und gebratenen Fischen bis zu phantasievollen Ragouts und Pilafs.

Im moslemischen Glauben sind Fisch und Brot Symbole der Fruchtbarkeit. Im Koran heißt es, der Herr habe für Jesus Christus einen Tisch vom Himmel gesandt. Der anatolischen Folklore zufolge lagen auf dem Tisch zwei Fische und fünf Brotlaibe, und nachdem 5000 Männer, Frauen und Kinder sich daran gesättigt hatten, blieben noch immer zwölf große Körbe Fisch und Brot übrig. Aus diesem Grund werden Fisch und Brot in Anatolien besonders hoch geschätzt.

◊ KAĞITTA LEVREK ◊
SEEBARSCH IN PÄCKCHEN

FÜR 4 PERSONEN

1 kg Seebarsch, filetiert (4 Stücke)
200 g Zwiebeln, feingehackt
100 g Butter
1 kg Tomaten, enthäutet und entkernt
½ TL Salz
1 Zimtstange (1,25 cm)
3 Nelken
1 Lorbeerblatt
4 »Tränen« Mastixharz (S. 173)
¼ TL Salz

(Folie für die Päckchen)

Die Zwiebeln 3 Minuten in der Butter braten, dann Tomaten, Salz, Gewürze und Lorbeerblatt zugeben. Den Topf zudecken, die Tomaten zum Kochen bringen. Die Hitze verringern und 10 Minuten köcheln lassen. Die Sauce durch ein Sieb streichen.

Jedes Fischfilet auf ein Stück Folie legen. Mastixharz mit ¼ TL Salz vermischen und über den Fisch streuen. Jeweils ein Viertel der Sauce über jedes Filet gießen, die Folie verschließen und die Päckchen auf ein Backblech legen. Mit Wasser bestreichen und im vorgeheizten Ofen bei 200 °C (Gas Stufe 4) etwa 10 Minuten bakken. Die Päckchen sofort servieren und erst bei Tisch öffnen.

◊ BALIK IZGARA ◊

GEGRILLTER FISCH

Çipura ist ein Fisch, der an der ägäischen Küste häufig vorkommt und den man besonders in Izmir sehr gern ißt. Am besten schmeckt er, wenn er über Holzkohle gegrillt wird. Man kann ihn auch in Mehl wenden und braten. Kleine Makrelen, Seebarben oder Rotbarben oder auch Steaks von größeren Fischen können auf die gleiche Weise zubereitet werden.

FÜR 4 PERSONEN

4 Çipura oder andere kleine Fische
300 g Zwiebeln
½ TL Salz

FÜR DIE MARINADE

Zwiebelsaft (siehe unten)
2 EL Olivenöl
2 EL Zitronensaft
¼ TL schwarzer Pfeffer, gemahlen
1 TL Salz
10 Lorbeerblätter

ZUM BESTREICHEN

2 EL Olivenöl
2 EL Zitronensaft

FÜR DIE WÜRZSAUCE

1 Eigelb
2 EL Zitronensaft
2 EL Olivenöl
4 »Tränen« Mastixharz (S. 173)
¼ TL Salz

ZUM GARNIEREN

4 Petersilienzweige
1 EL Zwiebelsaft (siehe unten)
Zitronenscheiben

In der Türkei wird Zwiebelsaft für alle Arten von Fleisch- und Fischgerichten verwendet. Er ist schnell zubereitet: Die Zwiebeln reiben, mit dem Salz zerdrücken und 2 Minuten stehenlassen. Dann die Zwiebeln in ein Mulltuch geben und den Saft auspressen. Es sollte etwa 100 ml Saft ergeben. 1 EL Saft beiseite stellen, den Rest mit den Zutaten für die Marinade vermischen.

Die Fische putzen und waschen, die Köpfe daran lassen. Die Fische 5 Minuten abtropfen lassen, dann innen und außen mit der Marinade bestreichen und 2 Stunden in einer kühlen Speisekammer oder im Kühlschrank stehen lassen.

Unmittelbar vor dem Braten den Zitronensaft mit dem Olivenöl verrühren. Einen kleinen Pinsel zum Bestreichen bereithalten. Alle Zutaten für die Würzsauce vermischen. Diese an einen kühlen Platz stellen. Zum Garnieren die Petersilie mit dem zurückbehaltenen Zwiebelsaft vermischen.

Den Grill mit der Zitronensaft-Olivenöl-Mischung einpinseln und die Fische darauf legen. Den Grillrost mit einem Abstand von 10 cm über die glühenden Holzkohlen stellen und die Fische (je nach Größe) 10–20 Minuten grillen. Dabei wenden und wiederholt mit der Flüssigkeit bestreichen, sobald sie trocken werden.

Die gegrillten Fische auf eine Servierplatte legen. In die Fischmäuler gehackte Petersilie geben und mit Zitronenscheiben garnieren. Die Würzsauce angießen und das Gericht heiß mit einem Tomatensalat servieren.

◊ USKUMRU DOLMASI ◊

GEFÜLLTE MAKRELEN

Makrelen sind in der Türkei sehr beliebt. Es gibt sie gegrillt, gebraten, sautiert und mit Gemüsen gekocht. Dieses Rezept für gefüllte Makrelen ist recht ungewöhnlich. Die Fische müssen sehr frisch sein, weil die Haut intakt bleiben muß, obwohl Fleisch und Gräten entfernt werden. Dann füllt man die Haut mit dem gegarten Fisch und fritiert sie.

FÜR 4 PERSONEN

---

4 Makrelen (Gesamtgewicht etwa 1 kg) mit Köpfen,
durch die Kiemen ausgenommen (siehe unten)
3—4 EL Olivenöl
400 g Zwiebeln, feingehackt
50 g Pinienkerne
25 g Korinthen
1 TL Zimtpulver
1 TL Nelken, gemahlen
1 TL Nelkenpfeffer, gemahlen
1 TL schwarzer Pfeffer, gemahlen
Salz
4 EL Petersilie, gehackt
4 EL Dill
25 g Mehl
Oliven- oder Pflanzenöl zum Fritieren

ZUM GARNIEREN

½ TL Zimtpulver
½ TL Nelken, gemahlen
½ TL Nelkenpfeffer

Um die Fische vorzubereiten, direkt über den Kiemen einen Einschnitt machen, als wollten Sie den Kopf vom Körper trennen – der Kopf soll aber an der Rückengräte bleiben. Die Kiemen entfernen und durch die Kiemenöffnung die Fische ausnehmen. Dann die Fische innen und außen gründlich waschen. Leicht mit einem Holz klopfen, um das Fleisch weich zu machen, und an mehreren Stellen die Rückengräte brechen. Die Rückengräte hinter dem Kopf durchschneiden, so daß der Kopf nur noch an der Haut hängt.

Vom Schwanzende her durch Pressen und Schieben das Fleisch und die Gräten nach oben drücken. Achten Sie darauf, daß Sie die Haut dabei nicht verletzen. Die Gräten wegwerfen, das Fleisch hacken oder durch den Fleischwolf drehen.

Das Olivenöl in eine Bratpfanne geben. Zwiebeln und Pinienkerne dazugeben und etwa 5 Minuten braten, bis die Zwiebeln goldgelb sind, dann den Fisch hinzufügen. 4—5 Minuten braten, bis der Fisch weiß wird. Korinthen und Gewürze unterrühren, salzen und vom Feuer nehmen. Petersilie und Dill untermischen und abkühlen lassen.

Die Fischhäute mit der abgekühlten Mischung füllen. In Mehl wenden und in heißem Öl 5 Minuten fritieren. Herausnehmen und auf Ölpapier abtropfen lassen.

Die Fische auf einer vorgewärmten Servierplatte anrichten, die Gewürze für die Garnierung vermischen, die Fische damit bestreuen und servieren.

49

PALAMUT PAPAZ YAHNISI

RAGOUT VON THUNFISCH ODER BLAUFISCH

Gestreifte Thun- oder Blaufische sind in der Türkei für dieses Gericht am beliebtesten, aber wenn Sie wollen, können Sie statt dessen auch Seebarben, Makrelen oder Seehähne (Knurrhähne) nehmen. Die Fischbrühe läßt sich für jedes Fischgericht oder für Fischsuppe verwenden und ist die Basis dieses aromatischen Ragouts, das nach Knoblauch und Gewürzen duftet.

FÜR 3–4 PERSONEN

750 g weiße Fische oder 1,25 kg Fischabschnitte
25 g Butter
150 g Zwiebeln, gehackt
1 Karotte, gehackt
1 Stange Lauch, in Scheiben geschnitten
1 Stange Bleichsellerie, in Scheiben geschnitten
3 Knoblauchzehen, gehackt
3 Zweige Petersilie, gehackt
2 Lorbeerblätter
½ TL getrockneter Thymian
1 TL Salz
2 l Wasser

FÜR DAS RAGOUT

500 g gestreifter Thunfisch, filetiert
½ TL Salz
4 EL Olivenöl
300 g Zwiebeln, in feine Scheiben geschnitten
100 g Karotten, in feine Scheiben geschnitten
10 Knoblauchzehen (oder mehr), halbiert
1 EL Tomatenpüree
½ TL Zimtpulver
½ TL Paprikapulver
300 ml Fischbrühe
2 EL Zitronensaft oder Essig
3 Zweige Petersilie, gehackt

Für die Fischbrühe die Butter in einem großen Topf erhitzen und die Gemüse darin 3 Minuten bräunen. Die Fischstücke oder -abschnitte und die restlichen Zutaten zugeben und das Wasser angießen. Zum Kochen bringen, den Schaum abschöpfen und den Topf zudecken. 30 Minuten bei geringer Hitze köcheln lassen, dann durchseihen. Wenn die Brühe auf weniger als 1 l eingekocht ist, mit heißem Wasser auffüllen.

Für das Ragout den Fisch unter kaltem, fließendem Wasser abspülen, dann mit Salz abreiben und zum Abtropfen liegenlassen.

Das Öl und die Zwiebeln 10 Minuten erhitzen, dabei gelegentlich umrühren. Karotten und Knoblauch zugeben und weitere 5 Minuten braten. Tomatenpüree zugeben und 1 Minute rühren.

Den Boden eines großen Topfes mit der Hälfte dieser Mischung bedecken. Darauf in einer Reihe die Fischfilets legen und mit der restlichen Mischung bedecken.

Zimt, Paprika und ½ TL Salz in die heiße Fischbrühe rühren und diese über den Fisch gießen. Zitronensaft oder Essig zugeben, den Topf zudecken, Inhalt 25–30 Minuten bei mittlerer Hitze garen, bis der Fisch weich ist. Abkühlen lassen, mit Petersilie garnieren und kalt direkt aus dem Topf servieren.

◇ HAMSI PILAVI ◇

ANCHOVIS-PILAF

Anchovis sind an der Schwarzmeerküste außerordentlich beliebt, und verschiedene Methoden, sie zuzubereiten, werden heiß diskutiert. Tatsächlich neckt man die Leute dieser Region oft damit, sie würden aus Anchovis sogar Marmelade machen. Dieses Rezept, das aus Trabzon stammt, verbindet Anchovis mit Reis in einem ungewöhnlichen, pastetenähnlichen Pilaf. Sie können die Menge der Gewürze nach Geschmack verringern und statt der Anchovis auch kleine, frische Sardinen verwenden.

FÜR 4 – 6 PERSONEN

1 kg Anchovis oder Sardinen
2 EL Olivenöl

FÜR PILAF

250 g Reis
Salz
250 g Zwiebeln, in feine Scheiben geschnitten
3 EL Wasser
6 EL Olivenöl
50 g Rosinen
50 g Pinienkerne
500 ml kochendes Wasser
1 EL Zucker
½ TL schwarzer Pfeffer, gemahlen
½ TL Zimtpulver
½ TL getrockneter Thymian
1 EL Minze, gehackt

ZUM GARNIEREN

100 g Butter

Köpfe und Rückengräten der Fische entfernen. Dann die Fische öffnen und auseinanderklappen, abspülen, mit etwas Salz bestreuen und in einem Sieb abtropfen lassen.

Den Reis in einen Topf geben, mit warmem Wasser, dem 1 EL Salz zugefügt wurde, bedecken und stehenlassen, bis das Wasser abkühlt. Dann spülen, bis das Wasser klar bleibt, und abgießen.

Die Zwiebeln, das Wasser und ½ TL Salz in einen Topf geben, bei mittlerer Hitze ab und zu umrühren und 10 Minuten oder so lange garen, bis die Flüssigkeit eingekocht ist. Das Öl angießen und 4–5 Minuten braten, dann den Reis zugeben und unter gelegentlichem Rühren 5–6 Minuten braten, bis der Reis am Topfboden zu kleben beginnt. Die Rosinen und Pinienkerne untermischen, das kochende Wasser angießen und den Zucker zugeben. Den Topf zudecken, 5 Minuten bei mittlerer Hitze kochen lassen, dann die Hitze reduzieren und etwa 10 Minuten leise köcheln lassen, bis die Flüssigkeit eingekocht ist und sich auf der Oberfläche Löcher bilden. Vom Feuer nehmen, die Gewürze und Kräuter unterrühren, den Topf zudecken und 10 Minuten ruhen lassen.

Eine große Kasserolle mit glattem Boden mit Olivenöl auspinseln. Den Boden mit etwa der Hälfte der Anchovis bedecken, Hautseiten nach unten, und eine Reihe Anchovis rings um die Seiten der Kasserolle legen (wie für einen Kuchenboden). Füllen Sie diesen »Boden« mit dem Reis und bedecken Sie die Oberfläche mit den restlichen Anchovis, Hautseite nach oben. Mit Öl beträufeln.

Den Ofen auf 200 °C (Gas Stufe 4) erhitzen und die Mischung 30–40 Minuten backen, bis die Anchovis goldbraun sind.

Die Butter in einem Topf schmelzen und erhitzen und vorsichtig über die ganze Oberfläche träufeln. Die Fische in der Form servieren.

◊ LEVREK PILAKISI ◊

SEEBARSCH-RAGOUT

Für die Zubereitung dieses herrlichen, knoblauchduftenden Ragouts aus Fisch und Kartoffeln können Sie statt Seebarsch auch Schwertfisch, Blaufisch oder gestreiften Thunfisch verwenden.

FÜR 4 PERSONEN

500 g Seebarsch, filetiert
Salz
3–4 EL Olivenöl
250 g Zwiebeln, in dünne Scheiben geschnitten
300 g Sellerie, in Scheiben geschnitten
100 g Karotten, in Scheiben geschnitten
10 Knoblauchzehen, geschält und ganz gelassen
300 g Tomaten, enthäutet und entkernt
300 g Kartoffeln, geschält und in Scheiben geschnitten
200 ml Fischbrühe (S. 50)
½ TL Paprikapulver
1 Zitrone, geschält, entkernt und in Scheiben geschnitten

ZUM GARNIEREN
Eine Handvoll gehackte Petersilie
Saft von ½ Zitrone

Den Fisch unter kaltem Wasser abspülen, mit Salz bestreuen und abtropfen lassen.

Das Olivenöl erhitzen und Zwiebeln, Sellerie, Karotten und Knoblauch 3 Minuten darin braten. Dann Tomaten, Kartoffeln, Fischbrühe, Paprikapulver und eine Prise Salz zugeben, den Topf zudecken und die Mischung 10 Minuten köcheln lassen.

Den Boden eines großen, flachen Topfes mit der Hälfte der Gemüsemischung bedecken, die Fischfilets darauf verteilen und mit der restlichen Gemüsemischung und der Flüssigkeit bedecken; die Zitronenscheiben obenauf legen. Den Topf zudecken und 30 Minuten köcheln lassen, bis die Gemüse und der Fisch weich sind.

Mit Zitronensaft beträufeln, mit Petersilie bestreuen und kalt servieren.

◊ KALKAN TAVA ◊

FRITIERTER STEINBUTT

FÜR 3–4 PERSONEN

1 kg Steinbutt, gesäubert
Fischmarinade (Rezept und Menge wie auf S. 48)
Oliven- oder Pflanzenöl zum Fritieren
50 g Mehl

ZUM GARNIEREN

Zitronenscheiben
Petersilie, gehackt

BEILAGE

Zwiebelsalat (S. 117)

Den Fisch in 2,5 cm breite und 10 cm lange Streifen schneiden. Abspülen und abtropfen lassen. 2 Stunden in die Fischmarinade legen, herausnehmen und abtropfen lassen.

Das Öl erhitzen. Die Fischstreifen in Mehl wenden und überschüssiges Mehl abschütteln. Die Fischstreifen 6–7 Minuten fritieren, bis sie goldgelb sind. Herausnehmen und auf Küchenkrepp abtropfen lassen.

Die Zitronenscheiben rund um den Rand einer vorgewärmten Servierplatte verteilen, den Fisch in die Mitte legen und mit gehackter Petersilie bestreuen. Mit Zwiebelsalat und Zitronensaft servieren.

◊ KEFAL FIRINDA ◊

IM OFEN GEBACKENE SEEBARBEN

FÜR 4 PERSONEN

1 kg Seebarben, gesäubert
Kleiner Strauß Petersilie
300 ml Wasser
400 g Zwiebeln, in Scheiben geschnitten
400 g Tomaten, enthäutet und zerdrückt
(oder 25 g Tomatenpüree)
6 EL Olivenöl
1 TL Salz
1 TL Paprikapulver
1 TL Zimtpulver
½ TL Nelken, gemahlen
2 EL Mehl

ZUM GARNIEREN

4 »Tränen« Mastixharz (S. 173)
½ TL Salz, Saft von ½ Zitrone

Die Seebarben filetieren oder zu Steaks schneiden, abspülen und in einen flachen Topf legen.

Die Petersilie (mit Stengeln) 5 Minuten in dem Wasser kochen, dann abgießen und die Flüssigkeit auffangen. Die Zwiebeln und das Tomatenfleisch oder -püree in eine Schüssel geben und das Olivenöl unterrühren. Salz, Gewürze, Mehl und das Petersilienkochwasser zugeben und gründlich vermischen. Die Mischung über den Fisch gießen. Im vorgeheizten Ofen bei 200 °C (Gas Stufe 4) 25−30 Minuten garen, bis der Fisch weich ist.

Mastixharz mit dem Salz und dem Zitronensaft zerdrücken und über den Fisch streuen, wenn Sie ihn aus dem Ofen nehmen. Heiß oder kalt servieren.

◊ KIREMITTE LÜFER ◊

SEEBARSCH AUF EINEM DACHZIEGEL GEBACKEN

Seebarsch auf einem Dachziegel« ist ein Rezept von der Schwarzmeerküste. Diese Art des Kochens, bei der die langen, gewölbten Dachschindeln der Region verwendet werden, ist besonders bei Bauarbeitern Brauch, die das Gericht zum örtlichen Bäcker bringen und in dessen Ofen backen lassen.

In Restaurants und im Haushalt wird dieses Gericht heute in einem Steingutgefäß gebacken.

FÜR 2 PERSONEN

1 Seebarsch von etwa 500 g, gesäubert
½ TL Salz
Fischmarinade
(Rezept und ½ Menge wie auf S. 48)
50 g Butter, zerlassen

Einige Kohlblätter
Eine Handvoll Petersilie, gehackt
Zitronenschnitze

Den Fisch unter fließendem Wasser abspülen, mit Salz bestreuen und 5 Minuten abtropfen lassen. 1 Stunde marinieren.

Den Ziegel (oder das Steingutgefäß) im Ofen 10 Minuten erhitzen. Wenn er so weit abgekühlt ist, daß man ihn anfassen kann, mit der Hälfte der Butter einpinseln und mit ein oder zwei Kohlblättern auslegen und den Fisch darauf legen. Den Fisch mit der restlichen Butter bestreichen und mit Kohlblättern bedecken. Im vorgeheizten Ofen bei 250 °C (Gas Stufe 6) 20−25 Minuten backen. Die oberen Kohlblätter entfernen, den Fisch mit Butter beträufeln und mit Petersilie garnieren.

FLEISCH

◇ ETLER ◇
FLEISCHGERICHTE

Von der Antike bis heute war und ist Fleisch der wichtigste Bestandteil der türkischen Küche. Kebabs, gekochte Fleischgerichte und Ragouts werden schon in den frühesten türkischen Schriftquellen erwähnt. Das »Klassische Türkische Wörterbuch« aus dem elften Jahrhundert enthält einen Hinweis auf Männer, die »miteinander im Aufspießen von Fleisch wetteiferten«. Heute ist die in Südostanatolien gelegene Stadt Gaziantep in der ganzen Türkei für die Vielfalt und hervorragende Qualität ihrer Kebabs berühmt.

Es gibt Dutzende von Variationen des Kebab, die gegrillt, gebacken oder sogar als Ragout zubereitet werden. Einige sind nach der Art ihrer Zubereitung benannt: Tandır Kebabı (in einer Kochgrube oder im Tandır); Şiş Kebabı (an Spießen); andere heißen nach einem Ort, wie Adana oder Anlı Urfa, je nach der Art, wie das Fleisch zerteilt und gewürzt wird.

Hammel- und Lammfleisch sind am beliebtesten. In der Ebene Anatoliens sind überall die fettschwänzigen Schafe zu sehen, deren Fett wegen seines Saftes und seines Geschmacks sehr gelobt wird.

Köfte, Fleischpastetchen oder Fleischbällchen, bereitet aus gehacktem und zerdrücktem Fleisch mit einer Vielfalt von Würzmethoden, sind eine weitere Spezialität.

In der Türkei wird Fleisch sogar für bestimmte Fruchtspeisen und andere Desserts verwendet, wie Tavuk Göğsü, einen klassischen Pudding mit Hühnerbrust, und Gerdan Tatlısı mit dem Nackenstück vom Lamm.

KEBABS
◇ IZGARA KEBABLARI ◇
GEGRILLTE KEBABS

Die besten Kebabs werden aus dem Fleisch männlicher Schafe im Alter zwischen 18 Monaten und zwei Jahren bereitet. Ideal ist das frisch am Tag der Schlachtung geschnittene Fleisch.

Vor dem Garen müssen alle Knorpelteile entfernt werden, damit die Kebabs nicht zäh werden. Für ein schmackhaftes Kebab aus Hackfleisch sollte das Fleisch nicht durch den Fleischwolf gedreht werden, weil das die Fasern zerstört und zu Flüssigkeitsverlust führt. Man sollte das Fleisch mit einem Hackmesser feinhacken.

In der Türkei werden den Lämmern nicht die Schwänze kupiert, und das Fett aus dem Schwanz wird in der Küche viel verwendet. Bei der Herstellung von Kebabs schiebt man jeweils nach zwei oder drei Fleischwürfeln eine Scheibe vom Schwanz ein, um mehr Aroma zu erhalten und um das Fleisch zarter zu machen. Man kann statt dessen auch Fett von einem anderen Teil des Tieres nehmen. Für Kebabs aus Hackfleisch werden je nach Verwendungsart des Fleisches 30–50 Prozent Schwanzfett untergemischt.

Kebabs aus Fleischwürfeln sollten vor dem Grillen 10–12 Stunden mariniert werden. Kebabs aus Hackfleisch müssen sofort gegart werden, sobald die Gemüse und andere Zutaten untergemischt sind.

Wenn die Kebabs mit irgendeiner Art von Sauce serviert werden sollen, so bereiten Sie die Sauce zu, ehe Sie die Kebabs garen. Denn sobald diese angerichtet sind, müssen sie unverzüglich serviert werden, sonst weicht die Sauce sie auf, und sie verlieren ihr Aroma.

Um das beste Aroma zu erzielen, sollten Kebabs über Holzkohle gegart werden.

Kebab-Marinaden In Istanbul ist Zwiebelsaft eine bevorzugte Marinade. Verwenden Sie für 500 g Fleisch eine Quantität Saft, wie auf S. 48 beschrieben. Im allgemeinen wird dieser Menge Saft 1 EL Olivenöl zugefügt. Diese Mischung ist für jedes Kebab zu verwenden.

Das folgende Rezept, das aus Gaziantep kommt, reicht aus, um 500 g Fleisch zu marinieren.

---

2 Knoblauchzehen
¼ TL Salz
2 EL Olivenöl
1 TL Tomatenpüree
½ TL Paprikapulver
1 Prise schwarzer Pfeffer, gemahlen
1 Prise Nelkenpfeffer, gemahlen
1 Prise Zimtpulver
1 Prise Kümmel, gemahlen

---

1 Prise getrockneter Thymian
1 EL Wasser

Knoblauchzehen mit dem Salz zerdrücken und mit den anderen Zutaten vermischen. Das Fleisch damit einreiben und 12 Stunden ruhen lassen.

Flüssigkeit zum Bestreichen oder Begießen

Eine solche Flüssigkeit schließt das Aroma ein und verhindert, daß das Fleisch über den Kohlen versengt wird. Bereiten Sie nach den Anweisungen auf S. 33 eine Fleischbrühe zu. Lassen Sie diese abkühlen, damit das Fett sich auf der Oberfläche absetzt. Schöpfen Sie das Fett ab und zerlassen Sie es bei milder Hitze. Vermischen Sie es mit der gleichen Menge Fleischbrühe und benutzen Sie es, um damit den Grillrost und das Fleisch einzupinseln.

◊ ŞİŞ KEBABI ◊
KEBAB AM SPIESS

Für dieses Kebab können die oben beschriebenen Marinaden verwendet werden.

FÜR 2–3 PERSONEN

400 g Lammkeule
1 Portion Marinade
100 g Hammelschwanz oder anderes Fett
500 g Tomaten, halbiert
100 g grüne Paprikaschoten, in Quadrate geschnitten
Flüssigkeit zum Bestreichen (siehe oben)

BEILAGE

Reispilaf (S. 119)
(Metallspieße)

Die sehnigen Teile des Fleisches entfernen und Fleisch und Fett in 3 cm große Würfel schneiden. Mit der Marinade einreiben und 12 Stunden in einer Glas- oder Porzellanschüssel ruhen lassen. Auf Spieße stecken, dabei jeweils nach drei Würfeln Fleisch ein Stück Fett einschieben.

Die Gemüse von beiden Seiten grillen und auf einer Servierplatte anrichten.

Die Spieße in 10 cm Abstand über ein Holzkohlenfeuer legen und 4–6 Minuten grillen, dabei umdrehen und mit Flüssigkeit bestreichen, wenn sie trocken werden.

Das Fleisch von den Spießen nehmen und mit den gegrillten Gemüsen auf einer Platte anrichten. Heiß servieren und Reispilaf dazu reichen.

»Wo es Wein, Kebab und eine Leier gibt, sind Sorgen und Kümmernisse vom Ort verbannt; sie schließen solche Beschränkungen nicht ein.«

MEWLANAS VERSE, 24, 3

◇ KABURGA DOLMASI ◇
GEFÜLLTE ZICKLEINBRUST

*1 Brust eines ein Jahr alten Zickleins
(2,5–3 kg schwer)*

FÜR DIE FÜLLUNG

*300 g Reis
1 EL Salz
150 g ganze Mandeln, geschält
200 g Lammschulter, gewürfelt
100 g Butter
1 EL Basilikum, sehr fein gehackt
1 TL schwarzer Pfeffer, gemahlen
1 TL Nelkenpfeffer, gemahlen
1 TL Salz
25 g Tomatenpüree*

BEILAGE

Ayran (S. 168)

Den Reis in 500 ml warmem Salzwasser einweichen. Die Mandeln blanchieren.

Das Lammfleisch in einem Topf 5–10 Minuten anbraten, bis der ganze Fleischsaft eingekocht ist. 500 ml kochendes Wasser angießen und 30–40 Minuten kochen lassen, bis das Fleisch weich ist. Kocht die Flüssigkeit ein, mit kochendem Wasser wieder auffüllen.

In einem Topf die Hälfte der Butter zerlassen. Den Reis abgießen, abspülen und zu der Butter geben. 5 Minuten bräunen lassen und dabei vorsichtig rühren, um die Körner nicht zu beschädigen. Wenn der Reis am Topfboden zu kleben beginnt, das gekochte Fleisch samt seiner Flüssigkeit zugeben. Den Reis 3 Minuten auf starker Hitze ankochen, dann 3 Minuten auf mittlere Hitze schalten und 5 Minuten bei sehr geringer Hitze köcheln lassen. Den Topf vom Feuer nehmen, ein Tuch zwischen Topf und Deckel legen und 10 Minuten ruhen lassen.

In einem kleinen Topf die restliche Butter zerlassen. Die Mandeln hineingeben und unter Rühren goldgelb braten. Basilikum und

Mandeln unter den Reis mischen und mit den Gewürzen abschmecken.

In die Brust zwischen Fleisch und Knochen eine Öffnung schneiden und mit der halbgaren Reismischung füllen. Das muß sehr sorgfältig geschehen: Ist die Füllung zu locker, läßt sie Wasser eindringen, ist sie zu fest gestopft, platzt die Hülle. Die Öffnung zunähen und mit Tomatenpüree bestreichen.

Eine große Kasserolle einfetten. Auf das Feuer stellen und den fleischigen Teil der Brust 4–5 Minuten anbraten; dann die Brust umdrehen, so daß der knochige Teil unten liegt.

500 ml kochendes Wasser angießen, zudecken und 1 Stunde bei geringer Hitze kochen lassen. Wenden, so daß der fleischige Teil auf dem Boden liegt, und bei extrem geringer Hitze noch weitere 4–5 Minuten garen.

Das Fleisch auf ein Tranchierbrett legen, aufschneiden, den Faden entfernen und heiß mit Ayran servieren.

Anmerkung: Die gefüllte Brust kann auch ohne Bestreichen mit Tomatenpüree zubereitet werden, aber dann sollte sie nach dem Garen noch kurz im Ofen geröstet werden, damit sie eine tiefere Farbe erhält.

◊ YUFKALI SAÇ KEBABI ◊
KEBABS IN TEIGHÜLLEN

FÜR 4–6 PERSONEN

50 g Hammelschwanz oder Kochfett
250 g mittelfette Lammkeule
100 g Zwiebeln, in dünne Scheiben geschnitten
50 g rote oder grüne Paprikaschoten, feingehackt
200 g Tomaten, enthäutet, entkernt und gehackt
(oder 25 g Tomatenpüree)
1 TL Essig
½ TL Paprikapulver
¼ TL schwarzer Pfeffer, gemahlen
¼ TL Zimtpulver
¼ TL Kümmel, gemahlen
Salz
¼ TL getrockneter Thymian
Je einige Zweige Dill und Petersilie, feingehackt
100 ml heißes Wasser

FÜR DIE YUFKA

125 g Mehl
125 g Hartweizenmehl
1 TL Salz
500 ml Wasser

Den Schwanz oder das Fett und das Fleisch in Würfel schneiden. Den Schwanz oder das Fett in einem Bratentopf auf das Feuer geben und rühren, bis der Schwanz sein Fett abgegeben hat beziehungsweise das Fett geschmolzen ist. Das Fleisch zugeben und anbraten, bis sein Saft eingekocht ist. Die Zwiebeln und Paprikaschoten hinzufügen und unter Umrühren braten, bis die Zwiebeln goldgelb sind. Tomaten zufügen, einige Minuten kochen lassen, dann die anderen Zutaten zugeben. Den Topf zudecken und bei sehr geringer Hitze 1–1½ Stunden köcheln lassen, bis das Fleisch weich ist. Falls nötig, noch etwas heißes Wasser angießen.

Für die Yufka die beiden Mehlsorten in eine kleine Schüssel sieben und das Salz dazugeben. Das Wasser zunächst ganz langsam hinzufügen, damit das Mehl es aufnehmen kann. Wenn das Mehl naß genug ist, den Rest des Wassers angießen und die Mischung mit dem Schneebesen durchrühren. Sie sollte etwa die Konsistenz von Pfannkuchenteig haben. 1–2 Minuten ruhen lassen.

Eine flache Pfanne erhitzen und mit einem kleinen Stück Butter einfetten. Eine Kelle Teig in die Pfanne geben und diese schütteln, um den Teig gleichmäßig zu verteilen. Wenn eine Teigseite gar ist, umdrehen und die andere Seite 1–2 Minuten braten. Wiederholen, bis alle Yufka gebraten sind. Es sollten 6–7 Stück sein. Die Füllung auf den Fladen verteilen, diese zusammenklappen und heiß servieren.

◊ ÇEBIÇ ◊

EIN AM SPIESS GERÖSTETES ZICKLEIN ODER LÄMMCHEN

Çebiç ist ein köstliches Mahl, das in Konya bei großen Gesellschaften serviert wird. Das »Klassische Türkische Wörterbuch« aus dem elften Jahrhundert beschreibt Çebiç als »ein ganzes Lamm, am Spieß gebraten in einer in die Erde gegrabenen Mulde«. Die bei den archäologischen Ausgrabungen von Çatalhöyük entdeckten Kochstellen ähneln den modernen Tandır oder Kochgruben, was darauf hindeutet, daß diese Art der Nahrungszubereitung viele tausend Jahre zurückreicht.

Heutzutage werden die Gäste eingeladen, schon am Morgen zu kommen und den ganzen Tag auf Festen zu verbringen, die in Häusern mit Gemüse- oder Weingärten und Gärten mit einem Tandır auf dem Grundstück gegeben werden. Zum Frühstück werden selbst zubereitete Speisen gereicht, wie Brot, Butter, Sahne, Käse, dicker Joghurt – von der Dame des Hauses aus der Milch von ein oder zwei auf dem Grundstück gehaltenen Schafen oder Kühen hergestellt –, Honig, Marmeladen aus Schattenmorellen, Aprikosen, Erdbeeren, Kornelkirschen oder Holzäpfeln mit Traubensirup (Pekmez, S. 173), Paprikaschoten, Gurken, Tomaten und die verschiedensten Früchte aus dem Garten. Den Ehrenplatz auf dem Frühstückstisch nimmt die Leber des Tieres ein, das für das Çebiç ausgewählt wurde. Diese Leber wird in sehr dünne Scheiben geschnitten und deren Oberflächen mit einem scharfen Messer in Quadrate eingeteilt. Dann wird die Leber gegrillt.

Nach dem Frühstück werden die Gäste ermuntert, einen langen Spaziergang zu unternehmen. Bei ihrer Rückkehr wird das Çebiç serviert.

Der Speiseplan für ein Çebiç-Mahl umfaßt: Joghurtsuppe; Çebiç; Bulgur Pilaf; Su Böreği, ein leichtes Schichtgebäck, gefüllt mit Käse oder Hackfleisch; Höşmerim (S. 141) oder Baklava; Okra-Suppe; gefüllte Weinblätter; Reispilaf und Fruchtkompott. Zwischen den Gängen können sich die Gäste mit dickem Joghurt, eingelegten Gemüsen, Ayran – einem Joghurtgetränk – und Fruchtsäften erfrischen.

Nach dem Essen werden die Gäste eingeladen, im Schatten des Gartens ein Stündchen zu schlafen. Dann lädt ein Nachbar die ganze Gesellschaft auf sein Grundstück ein und bietet ihr Gerichte aus frischen Gemüsen und gebratenem Fleisch oder würzige Pasteten an.

Dann kehren die Gäste zurück zum Haus ihrer Gastgeber, wo sie Körbe mit selbst angebauten Erzeugnissen zum Geschenk erhalten, ehe sie sich auf den Heimweg machen.

---

1 Zicklein oder Lamm (jünger als ein Jahr)
100 g Schalotten, in Stifte geschnitten
25 g Knoblauch, in Stifte geschnitten

FÜR DIE MARINADE

200 g dicker Joghurt (S. 171)
150 g Tomatenpüree
100 g Zwiebeln, sehr fein gehackt
25 g Knoblauch, sehr fein gehackt
50 g Salz

ZUM GARNIEREN

Petersilie, 5 Minuten in Zwiebelsaft (S. 48)
eingeweicht
Blüten der Saison

BEILAGE

Bulgur Pilaf (S. 119), in den Säften des Çebiç
gekocht

Traditionell wird das Lamm an dem Tag geschlachtet, an dem es gebraten werden soll. Die Hörner werden entfernt, ohne den Kopf zu beschädigen, das Tier wird enthäutet, und die inneren Organe werden herausgenommen. All das geschieht mit Sorgfalt und Sauberkeit, da der Körper des Tieres nicht naß werden sollte. Wenn er gewaschen werden muß, muß er anschließend gründlich abtropfen und trockengetupft werden.

Die Zutaten für die Marinade mischen und das Lamm von innen und außen damit einreiben.

Mit einem langen, spitzen Messer Schlitze in das Fleisch schneiden und mit Stiften von Schalotten und Knoblauch spicken. Die Leber (falls sie nicht vorher zum Frühstück verwendet wurde), Herz und Nieren in das Innere des Lammes geben und dieses auf einem großen Tablett 2 Stunden ruhen lassen.

Die Füße des Lamms fest zusammenbinden, den Kopf zwischen die Beine stecken. Das Lamm mit den Füßen an einen starken Eisenspieß binden und mit einer zusätzlichen Drahtschlinge um die Mitte befestigen, damit es nicht ins Feuer fallen kann.

Wenn die Flammen in der Grube erloschen sind und eine dauerhafte Glut entstanden ist, einen großen, halb mit Wasser gefüllten Topf auf die Glut setzen, um die Säfte aufzufangen, die vom Lamm abtropfen. Den Spieß im Tandır so anbringen, daß das ganze Tier innerhalb der Grube hängt. Die obere Öffnung des Tandır mit einem festen, mit Lehm bestrichenen Drahtnetz abdecken, um den Ofen zu verschließen. Die Lüftungsöffnung unter dem Tandır ebenso verschließen. Nun das Lamm garen lassen – die Zeit hängt von Alter und Größe des Tieres ab. Ein junges, mageres Tier braucht 1–1½ Stunden, ein fetteres, älteres 2½–3½ Stunden. Während des Garens von Zeit zu Zeit nach dem Tandır schauen und eventuell entstehende Löcher mit Lehm abdichten.

Sobald das Fleisch gar ist, auf die Ränder des Drahtnetzes klopfen, um die Lehmversiegelung zu zerbrechen, den Draht abnehmen und den Spieß an beiden Enden aus der Grube heben. Das Tier vom Spieß nehmen und den Kopf zwischen den Beinen hervorholen. Das Tier auf ein Tablett legen. Herz und Nieren herausnehmen, hacken und in die Säfte geben, die sich in dem Topf auf dem Boden des Tandır gesammelt haben. Das Fleisch zudecken, um es warm zu halten. In dem Topf über der erlöschenden Glut rasch das Bulgur Pilaf kochen.

Pilaf auf einem Tablett ausbreiten, das groß genug ist, um das Lamm aufzunehmen. Das Lamm obenauf legen und ihm die in Zwiebelsaft eingeweichte Petersilie ins Maul stecken.

◇ KIŞ KAĞIT KEBABI ◇
WINTER-KEBAB IN PÄCKCHEN

»Umgedrehtes Kebab« (Rezept und halbe Menge wie auf S. 62)
250 g Karotten, geschabt
250 g Kartoffeln, geschält
Sonnenblumenöl zum Fritieren
250 g gekochte Erbsen
25 g Dill, feingehackt
(4 Quadrate aus Ölpapier, jeweils 35 cm groß)

Das Fleisch garen wie für »Umgedrehtes Kebab«, die Flüssigkeit abseihen und beiseite stellen. Die Karotten halb gar kochen, abgießen und in 2,5 cm große Würfel schneiden. Die Kartoffeln in gleich große Würfel schneiden. Zuerst die Kartoffeln, dann die Karotten in sehr heißem Öl fritieren, gut abtropfen lassen.

Gemüse und Fleisch mischen, in vier Portionen teilen. Jeweils eine davon auf ein Stück Ölpapier legen, einen Löffel von der Kebab-Flüssigkeit darübergießen und mit gehacktem Dill bestreuen. Die Päckchen schließen, die Enden verdrehen und nach unten stecken. Auf ein Backblech legen. Mit Wasser bepinseln und im vorgeheizten Ofen bei 250 °C (Gas Stufe 6) 15 Minuten backen.

Die Päckchen oben aufschneiden und heiß servieren.

◊ TAS KEBABI ◊
» UMGEDREHTES KEBAB «

Schmorgerichte nehmen in der türkischen Küche einen wichtigen Platz ein. Eines der bekanntesten Gerichte dieser Art ist Tas Kebabı. In den verschiedenen Landesteilen der Türkei wird es auf vielfältige Arten zubereitet. Tas Kebabı mit Pilaf ist ein Nationalgericht.

FÜR 4 – 6 PERSONEN

1 kg Lammschulter oder -keule
25 g Kochfett oder Butter
300 g Zwiebeln, feingehackt
25 g Tomatenpüree
1 TL Paprikapulver
¼ TL schwarzer Pfeffer, gemahlen
¼ TL Zimtpulver
¼ TL getrockneter Thymian
1 kleines Lorbeerblatt
1 l Fleischbrühe (S. 33) oder Wasser
1 EL Essig
Salz

BEILAGE
Reispilaf aus 250 g Reis

Das Fleisch in 3 cm große Würfel schneiden, in einen Topf geben und bei mittlerer Hitze auf den Herd stellen. Den Topf schütteln, bis das Fleisch angebraten und sein Saft eingekocht ist; dann das Fett und die Zwiebeln zugeben und 3 – 4 Minuten unter Rühren braten, bis die Zwiebeln golden sind. Tomatenpüree zugeben und eine Minute rühren. Gewürze und Kräuter hinzufügen, kochende Brühe und Essig angießen. Den Topf zudecken. Zum Kochen bringen und 1½ – 2 Stunden köcheln lassen, bis das Fleisch weich ist. Salzen und nach 5 Minuten vom Feuer nehmen.

Das Fleisch aus der Flüssigkeit nehmen und diese beiseite stellen. Das Fleisch in eine Steingutschüssel geben. Die Schüssel umgedreht – also mit dem Boden nach oben – in die Mitte eines großen Topfes stellen. Die Flüssigkeit auf 500 ml auffüllen. Den bereits gewaschenen und in Salzwasser eingeweichten Reis in den Topf rings um die Schüssel geben, die kochendheiße Flüssigkeit angießen und den Topf zudecken. Bei mittlerer Hitze kochen. Ist der Reis gar, die Schüssel herausheben und den Topf heiß auf den Tisch bringen.

◊ DOMALANLI ŞIŞ KEBABI ◊
KEBAB MIT TRÜFFELN

FÜR 6 PERSONEN

Şiş Kebab (Rezept und Menge wie auf S. 57)
250 g Trüffeln (S. 81)

ZUM GARNIEREN
Tomatenscheiben und Ringe von Paprikaschoten

BEILAGEN
Bulgur Pilaf (S. 121) oder
Fırık (gerösteter unreifer Weizen, S. 122)
Gurken-Cacık (S. 114)

Şiş Kebab vorbereiten. Die Trüffeln schälen und in Stücke schneiden, die genauso groß sind wie die Fleischwürfel. Die Trüffeln in der Mitte mit einem spitzen, scharfen Messer durchbohren. Wenn Sie versuchen, sie auf den Spieß zu stecken, ohne sie vorher zu durchbohren, zerbrechen sie. Die Spieße abwechselnd mit zwei Stücken Fleisch und einem Trüffelstück bestecken. Über Holzkohlenfeuer grillen und, garniert mit Tomatenscheiben und Paprikaringen, mit Bulgur Pilaf oder Fırık und Gurken-Cacık servieren.

◇ ISLIM KEBABI ◇

GEDÜNSTETE KEBABS

FÜR 4 PERSONEN

»Umgedrehtes Kebab«
(Rezept und Menge wie auf S. 62)
500 g Auberginen
Salz
Sonnenblumenöl zum Fritieren
300 g mittelgroße Tomaten
3 große Paprikaschoten
(6 Zahnstocher)

BEILAGE
Cacık (S. 114)

Das »Umgedrehte Kebab« zubereiten, wie auf S. 62 beschrieben. Wenn es genügend abgekühlt ist, die Flüssigkeit abgießen und beiseite stellen.

Die Auberginen schälen, der Länge nach in dicke Scheiben schneiden, mit Salz bestreuen und 1 Stunde stehen lassen. Dann gründlich waschen, abtropfen lassen und abtrocknen. In heißem Öl 2 Minuten fritieren, dann auf Küchenkrepp auslegen.

Die Tomaten in dicke Scheiben schneiden.

Die Paprikaschoten, je nach Größe, halbieren oder in drei Teile schneiden.

Vier Teetassen mit je zwei oder drei Scheiben Auberginen so auslegen, daß die Enden der Scheiben über den Tassenrand hängen. Jede Tasse mit der gleichen Menge gegartem Fleisch füllen, dieses fest andrücken und die Enden der Auberginenscheiben über das Fleisch klappen. Eine Tomatenscheibe obenauf legen und den Inhalt jeder Tasse in eine Kasserolle mit großer Bodenfläche setzen, indem Sie die Tassen umdrehen. Eine weitere Tomatenscheibe und ein Stück Paprikaschote auf jede Portion legen und mit einem Zahnstocher feststecken. Die aufbewahrte Flüssigkeit vorsichtig vom Topfrand her angießen, ohne die Kebabs zu zerstören. Den Topf zudecken, bei sehr geringer Hitze 10–15 Minuten köcheln lassen. Heiß servieren.

Anmerkung: Islim Kebabs können auch im Backofen gegart werden, und zwar bei sehr geringer Hitze 40 Minuten mit Deckel, dann nochmals 5 Minuten ohne Deckel. Statt des »Umgedrehten Kebab« können Sie auch »Hasan Pasa Köftesi« (S. 72), in etwas Butter gebraten, verwenden.

◇ HÜNKAR BEĞENDI ◇

DES SULTANS ENTZÜCKEN

FÜR 6 PERSONEN

»Umgedrehtes Kebab«
(Rezept und Menge wie auf S. 62)
500 ml Milch
1 kg Auberginen
100 g Butter
50 g Mehl
Salz
50 g Kaşar-Käse (S. 173), gerieben

FÜR DIE MARINADE
2 EL Zitronensaft
1 EL Salz
1 l Wasser

Das Fleisch garen, wie auf S. 62 beschrieben. Inzwischen die Milch aufkochen und abkühlen lassen. Die Zutaten für die Marinade vermischen. Die Haut der Auberginen mehrfach mit einem Messer einstechen und die Auberginen garen, bis sie weich sind, entweder direkt über einem Kohlenfeuer oder im Ofen bei 250 °C (Gas Stufe 6). Das dauert etwa 30 Minuten. Wenn sie so weit abgekühlt sind, daß man sie anfassen kann, die Haut abziehen und die Auberginen 20 Minuten marinieren, bis das Fleisch weiß wird. Gut abtropfen lassen, in eine Schüssel geben und mit einem Holzstößel oder -löffel zerdrücken oder im Mixer pürieren.

In einem Topf die Butter zerlassen, das Mehl zugeben und unter Rühren in 2 Minuten eine Einbrenne herstellen. Vom Feuer nehmen und mit einem Holzlöffel das Auberginenpüree unterrühren. Die abgekühlte Milch einrühren, zum Kochen bringen, salzen, wieder aufs Feuer stellen und 2 Minuten unter ständigem Rühren kochen lassen, bis die Mischung die Konsistenz von Joghurt hat. Den Käse zugeben, rühren, bis dieser aufgenommen ist, dann vom Feuer nehmen. Das »Umgedrehte Kebab« in die Mitte einer vorgewärmten Servierplatte geben und das Auberginenpüree ringsum anrichten. Heiß servieren.

◊ KAĞITTA KUZU PIRZOLASI ◊
EINGEWICKELTE LAMMKOTELETTS

FÜR 6 PERSONEN

12 kleine Koteletts
1 TL Salz
1 TL getrockneter Thymian
50 g Kochfett oder Butter
Einige Zweige Petersilie, gehackt
(6 Quadrate aus Ölpapier, 35 cm)

FÜR DIE SAUCE

200 g Zwiebeln, gehackt
25 g grüne Paprikaschoten, gehackt
2 Knoblauchzehen, gehackt
400 g Tomaten, enthäutet und gehackt
¼ TL getrockneter Thymian
¼ TL Paprikapulver
¼ TL Zimtpulver
Salz
100 ml Fleischbrühe

Die Koteletts mit Salz und Thymian bestreuen. Das Fett erhitzen und die Koteletts bei sehr geringer Hitze von jeder Seite 4 Minuten braten. Herausnehmen und auf eine Platte legen.

Den Topf wieder aufs Feuer stellen und die Zwiebeln darin 7–8 Minuten braten; Paprikaschoten zugeben und weitere 4 Minuten braten. Knoblauch und Tomaten hinzufügen und nochmals 5 Minuten braten. Nun die Kräuter, Gewürze, Salz und Brühe zugeben und den Topf zudecken. Zum Kochen bringen und bei sehr geringer Hitze 10 Minuten köcheln lassen, bis die Zwiebeln sehr weich sind.

Jedes Stück Papier mit Butter einfetten und jeweils zwei Koteletts übereinander in die Mitte legen. Die Gemüsemischung zwischen den Koteletts auf den 6 Papieren verteilen. Mit Petersilie bestreuen. Die Papiere zu gut verschlossenen Päckchen falten. Die Päckchen in eine Backform legen und mit Wasser bestreichen. Im Ofen bei 200 °C (Gas Stufe 4) 15 Minuten backen.

Die Päckchen auf eine Servierplatte legen, die obere Hälfte des Papiers aufschneiden, heiß servieren.

◊ ŞIŞ KÖFTE ◊
KÖFTE AM SPIESS

G ute Şiş Köfte sollten bei der Berührung mit der Gabel auseinanderfallen, und um das zu erreichen, sollte das Fleisch von Hand feingehackt werden.

FÜR 2–3 PERSONEN

300 g Lammkeule
200 g Hammelschwanz oder anderes Fett
Salz
Paprikapulver
1 kg Tomaten, halbiert
Flüssigkeit zum Bestreichen (S. 57)

BEILAGEN

Cacık (S. 114)
Bulgur Pilaf (S. 119)
(Metallspieße mit breiten Klingen)

Das Fleisch von allen sehnigen Teilen befreien. Fleisch und Fett mit einem Hackmesser fein-hacken. Salz und Pfeffer nach Geschmack zu-geben und gut unterkneten. Das Fleisch in 6 Portionen aufteilen und jede Portion am Spieß befestigen, indem Sie das Fleisch mit der Handfläche um den Spieß herum zusammen-drücken.

Die Tomaten grillen, bis sie weich sind. Mit einem Stößel im Mörser zu Püree zerdrücken, die Häute entfernen und in eine Servierschüs-sel geben.

Die Spieße in 10 cm Abstand über einem Holzkohlenfeuer 4–6 Minuten grillen. Dabei nach Bedarf wenden und mit Flüssigkeit ein-pinseln.

Die Köfte von den Spießen nehmen, auf das Tomatenpüree legen und sofort mit Cacık und Bulgur Pilaf servieren.

◊ CIZBIZ ◊
GEGRILLTE FLEISCHBÄLLCHEN

Cızbız sind eine in der ganzen Türkei beliebte Art von Fleischbällchen. Oft werden sie geviertelt und zusammen mit einem Salat aus gehackten Zwiebeln in ein großes Brötchen gefüllt. Dies ist ein typischer türkischer Schnellimbiß, der überall von Straßenhändlern verkauft wird und auch Köfte Ekmek heißt.

FÜR 2 PERSONEN

250 g Lammkeule, gehackt
100 g Zwiebeln, gerieben
Einige Zweige Petersilie, feingehackt
½ TL Salz
½ TL schwarzer Pfeffer, gemahlen
½ TL getrockneter Thymian

¼ TL Zimtpulver
¼ TL Paprikapulver
Flüssigkeit zum Bestreichen (S. 57)

BEILAGE
Zwiebeln oder jede andere Art von Salat

Das Hackfleisch in eine Schüssel geben und alle anderen Zutaten beifügen. 5–10 Minuten gut kneten, dann zu ovalen Bällchen formen.

Die Fleischbällchen (Köfte) auf einen Grillrost legen und diesen mit einem Abstand von 10 cm über ein Holzkohlenfeuer legen. Die Köfte 4–6 Minuten grillen, nach Bedarf wenden und mit Flüssigkeit bestreichen.

Auf einer vorgewärmten Platte heiß servieren und Salat dazu reichen.

◊ KURU KÖFTE ◊
TROCKENE KÖFTE

Diese Köfte (Fleischröllchen) lassen sich lange aufbewahren und werden häufig für Picknicks und auf längere Reisen mitgenommen.

FÜR 6 PERSONEN

500 g Lammkeule, gehackt
100 g Zwiebeln
50 g Paniermehl
2 EL Petersilie, feingehackt
1 Ei, verquirlt
1 TL Salz
1 TL Paprikapulver
1 TL schwarzer Pfeffer, gemahlen
¼ TL Zimtpulver
¼ TL Kümmel, gemahlen
¼ TL Nelkenpfeffer, gemahlen
¼ TL getrockneter Thymian

150 g Kochfett oder Olivenöl zum Braten
25 g Mehl

BEILAGE
Gebratene Kartoffeln

Das Fleisch nochmals hacken, damit es sehr fein ist (nicht durch den Fleischwolf drehen). Die Zwiebeln über das Fleisch reiben, Paniermehl und Petersilie unterrühren. Ei, Salz, Gewürze und Thymian zugeben und die Mischung etwa 10 Minuten kneten. Dann zigarrenförmige Köfte etwa von der Länge und Dicke Ihres Zeigefingers formen.

Das Fett oder Öl in einer Bratpfanne erhitzen. Auf einem großen Teller das Mehl ausbreiten. Die Köfte in dem Mehl wenden und dann 10 Minuten braten. Dabei die Pfanne leicht schütteln, damit sie von allen Seiten braun werden.

◊ SAÇTA SUCUK KÖFTE ◊

KNOBLAUCH-KÖFTE IN TOMATENSAUCE

500 g Lammfleisch von der Keule, sehr fein gehackt
6–8 Knoblauchzehen
1 TL Salz
½ TL Paprikapulver
½ TL schwarzer Pfeffer, gemahlen
½ TL Kümmel, gemahlen
¼ TL Zimtpulver
¼ TL Nelkenpfeffer, gemahlen
25 g Kochfett oder Butter

FÜR DIE SAUCE

600 g Tomaten (oder
25 g Tomatenpüree und 200 ml Wasser)

BEILAGEN

Couscous Pilaf, mit Tomaten gekocht (S. 124)
Ayran (S. 168)

Die Knoblauchzehen mit dem Salz zerdrücken und mit den Gewürzen zum Fleisch geben. 5 Minuten durchkneten und Köfte von der Größe Ihres kleinen Fingers formen.

Eine Pfanne aufs Feuer setzen und die Hälfte des Fetts hineingeben. Die Köfte darin von jeder Seite 4 Minuten braten. Aus der Pfanne nehmen und warm stellen.

Die Tomaten enthäuten, entkernen und zerkleinern. Das restliche Fett in die Pfanne geben und die Tomaten hinzufügen. Etwa 10 Minuten ohne Deckel köcheln lassen, bis der Saft eingekocht ist. (Bei der Verwendung von Tomatenpüree das Püree in die Pfanne geben, 1 Minute rühren, dann das Wasser hinzufügen und die Mischung köcheln lassen, bis sie reduziert ist und andickt.) Die Köfte in die Sauce geben und 1 Minute darin wenden.

Auf eine vorgewärmte Platte geben und mit Couscous und Ayran reichen. Für Picknicks die Köfte in Pitta-Brot füllen.

◊ KADINBUDU KÖFTE ◊

FRAUENSCHENKEL-KÖFTE

25 g Reis
Salz
25 g Butter
50 g Zwiebeln, feingehackt
250 g Lammfleisch von der Keule, sehr fein gehackt
1 TL schwarzer Pfeffer, gemahlen
1 TL Zimtpulver
3 Eier
250 g Kochfett oder Olivenöl zum Braten
50 g Mehl oder feines Paniermehl

BEILAGE

Ayran (S. 168)

Den Reis waschen. 250 ml Wasser mit 1 TL Salz zum Kochen bringen, vom Feuer nehmen, den Reis hineingeben und 5 Minuten stehenlassen.

Bei mittlerer Hitze die Butter schmelzen, die Zwiebeln hineingeben und 5 Minuten braten. Den Reis abgießen, zu den Zwiebeln geben und 2 Minuten braten. 50 ml Wasser und ¼ TL Salz zugeben, zum Kochen bringen, dann den Topf zudecken und 5 Minuten leise köcheln lassen, bis die Flüssigkeit eingekocht ist. Abkühlen lassen.

Die Hälfte des Fleisches in einen trockenen Topf geben, zudecken und etwa 5 Minuten unter gelegentlichem Umrühren garen, bis der Fleischsaft eingekocht ist. Vom Feuer nehmen und das rohe Hackfleisch mit dem gegarten vermischen. Reis und Zwiebeln, Paprika, die Hälfte des Zimtpulvers und noch ½ TL Salz zugeben. 1 Ei untermischen und das Ganze 5 Minuten kneten. In zwölf Portionen von der Größe eines Hühnereis aufteilen und diese dann zu ovalen Klößchen formen und leicht flachdrücken.

Die restlichen Eier in einer kleinen Schüssel gründlich verquirlen. Das Fett oder Öl in einer Bratpfanne erhitzen. Mehl oder Paniermehl auf einem großen Teller ausbreiten. Die Köfte zuerst in Mehl wenden, dann in Ei tauchen und in das heiße Öl legen. Die Hitze reduzieren und die Köfte von jeder Seite 2 Minuten braten, bis sie goldbraun sind. Die Köfte dann in einen Topf mit gut schließendem Deckel legen und 5 Minuten in ihrem eigenen Dampf stehenlassen.

Auf einer vorgewärmten Servierplatte anrichten, mit dem restlichen Zimt bestreuen und servieren.

◊ SALÇALI KÖFTE ◊
KÖFTE IN SAUCE

FÜR 6 – 8 PERSONEN

500 g Lammfleisch von der Keule, sehr fein gehackt
200 g Zwiebeln
20 g Petersilie, gehackt
1 TL Salz
½ TL schwarzer Pfeffer, gemahlen
½ TL getrockneter Thymian
¼ TL Zimtpulver
¼ TL Nelkenpfeffer
½ TL Kümmel, gemahlen

FÜR DIE GEMÜSE

500 g Kartoffeln, geschält und in Scheiben geschnitten
1 mittelgroße Tomate
2 – 3 Peperoni,
in Scheiben oder Stücke geschnitten

FÜR DIE SAUCE

25 g Kochfett oder Butter
200 g Tomaten, enthäutet und kleingeschnitten
2 Knoblauchzehen, zerdrückt
1 kleines Lorbeerblatt
½ TL Salz (oder nach Belieben)
200 ml Wasser
(Flache Kasserolle von 30 cm Durchmesser)

Das Fleisch in eine Schüssel geben, die Zwiebeln darüberreiben, Petersilie und Gewürze untermischen und 5 Minuten durchkneten. In gleich große Portionen von Eigröße unterteilen, rollen und zu ovalen Köfte flachdrücken.

Für die Sauce das Fett oder die Butter in einem Topf zerlassen, die Tomaten hineingeben und 1 Minute rühren. Knoblauch, Lorbeerblatt, Salz und Wasser zufügen, Deckel auflegen, zum Kochen bringen, nach 1 Minute vom Feuer nehmen.

Die Kasserolle einfetten, eine Schicht Kartoffelscheiben auf den Boden legen, darauf eine Schicht Köfte. Die Tomate halbieren und in die Mitte legen; die Peperoni zwischen die Köfte stecken. Kasserolle zudecken und im vorgeheizten Ofen bei 250 °C (Gas Stufe 6) 5 Minuten backen. Die Sauce zugeben und weitere 50 – 60 Minuten backen, bis Kartoffeln und Köfte weich sind. In der Kasserolle servieren.

◇ IÇLI KÖFTE ◇
SCHWIEGERMUTTERS KÖFTE

Içli Köfte ist ein in ganz Südostanatolien verbreitetes Gericht. Wenn in Adiyaman eine Braut in ihr neues Haus kommt, läßt die Schwiegermutter alles stehen und liegen, was sie nach den Mittagsgebeten tun wollte, um Içli Köfte zu bereiten. Sie höhlt die Köfte aus, drückt die Füllung hinein, verschließt die Öffnung und wünscht sich dabei: »Möge der Mund der Braut ebenso versiegelt sein!« Sie gart die Köfte und hofft dabei, ihre Schwiegertochter werde nicht zu redselig sein und sich als gehorsame Ehefrau erweisen. Die Braut und ihr Mann essen Schwiegermutters Köfte am nächsten Tag.

FÜR 6 PERSONEN

FÜR DIE FÜLLUNG

25 g Kochfett
100 g Zwiebeln, feingehackt
125 g Lammfleisch, gehackt
25 g Walnußkerne
¼ TL Salz (oder nach Belieben)
¼ TL getrockneter Thymian
¼ TL Paprikapulver
¼ TL schwarzer Pfeffer, gemahlen
¼ TL Zimtpulver
¼ TL Kümmel, gemahlen
¼ TL Nelkenpfeffer, gemahlen
2 EL Petersilie, gehackt

FÜR DIE KÖFTE

125 g Lammfleisch, gehackt
150 g Bulgur, feingemahlen
1 EL Koriandersamen
¼ TL Salz
¼ TL Paprikapulver
250 g Kochfett oder Olivenöl zum Fritieren

BEILAGE
Rettich- und Tahina-Salat (S. 113)

Für die Füllung das Fett in einer Bratpfanne bei mittlerer Hitze zerlassen, die Zwiebeln hineingeben und in etwa 5 Minuten goldgelb braten. Das Hackfleisch zugeben und etwa 7—8 Minuten unter ständigem Umrühren braten, bis der Fleischsaft eingekocht ist. Die Walnußkerne mit einem Messer hacken, ohne sie zu zerdrücken (nicht im Mörser zerkleinern), an das Fleisch geben, Salz, Thymian und Gewürze zufügen, umrühren und vom Feuer nehmen. Die Petersilie darüberstreuen und abkühlen lassen. Die Füllung kann am Vortag zubereitet und im Kühlschrank aufbewahrt werden.

Für die Köfte Bulgur in eine flache Schüssel geben. Koriandersamen mahlen oder zerstoßen und mit dem Salz und dem Paprikapulver zum Bulgur geben. Bulgur 30 Minuten kneten oder in das Knetwerk des Mixers geben; von Zeit zu Zeit etwas heißes Wasser hinzufügen, aber nicht mehr als 150 ml. Wenn die Mischung die Beschaffenheit von Teig hat, das Hackfleisch zufügen. Weitere 10—15 Minuten kneten oder im Mixer verarbeiten, bis Fleisch und Bulgur gut vermischt und wie ein Teig miteinander verbunden sind.

Die Paste in Portionen von Eigröße unterteilen; die angegebene Menge sollte für 18 Köfte ausreichen. Nehmen Sie jede Köfte einzeln in die Hand und machen Sie mit dem Zeigefinger eine tiefe Mulde hinein. Füllen Sie die Öffnung mit der kalten Füllung und verschließen Sie sie wieder, indem Sie das obere Ende mit einer drehenden Bewegung vorsichtig zusammendrücken.

Wenn die Köfte fertig sind, das Fett oder Öl erhitzen und die Fleischbällchen darin 3—4 Minuten fritieren, dabei umwenden. Dann herausnehmen und auf Küchenkrepp abtropfen lassen. Die Köfte können kalt oder warm gegessen werden.

Anmerkung: Wenn Sie Schwierigkeiten haben, die Köfte-Mischung zu binden, so fügen Sie 1 EL Mehl zu.

◊ ÇİĞ KÖFTE ◊

ROHE KÖFTE

Einem beliebten Volkslied zufolge sind rohe Köfte sehr scharf, und Ayran ist das richtige Gegenmittel dazu. Rohe Köfte sind eine Spezialität Südostanatoliens. Das Besondere an ihnen ist, daß sie stark gewürzt und tatsächlich sehr scharf sind. Die Bewohner von Şanlı Urfa glauben, wirklich scharfe Gerichte würden die Stimme verbessern!

FÜR 6 PERSONEN

2 EL Chiliflocken
100 ml Wasser
250 g sehr frisches Lammfleisch, beste Qualität
250 g Bulgur, feingemahlen
25 g Tomatenpüree
2 Knoblauchzehen, zerdrückt
½ TL Kümmel, gemahlen
½ TL schwarzer Pfeffer, gemahlen
½ TL Zimtpulver
½ TL Nelkenpfeffer, gemahlen
½ TL Nelken, gemahlen
¼ TL Ingwer, gemahlen
1 TL Salz
100 g Frühlingszwiebeln, feingehackt
1 kleiner Strauß Petersilie, feingehackt

BEILAGEN

Grenadinesirup (S. 173) oder
Hackfleisch mit Eiern (S. 45)
Ayran (S. 168)

Die Chiliflocken in dem Wasser 30 Minuten einweichen. Das Fleisch von allen sehnigen Partien befreien und auf einer harten Unterlage mit einem Holzklopfer weich klopfen, ehe Sie es sehr fein hacken oder im Mixer zu einer glatten Masse verarbeiten.

Fleisch und Bulgur in eine Schüssel geben, Tomatenpüree, Knoblauch und Gewürze hinzufügen. Gründlich durchkneten, bis alle Zutaten gut miteinander vermengt sind. Falls es notwendig ist, die Hände dabei ab und zu in heißes Wasser tauchen. Könner haben den Ehrgeiz, die Mischung bis zur richtigen Konsistenz zu kneten, ohne sich die Hände naß zu machen.) Sobald Sie die Mischung in der Handfläche zu einem Fleischbällchen zusammendrücken können, die Zwiebeln und Petersilie zugeben und erneut kneten, bis sie gut untergemischt sind. Dann Fleischbällchen formen.

Die Köfte unverzüglich servieren – sie müssen gegessen werden, ehe der Bulgur aufgeht. Die Köfte in Grenadinesirup tauchen oder mit Hackfleisch und Eiern anrichten. Ayran bildet geschmacklich einen herrlich milden und erfrischenden Kontrast zur Schärfe der rohen Köfte.

71

◊ HASAN PAŞA KÖFTESI ◊

HASAN-PASCHA-KÖFTE

Zur osmanischen Zeit wurden in den Häusern von Ministern, Würdenträgern und Adeligen köstliche Gerichte zubereitet, die denen der Herrscherhäuser vergleichbar waren. Die Köche versuchten stets, neue Gerichte zu kreieren. Hasan Paşa Köftesi wurden nach dem Pascha benannt, dessen Koch das Rezept erfand. Es handelt sich um köstliche Köfte, für Gäste geeignet, die ein leichtes Essen bevorzugen.

FÜR 6 PERSONEN

250 g Lammfleisch von der Keule, gehackt
25 g Paniermehl
100 g Zwiebeln, gerieben
1 Ei
¼ TL getrockneter Thymian
¼ TL Salz
¼ TL Paprikapulver
¼ TL schwarzer Pfeffer, gemahlen
¼ TL Kümmel, gemahlen
¼ TL Zimtpulver
¼ TL Nelkenpfeffer, gemahlen
25 g Kochfett oder Butter
150 ml Fleischbrühe (S. 33)
1 Lorbeerblatt
25 g Tomatenpüree

FÜR DAS KARTOFFELPÜREE

500 g Kartoffeln, geschält
25 g Butter
1 Ei
150 ml heiße Milch
¼ TL Muskatnuß, gerieben
¼ TL Salz (oder nach Belieben)

BEILAGE

Fadennudeln

Für das Püree die Kartoffeln kochen und durch ein Passiersieb in einen Topf streichen. Butter, Ei, Milch, Muskat und Salz zugeben. Bei mittlerer Hitze zu einem glatten Püree verschlagen. Vom Feuer nehmen und, sobald das Püree keine Blasen mehr wirft, in eine Spritztüte füllen, falls Sie eine haben.

Für die Köfte das Fleisch nochmals hacken oder durchdrehen. Das Paniermehl durch ein Sieb geben.

In einer großen Schüssel Hackfleisch, Paniermehl, Zwiebeln, Ei, Thymian, Salz und Gewürze 10 Minuten verkneten. Dann die Mischung zu Bällchen rollen und diese wie kleine Tassen formen. Eine Kasserolle von 20 cm Durchmesser mit etwas von dem Kochfett oder der Butter einfetten. Die Köfte hineinsetzen. Die restliche Butter auf die Öffnungen der Köfte verteilen und im vorgeheizten Ofen bei 200 °C (Gas Stufe 4) 20 Minuten backen. Die Fleischbrühe zum Kochen bringen, das Lorbeerblatt hineinbröseln und die Hälfte des Tomatenpürees zugeben. Deckel auflegen und 5 Minuten köcheln lassen.

Die Köfte aus dem Ofen nehmen und mit Kartoffelpüree füllen. Wenn Sie keine Spritztüte haben, können Sie dafür einen Löffel verwenden. Die Füllung mit je einem Tropfen Tomatenpüree krönen, um den Rest zu verwenden.

Die heiße Brühe rings um die Köfte gießen. Nochmals für etwa 10 Minuten in den 200 °C (Gas Stufe 4) heißen Ofen geben, bis das Kartoffelpüree goldbraun ist.

Heiß mit Fadennudeln servieren.

◇ TERBIYELI KUZU KAPAMASI ◇

LAMMFRIKASSEE

FÜR 6 PERSONEN

6 kotelettgroße Stücke von der Lammkeule
oder Beinscheiben
100 g Frühlingszwiebeln, in 4 cm lange Stücke
geschnitten
100 g Karotten, geschält und in 4 cm lange
Stücke geschnitten
6 Kopfsalatblätter, in Streifen geschnitten
2 EL Minze, gehackt
2 EL Petersilie, gehackt
1 TL Salz
1 TL Zucker
1 Eigelb
1 EL Mehl
1 EL Zitronensaft

BEILAGE
Couscous Pilaf mit Tomatensauce (S. 124)

Das Fleisch mit 750 ml Wasser in einen Topf geben, zum Kochen bringen, Schaum ganz abschöpfen. Die Gemüse, Kräuter, Salz und Zucker zugeben; Deckel auflegen; 1–1½ Stunden köcheln lassen, bis das Fleisch weich ist.

In einer Schüssel das Eigelb, Mehl und Zitronensaft verquirlen. Eine Kelle voll Flüssigkeit aus dem Fleischtopf nehmen und mit dem Schneebesen unter diese Mischung rühren. Dann unter raschem Umrühren zurück in den Topf geben. 1 Minute köcheln lassen. Mit Couscous Pilaf und Tomatensauce servieren.

◇ ELBASAN TAVASI ◇

LAMMKOTELETTS IN JOGHURTSAUCE

FÜR 5–6 PERSONEN

5–6 Lendenkoteletts
Gemüsezutaten für Fleischbrühe (S. 33)
Salz

FÜR DIE SAUCE
1 kg dicker Joghurt (S. 171)
50 g Mehl
2 Eigelb

BEILAGE
Fırık Pilaf (unreifer, gerösteter Weizen
[S. 122])

Die Koteletts in einen schweren Topf legen und ohne Fett 4–5 Minuten bräunen, bis der Fleischsaft eingekocht ist. Die Gemüse zugeben und mit Wasser bedecken. Deckel auf den Topf legen und 1–1½ Stunden kochen, bis das Fleisch richtig weich ist. Salzen, nach 5 Minuten vom Feuer nehmen und das Fleisch· herausnehmen.

Joghurt und Mehl in einem kleinen Topf gründlich mit dem Schneebesen vermischen. Die Eigelb zugeben und ebenfalls gut verquirlen.

Die Koteletts in eine feuerfeste Form legen, in die sie nebeneinander hineinpassen, und mit der Joghurtmischung übergießen. Ohne Deckel im vorgeheizten Ofen bei 250 °C (Gas Stufe 6) 25–30 Minuten backen, bis die Oberfläche goldbraun ist. Heiß in der Form servieren.

◇ NOHUTLU YAHNI ◇

HAMMELRAGOUT MIT KICHERERBSEN

Dieses Ragout kann auf geröstetem Weiß-brot serviert werden, wenn Sie das Tomatenpüree weglassen. Schneiden Sie Brot-scheiben in 2 cm große Quadrate und rösten Sie diese kurz im Ofen. Ragout über das Brot gießen und servieren.

FÜR 6 PERSONEN

3 doppelte oder 6 einfache Lendenkoteletts
150 g Kichererbsen, über Nacht eingeweicht
1 TL Salz
25 g Kochfett
25 g Tomatenpüree (nicht notwendig)
150 g kleine Zwiebeln, geviertelt

BEILAGEN
Reis-Pilaf (S. 119)
Zerde (S. 149)

Die Kichererbsen abgießen und in 1,5 l Wasser etwa 1 Stunde kochen, bis sie halb weich sind. Abgießen.

Das Fleisch mit 1 l heißem Wasser in einen Topf geben. Zum Kochen bringen, allen Schaum abschöpfen. Deckel auf den Topf legen und 1 Stunde bei milder Hitze kochen lassen. Salzen. Wenn die Flüssigkeit einge-kocht ist, mit heißem Wasser auffüllen.

In einer kleinen Bratpfanne das Fett zerlas-sen. Die Zwiebeln bei geringer Hitze 4 Minu-ten darin braten, das Tomatenpüree zugeben, falls Sie es verwenden, und dann mit den Ki-chererbsen zum Fleisch geben. Bei sehr gerin-ger Hitze etwa 1 Stunde köcheln lassen, bis Fleisch und Kichererbsen sehr weich sind.

Abschmecken und, falls nötig, nachsalzen. Nach weiteren 5 Minuten vom Feuer nehmen und das Ragout mit Reis-Pilaf und Zerde ser-vieren.

◊ KELLE-PAÇA ◊
SUPPE AUS SCHAFSKOPF UND -FÜSSEN

Wenn ein Schafskopf ganz serviert wird, ißt man zunächst das Fleisch. Dann wird das Gehirn herausgenommen und zuerst einem Gast oder dem Familienoberhaupt angeboten und anschließend herumgereicht, damit die anderen sich selbst bedienen.

Kalter Schafskopf ist so beliebt geworden, daß er an den Straßenecken und auf den Bahnhöfen jeder anatolischen Stadt verkauft wird. In Diyarbakır in Südostanatolien essen die Männer zum Frühstück gewöhnlich auf dem Markt ein heißes Gericht aus Schafskopf und -füßen, ehe sie mit der Arbeit beginnen.

FÜR 6 – 8 PERSONEN

1 Schafskopf, enthäutet
6 Schafsfüße, enthäutet
100 g Zwiebeln, geviertelt
1 kleiner Strauß Petersilie
2 Lorbeerblätter
4 l Wasser
Salz
8 Knoblauchzehen
50 ml Essig oder Zitronensaft

FÜR DIE SAUCE

50 g Nierenfett, gehackt
1 EL Zwiebelsaft (S. 48)
50 g Lammfleisch, feingehackt
1 Markknochen, in 3 Teile gehackt
2 Nelken
1,25 cm Zimtstange
1 TL Paprikapulver

Den Kiefer aufbrechen und die Schnauze durch Aufschlagen auf eine harte Platte gründlich reinigen. Den Kopf in eine große Schüssel mit reichlich Wasser legen und 1 Stunde einweichen. Die Reinigungs- und Waschvorgänge wiederholen und den Kopf in einen Topf legen.

Die Füße gründlich waschen und ebenfalls in den Topf geben, dazu die Zwiebeln, Petersilie und Lorbeerblätter. Mit kaltem Wasser auffüllen. Zum Kochen bringen, den Schaum abschöpfen, dann den Deckel auflegen. Bei sehr geringer Hitze 10 – 12 Stunden köcheln lassen, bis sich das Fleisch an Kopf und Füßen leicht von den Knochen lösen läßt. (Wenn Sie einen Dampfdrucktopf verwenden, 1 Stunde kochen lassen.)

Die Kochflüssigkeit in einen sauberen Topf umgießen und beiseite stellen. Das Fleisch von den Knochen lösen, wieder in die Kochflüssigkeit geben und zum Kochen bringen. Nach Belieben salzen und weitere 10 Minuten kochen lassen.

Knoblauchzehen mit Essig oder Zitronensaft zerdrücken. In die Suppe rühren und diese in eine Suppenterrine füllen.

Für die Sauce das Nierenfett in einem kleinen Topf auslassen. Zwiebelsaft, Lammfleisch, Markknochen, Nelken und Zimt zugeben. Braten, bis das Fleisch völlig gar ist. Das Fett abseihen, Paprikapulver zugeben, 1 Minute braten, dann vom Feuer nehmen. Wenn das Paprikapulver sich am Boden abzusetzen beginnt, restliches Fett abgießen und dünn auf die Oberfläche der Suppe träufeln.

◊ BUMBAR DOLMASI ◊

LEBERWURST

Bumbar ist in Südostanatolien sehr beliebt. In Siirt gibt es sogar jedes Jahr ein dreitägiges Bumbar-Fest. Am ersten Montag im Februar, wenn auf den Bergen und Hügeln die Narzissen gepflückt werden – die ersten Frühlingsblumen –, ist es Brauch, eine besondere Art von Bumbar herzustellen, »Cokat« genannt, und sie mit einem Kompott aus Trauben und Aprikosen zu essen. Angehende Schwiegermütter schicken den Bräuten ihrer Söhne Geschenke, darunter Bumbar, Baklava und Früchte. Die zukünftige Schwiegermutter tut das nur, solange das Mädchen verlobt ist; nach der Eheschließung muß die Schwiegertochter – wie beim Eierfest – ihrer Schwiegermutter, solange diese lebt, jedes Jahr Bumbar und andere Geschenke bringen.

FÜR 6 PERSONEN

2 große Därme, zum Füllen geeignet,
oder große Wursthüllen
Salz
200 ml Essig

FÜR DIE WÜRSTE

250 g Leber
100 g Reis
½ TL schwarzer Pfeffer, gemahlen
½ TL Paprikapulver
¼ TL Kümmel, gemahlen
¼ TL Nelkenpfeffer, gemahlen
Salz

BEILAGEN

Kompott aus getrockneten Aprikosen
und Trauben

Die Innen- und Außenseiten der Därme durch Abreiben mit Salz gründlich reinigen. 1 Stunde in Essig einweichen, dann gründlich waschen.

Die Leber hacken. Den Reis waschen und mit den Gewürzen, 1 TL Salz und 2 EL Wasser an die Leber geben. Gut vermischen.

Ein Ende des Darms zubinden, einen Trichter mit großer Öffnung in das andere Ende schieben, den Darm füllen und zubinden. In einen Topf mit 1 l kochendem Salzwasser geben. Zum Kochen bringen, den Schaum abschöpfen, Deckel auf den Topf legen und Hitze verringern. Nach etwa 15 Minuten den Bumbar mit einer Nadel an mehreren Stellen einstechen. (Sticht man den Darm früher an, so wird nur die Füllung und nicht die Haut gegart.) Weitere 15–25 Minuten köcheln lassen, bis die Wurst weich ist. Das Wasser abgießen, ein Stück Küchenkrepp zwischen Topf und Deckel legen und 15 Minuten stehenlassen.

Den Bumbar auf eine vorgewärmte Platte legen und heiß mit dem Kompott servieren.

◊ DÜĞÜN YAHNISI ◊

HOCHZEITSRAGOUT

Düğün Yahnisi ist das traditionelle Gericht, das bei Hochzeitsempfängen gereicht wird.

FÜR 6 PERSONEN

---

6 Lendenkoteletts von Lamm oder Kalb
1 l Wasser
50 g Butter
200 g Zwiebeln, in Scheiben geschnitten
1,25 cm Zimtstange
2 Nelken
½ TL Salz

ZUM GARNIEREN

2 EL Petersilie, gehackt

BEILAGE

Reis-Pilaf (S. 119)

Fleisch und Wasser in einen Topf geben und zum Kochen bringen. Allen Schaum abschöpfen, die Koteletts herausnehmen und die Flüssigkeit beiseite stellen.

Die Butter zerlassen und die Koteletts bei geringer Hitze von jeder Seite 2 Minuten braten, dann wieder in den Topf mit der Flüssigkeit zurückgeben. In der Butter, die noch in der Bratpfanne ist, die Zwiebeln 4 Minuten anschwitzen, dann mit der Butter zum Fleisch geben. Zimt und Nelken hinzufügen, zum Kochen bringen und bei sehr geringer Hitze 1–1½ Stunden köcheln lassen, bis das Fleisch ganz weich ist. Salzen und weitere 5 Minuten kochen. Auf einer Platte anrichten, mit Petersilie bestreuen und heiß mit Reis-Pilaf servieren.

◊ ARNAVUT CIĞERI ◊

ALBANISCHE LEBER

FÜR 4–6 PERSONEN

---

1 Lammleber
1 EL Paprikapulver
50 g Mehl
Olivenöl zum Fritieren
1 TL Salz

ZUM GARNIEREN

3 Zweige Petersilie
1 Tomate, in Scheiben geschnitten

BEILAGE

Zwiebelsalat (S. 117)

Die Leber enthäuten, in kleine Würfel schneiden, waschen und gründlich trockentupfen.

Mit dem Paprikapulver bestreuen. Auf einem flachen Teller das Mehl verteilen und die gehackte Leber darin wenden. (Um überschüssiges Mehl zu entfernen, die Leberwürfel in ein Sieb geben und schütteln.) Das Öl erhitzen und die Leber 2 Minuten darin fritieren. Die Leberstückchen in eine feuerfeste Form geben, mit Salz bestreuen und mit 1 EL Fett aus dem Fritiertopf begießen. Im vorgeheizten Ofen bei 200 °C (Gas Stufe 3) 2 Minuten backen oder die Form zudecken und für 2 Minuten auf den Herd stellen, dann die Hitze abdrehen und die Leber noch 5 Minuten in ihrem eigenen Dampf ziehen lassen.

Mit Petersilie und Tomatenscheiben garnieren, mit Zwiebelsalat servieren.

◊ PATLICANLI BILDIRCIN ◊

WACHTELN IN AUBERGINENNESTERN

»Und wir ließen euch von Wolken beschatten und sandten Manna und Wachteln zu euch nieder und sagten: Eßt von den guten Dingen, die wir euch zur Speise gegeben haben.«

(KORAN, KAPITEL II, »DIE KUH«, VERS 57)

FÜR 4 PERSONEN

4 Wachteln
4 große, dicke Auberginen
Salz
200 ml Sonnenblumenöl
50 g Zwiebeln, in Scheiben geschnitten
25 g milde grüne Chilis, gehackt
300 g Tomaten
1 große Paprikaschote
200 ml kochendes Wasser
(4 Zahnstocher)

Die Auberginen streifenweise schälen (dazwischen jeweils einen Streifen Schale stehenlassen). Der Länge nach halbieren. Vorsichtig soviel Fleisch wie möglich herauskratzen und für ein anderes Gericht beiseite stellen. Die Auberginen mit Salz bestreuen, 20 Minuten stehenlassen, dann abspülen und abtropfen lassen.

Das Öl erhitzen und die Auberginen von jeder Seite 2–3 Minuten braten. Herausnehmen und abtropfen lassen.

Die Wachteln in das Fett geben und von beiden Seiten je 8 Minuten leicht anbraten.

Das Fett bis auf 1 EL aus der Pfanne abgießen. In dem Rest die Zwiebeln 3 Minuten goldbraun braten, Chilis zugeben und unter Umrühren 1 Minute braten. Eine Tomate beiseite legen, den Rest enthäuten, hacken und in die Pfanne geben. 3–4 Minuten rühren, dann vom Feuer nehmen.

Den Boden einer Backform mit der Tomatenmischung bedecken, darauf vier Auberginenhälften anordnen, in jede eine Wachtel legen und mit den restlichen Auberginenhälften bedecken.

Die restliche Tomate und die große Paprikaschote in 4 Scheiben schneiden. Jeweils eine Scheibe davon – zuerst Tomate, dann Paprika – auf die Auberginen legen und mit einem Zahnstocher befestigen. Mit Salz bestreuen.

Das kochende Wasser angießen. Deckel auf die Backform legen und im vorheizten Ofen bei 200 °C (Gas Stufe 3) 40 Minuten backen und am Ende nochmals 5 Minuten ohne Deckel.

Heiß direkt aus dem Ofen servieren.

◊ YUFKALI PILIÇ ◊

KÜKEN IM TEIGMANTEL

1 Küken (etwa 400 g)
25 g Butter
75 g Zwiebeln, in feine Scheiben geschnitten
25 g Peperoni, feingehackt
200 g Tomaten, enthäutet und kleingeschnitten
1 TL Salz (oder nach Belieben)
100 ml heißes Wasser

FÜR DEN TEIGMANTEL

2 Yufka (dünne Pfannkuchen, S. 59)
25 g Butter, zerlassen

Küken in einen schweren Topf mit Deckel legen und 10–15 Minuten bei schwacher Hitze garen, bis der Fleischsaft eingekocht ist. Wenn es im Topf zu zischen beginnt, vom Feuer nehmen und Küken herausholen. In denselben Topf die Butter geben und darin die Zwiebeln in 3–4 Minuten goldgelb braten. Peperoni dazugeben und 1 Minute rühren. Tomaten hinzufügen und 4–5 Minuten rühren.

Küken wieder in den Topf legen, Salz und Wasser zugeben und den Topf zudecken. Wenn der Inhalt zu kochen beginnt, Hitze verringern und das Küken in 40 Minuten weichschmoren. Im Topf abkühlen lassen.

Dann das Fleisch von den Knochen lösen, in kleine Stücke schneiden und in die Tomatenmischung rühren.

Yufka halbieren und mit etwas zerlassener Butter bestreichen. Die Füllung auf die vier Yufka-Stücke verteilen und diese von den Ecken her darüber zusammenfalten wie Briefumschläge. In eine gefettete Backform legen und die Oberfläche mit zerlassener Butter einpinseln. Im vorgeheizten Ofen bei 250 °C (Gas Stufe 6) etwa 5 Minuten backen, bis die Yufka eine helle goldbraune Farbe annehmen. Auf vorgewärmter Platte servieren.

◊ GÜVEÇTE TAVŞAN YAHNISI ◊

KANINCHENKASSEROLLE

Moslemische Türken essen wenig Haarwild, weil die Tiere nicht entsprechend den religiösen Vorschriften getötet werden. Dennoch sind Kaninchen oder Hasen die liebste Beute leidenschaftlicher Jäger. Dieses Ragout könnte auch in kleinen irdenen Kochtöpfen bereitet werden, die je eine Portion fassen.

FÜR 4 PERSONEN

1 kg Kaninchenfleisch
200 ml Wasser
200 ml Essig
100 g Kochfett oder Butter
300 g Zwiebeln, feingehackt
10 ganze Knoblauchzehen
25 g Tomatenpüree
25 g Petersilie, gehackt
500 ml Fleischbrühe (S. 33)
25 ml Essig
1 kleines Lorbeerblatt
½ TL schwarzer Pfeffer, gemahlen
½ TL Paprikapulver
½ TL getrockneter Thymian
Salz

BEILAGE

Couscous

Kaninchen in vier Teile zerlegen und 24 Stunden in Wasser und Essig einlegen. Waschen und abtrocknen.

In einer Kasserolle das Fett zerlassen und die Kaninchenteile unter gelegentlichem Umwenden darin 10 Minuten braten, bis der Fleischsaft eingekocht ist. Zwiebeln und Knoblauch zugeben und nochmals 10 Minuten braten; Tomatenpüree hinzufügen und unter Rühren 2 Minuten weiterbraten, dann die Petersilie zugeben. Die Fleischbrühe und den Essig angießen, Gewürze hinzufügen, Deckel auflegen und bei sehr geringer Hitze etwa 2 Stunden köcheln lassen, bis das Fleisch weich ist.

Heiß in der Kasserolle (Güveç) servieren. Zu diesem Kaninchengericht wird traditionell Couscous gereicht.

◊ DOMALANLI PILIÇ GÜVECI ◊
KÜKENKASSEROLLE MIT TÜRKISCHEN TRÜFFELN

Die besten Trüffeln der Türkei findet man in Zentralanatolien in der Gegend von Konya. Diese Trüffeln sind im Geschmack ganz anders als französische oder italienische. In den Dörfern verwendet man sie als Fleischersatz, weil sie Speisen einen fleischigen Geschmack geben. Sie passen gut zu Reis, Gemüsen und Kebabs – und zu diesem Pilaf mit Trüffeln sind sie besonders köstlich.

FÜR 4 PERSONEN

2 Küken von je 400 g, in 4 Teile zerlegt
50 g Butter
200 g Kartoffeln, geschält und gewürfelt
200 g Trüffeln, geschält und in Scheiben geschnitten
50 g Zwiebeln, in Ringe geschnitten
25 g Peperoni, feingehackt
200 g Tomaten, enthäutet, entkernt und gehackt
200 ml Wasser
1 TL Salz
1 TL schwarzer Pfeffer, gemahlen

BEILAGEN
Bulgur Pilaf (S. 119)
Ayran (S. 168)

Die Butter zerlassen, die Kükenteile 5 Minuten darin anbraten, dann in eine Kasserolle legen. Kartoffeln und Trüffeln in einer Pfanne 2 Minuten braten, dann ebenfalls in die Kasserolle geben. Das Fett bis auf 2 EL aus der Bratpfanne abgießen, dann die Zwiebeln und Peperoni hineingeben. 2–3 Minuten braten, Tomaten hinzufügen und unter Rühren 3 Minuten weiterbraten, dann in die Kasserolle geben. Das Wasser angießen, mit Salz und Pfeffer würzen, Deckel auflegen und auf die Flamme stellen. Wenn der Topfinhalt kocht, Hitze verringern und 1 Stunde köcheln lassen.

In der Kasserolle (Güveç) servieren, dazu Bulgur Pilaf und Ayran reichen.

GEMÜSE- UND FRUCHTGERICHTE MIT FLEISCH

◇ DOLMALAR ◇
GEFÜLLTE GEMÜSE

*D*olmas in ihrer unendlichen Vielfalt spielen in der türkischen Küche eine große Rolle. Die Füllungen können aus Fleisch und Gemüsen bestehen, wie in den beiden hier angeführten Gerichten aus Istanbul; in Anatolien wiederum enthalten sie häufig grobgemahlenen Weizen (Yarma).

Im Süden gibt man Knoblauchzehen an die Dolmas, um das Aroma zu verstärken. In einigen Teilen Südost- und Ostanatoliens verwendet man Sumach-Sauce oder Zitronensalz, um einem Gericht einen bitteren Geschmack zu geben.

Kürbis-, Quitten- und Pflaumen-Dolmas, süß gefüllt, die man in Istanbul selten findet, gibt es in Zentralanatolien häufig, und in Konya sind sie eine bekannte Spezialität.

In dem Abschnitt über Dolmas und Sarmas habe ich versucht, von beiden eine beispielhafte Auswahl zusammenzustellen, von der ich hoffe, daß sie Ihnen schmeckt. Beachten Sie, daß Dolma ein Behältnis darstellt – im allgemeinen aus einem Gemüse oder einer Frucht –, in das man eine Füllung gibt, während es sich bei Sarma um etwas – meist in ein Gemüseblatt – Eingewickeltes handelt.

◇ DOLMA-FÜLLUNGEN ◇

FLEISCHFÜLLUNG I

*D*iese Füllung stammt aus der Küche Istanbuls.

---

350 g fettes Lammfleisch, gehackt
250 g Zwiebeln, in dünne Scheiben geschnitten
1 TL Salz
5 g Petersilie, gehackt
5 g Dill, gehackt
5 g Minze, gehackt
100 g Reis, gewaschen
50 g Kochfett oder Butter
½ TL schwarzer Pfeffer, gemahlen
½ TL Paprikapulver
50 ml Fleischbrühe oder Wasser

Hackfleisch mit Zwiebeln und Salz in eine Schüssel geben. 2 Minuten ruhen lassen, dann mit den Händen gut verkneten. Die restlichen Zutaten hinzufügen und mit dem Hackfleisch verkneten. Für diese Füllung können Sie verschiedene Dolmas und Sarmas verwenden.

FLEISCHFÜLLUNG II

*D*ies ist eine Variation der aus der Istanbuler Küche stammenden Füllung (Fleischfüllung I), die am häufigsten in Zentralanatolien verwendet wird.

Dolma-Füllung I
(Rezept und Menge s. linke Spalte)
100 g Tomaten, enthäutet, entkernt und feingehackt
25 g Tomatenpüree

Die erste Füllung zubereiten. Die Tomaten und das Tomatenpüree gründlich untermischen. Verwenden Sie diese Füllung für verschiedene Dolmas und Sarmas.

Diese Füllung verwendet man vor allem in Ost- und Südostanatolien. Besonders gern nimmt man sie für Sarmas mit Mangold- und Weinblättern. Verdünnter Sumach (S. 173) wird hinzugefügt, um den Dolmas einen säuerlichen Geschmack zu verleihen.

125 g Lammfleisch, gehackt
75 g Weizen, grobgemahlen
150 g Zwiebeln, feingehackt
1 TL Salz
250 g Tomaten, enthäutet und feingehackt
250 g grüne Paprikaschoten, feingehackt
15 g Petersilie, gehackt
1 TL Tomatenpüree
25 ml Sonnenblumenöl

1 TL Paprikapulver
1 TL schwarzer Pfeffer, gemahlen
1 TL Sumach (S. 173)
oder ¼ TL Zitronensalz (S. 173)
50 ml Wasser

Hackfleisch in einen Topf geben. Weizen verlesen, waschen, mit in den Topf geben. Zwiebeln und Salz beifügen und alles zu einem weichen Teig verkneten. Die restlichen Zutaten beifügen und kneten, bis alles gründlich vermischt ist.

◇ **PAZI SARMASI** ◇
SARMA AUS MANGOLDBLÄTTERN

FÜR 4 PERSONEN

Dolma-Füllung III (Rezept und Menge s. oben)
750 g Mangoldblätter
2 l Wasser
Salz
25 g Butter
1 TL Sumach (S. 173)
oder ¼ TL Zitronensalz (S. 173)
250 ml heißes Wasser

Die Füllung zubereiten. Die Mangoldblätter in einem großen Topf mit kochendem Salzwasser 1 Minute blanchieren. Abgießen und die Blätter für 2–3 Minuten in eine große Schüssel mit kaltem Wasser legen, dann abtropfen lassen.

Kleine Mengen der Füllung in die Mangoldblätter einrollen und diese in einen flachen Topf legen, der auf beiden Seiten Henkel hat.

Die Butter hinzufügen. Sumach-Sauce oder Zitronensalz mit dem Wasser vermischen und über die Sarmas gießen. Einen Teller auf die Sarmas legen, damit sie sich nicht öffnen. Deckel auf den Topf legen. Wenn der Inhalt zu kochen beginnt, auf sehr geringe Hitze schalten und 35–40 Minuten garen.

Heiß servieren.

◊ ASMA YAPRAĞI SARMASI ◊

SARMA MIT WEINBLÄTTERN

FÜR 4 PERSONEN

Dolma-Füllung I (Rezept und doppelte Menge wie auf S. 83)
250 g Weinblätter, frisch oder in Salzwasser eingelegt
25 ml Zitronensaft
400 ml Fleischbrühe (S. 33)
Salz

FÜR DIE SAUCE

25 ml Zitronensaft
1 Eigelb

Die Dolma-Füllung zubereiten. Die frischen Weinblätter waschen und 4 Minuten mit dem Zitronensaft in einem großen Topf mit kochendem Wasser halbgar kochen. Blätter herausnehmen, in kaltem Wasser abschrecken und abtropfen lassen. In Salzwasser eingelegte Blätter müssen nur 1 Minute kochen.

4–5 Blätter auf den Boden eines Topfes legen. Die gleiche Anzahl Blätter für die Abdeckung des Gerichts zurückbehalten. Die Füllung auf die verbleibenden Blätter verteilen und diese zusammenrollen. Die Sarmas nebeneinander in den Topf legen, mit den restlichen Weinblättern abdecken. Damit die Sarmas sich nicht öffnen, einen Teller darauf legen. Die Fleischbrühe angießen und bei geringer Hitze 50–60 Minuten köcheln lassen, bis die Sarmas weich sind.

Sind die Sarmas servierfertig, den Zitronensaft mit dem Eigelb verquirlen, etwas Flüssigkeit aus dem Kochtopf unterrühren und die Sauce über die Sarmas gießen. Heiß servieren.

Anmerkung: Anstelle der Sauce aus Ei und Zitronensaft können Sie auch Joghurt mit Knoblauch (S. 172) reichen.

◊ BIBER DOLMASI ◊

GEFÜLLTE PAPRIKASCHOTEN

FÜR 4 PERSONEN

Dolma-Füllung II
(Rezept und Menge wie auf S. 83)
25 g Kochfett oder Butter
6 kleine bis mittelgroße Paprikaschoten zum Füllen
300 ml Wasser
½ TL Salz
200 ml Fleischbrühe

BEILAGE

Gurken-Cacık (S. 114)

Die Füllung zubereiten. Das Fett zerlassen, die Füllung hineingeben und unter ständigem Rühren 2 Minuten braten – die Füllung soll nur halb gegart werden. Die Stengel der Paprikaschoten abschneiden, die Schoten waschen und in Salzwasser 2 Minuten blanchieren. Abgießen. Wenn sie leicht abgekühlt sind, von der Spitze jeder Paprikaschote einen Deckel abschneiden. Sorgfältig Kerne und Häute aus den Schoten entfernen. Dann die Füllung in die Schoten geben, die Deckel auflegen und die Schoten aufrecht in einen Topf stellen. Die Fleischbrühe angießen, einen Teller auf die Schoten legen. Zum Kochen bringen, Hitze verringern und 30–40 Minuten köcheln lassen, bis die Paprikaschoten weich sind.

Heiß mit Gurken-Cacık servieren.

◊ KARNIYARIK ◊

AUBERGINEN IN SCHMETTERLINGSFORM

Karnıyarık bedeutet »aufgeschnitten«. Dieses Gericht ist besonders während der Sommermonate beliebt. Das Rezept stammt aus Istanbul. (In Anatolien bereitet man Karnıyarık ohne Pinienkerne und Korinthen zu.)

FÜR 4 PERSONEN

4 mittelgroße Auberginen
1 EL Salz
125 g Butter oder Pflanzenöl zum Braten

FÜR DIE FÜLLUNG

1 EL Butter
1 EL Pinienkerne
50 g Zwiebeln, feingehackt
125 g Lammfleisch, gehackt
100 g Tomaten, enthäutet und in Würfel geschnitten
1 TL Tomatenpüree
1 TL Korinthen
¼ TL schwarzer Pfeffer, gemahlen
¼ TL Paprikapulver
¼ TL Zimtpulver
¼ TL Nelkenpfeffer, gemahlen

ZUM FERTIGSTELLEN

2 grüne Paprikaschoten
1 Glas heißes Wasser

BEILAGE

Pilaf mit Fadennudeln (S. 119)

Die Auberginen ganz oder nur streifenweise schälen. In der Mitte der Länge nach so aufschneiden, daß sie sich schmetterlingsförmig aufklappen lassen, mit Salz einreiben und 20 Minuten ruhen lassen. Dann 5 Minuten in Wasser einweichen und abtropfen lassen.

Die Auberginen von beiden Seiten 5 Minuten in der Butter oder dem Öl braten. In einem flachen Topf mit zwei Henkeln oder einer Backform so anordnen, daß die Auberginen mit der Außenseite nach unten den Boden der Form bedecken.

Die Pinienkerne 1 Minute in Butter braten, die Zwiebeln hinzufügen und 3–4 Minuten braten. Hackfleisch zugeben und weitere 5–10 Minuten braten, bis der Fleischsaft eingekocht ist. Tomaten und Tomatenpüree dazugeben und 1 Minute rühren. Korinthen, Gewürze und nach Belieben Salz hinzufügen, umrühren und vom Feuer nehmen.

Die Füllung auf die Auberginen geben. Die Paprikaschoten der Länge nach aufschneiden und über die Füllung legen. Das heiße Wasser vorsichtig an der Seite des Topfes angießen, Deckel auflegen. Bei sehr geringer Hitze etwa 1 Stunde auf dem Herd garen oder im Backofen 40 Minuten mit Deckel und danach noch 5 Minuten ohne Deckel. Heiß servieren.

◇ TATLI ET KABAGI ◇
GEFÜLLTER KÜRBIS

Gefüllter Kürbis ist ein aus Konya stammendes Dolma-Gericht. Diese Version ist gesüßt, man kann sie aber auch würzig mit Hackfleisch und Kichererbsen zubereiten. Beides ist köstlich. Gut gelingt das Gericht mit dem kleinen, glockenförmigen Winterkürbis oder mit einer diesem Kürbis ähnlichen Sorte.

FÜR 4 PERSONEN

1 Kürbis von etwa 500 g
5–6 Rosenpelargonien-Blätter
150 g Zucker

FÜR DIE FÜLLUNG

125 g fettes Stück vom Lammnacken, gehackt
50 g Reis
4 Stücke Mastixharz (S. 173)
1 EL Zucker
½ TL Zimtpulver
½ TL Nelken, zerdrückt
¼ TL Salz
50 ml Wasser

Für die Füllung das Fleisch in einen Topf geben. Den Reis waschen. Mastix gründlich mit dem Zucker zerdrücken, mit allen anderen Zutaten an das Fleisch geben und vermischen. Unter ständigem Rühren 4–5 Minuten braten, bis das Fleisch seine Farbe verändert. Vom Feuer nehmen und Deckel auflegen.

Den Kürbis schälen und die Spitze so abschneiden, daß sie einen Deckel bildet. Die Kerne mit den Fingern herausnehmen, die Seiten mit einem Messer mehrmals einstechen. Die Füllung in den Kürbis geben, »Deckel« auflegen und mit Zahnstochern befestigen.

Den Boden eines schweren, hohen Topfes, in den der Kürbis gerade hineinpaßt, mit Rosenpelargonien-Blättern auslegen. Den gefüllten Kürbis aufrecht darauf stellen. 2 EL Zucker in so viel Wasser verrühren, daß der Kürbis gut bis zur Hälfte darin steht. Zum Kochen bringen, dann bei sehr geringer Hitze 1–1½ Stunden köcheln lassen.

Wenn der Kürbis weich ist, den »Deckel« abnehmen, die Hälfte des restlichen Zuckers in den Kürbis streuen, Kürbisdeckel wieder auflegen und wie vorher befestigen. Den restlichen Zucker über den Kürbis streuen. Topfdeckel auflegen und weitere 15–20 Minuten kochen, bis der Kürbis den Zucker aufnimmt und golden wird.

Das Dolma vorsichtig auf eine vorgewärmte Servierplatte setzen und heiß servieren.

87

ENGINAR OTURTMASI

GEFÜLLTE ARTISCHOCKEN

Oturtmas sind aus rundgeformten Gemüsen zubereitete Gerichte, die man aushöhlen kann – wie Artischocken, Auberginen oder Kartoffeln –, und die ihre Form behalten, wenn sie gegart sind. Oturtma bedeutet »aufrecht hingesetzt«.

FÜR 6 PERSONEN

6 große Artischocken
1 Zitrone
1 EL Salz
1 TL Mehl
500 ml Brühe oder Wasser
20 g Butter
25 ml Zitronensaft
100 g Tomaten, in Scheiben geschnitten

FÜR DIE FÜLLUNG

100 g mageres Lammfleisch, gehackt
20 g Kochfett oder Butter
100 g Zwiebeln, feingehackt
100 g Tomaten, enthäutet, entkernt und gehackt
¼ TL Salz
¼ TL schwarzer Pfeffer, gemahlen

Die Stengel und äußeren Blätter der Artischocken abschneiden. Die Zitrone halbieren, in Salz drücken und damit die Artischocken einreiben, damit sie sich nicht verfärben. Das Heu aus den Artischocken entfernen und die Innenseiten ebenso mit Zitrone und Salz einreiben.

Für die Füllung das Fett in einer Pfanne zerlassen, die Zwiebeln 2–3 Minuten darin braten. Das Hackfleisch zugeben und 2–3 Minuten braten, bis der Fleischsaft eingekocht ist. Die Tomaten hinzufügen und weitere 2 Minuten braten. Mit Salz und Pfeffer würzen, Deckel auflegen, beiseite stellen.

Das Mehl mit etwas Brühe zu einer Paste verrühren. Die Butter in einem Topf zerlassen, die Brühe, Zitronensaft und die Mehlpaste zugeben. Zum Kochen bringen, die Artischocken rasch abspülen und umgedreht in den Topf stellen. Einen Bogen Ölpapier zwischen Topf und Deckel legen. Wieder zum Kochen bringen und dann 20 Minuten köcheln lassen.

Eine feuerfeste Form einfetten. Die Artischocken aus der Flüssigkeit nehmen und in der Form arrangieren. Jede Artischocke füllen und eine Tomatenscheibe auf die Füllung legen. Von der Kochflüssigkeit so viel angießen, daß die Flüssigkeit etwa die halbe Höhe der Artischocken erreicht. Die Form abdecken und im vorgeheizten Ofen bei 200 °C (Gas Stufe 3) 35–40 Minuten garen. Heiß servieren.

KIYMALI LAHANA
KAPAMASI

GESCHICHTETER KOHL MIT HACKFLEISCH

Kapama bedeutet »abgedeckt«. In diesem Fall wird das Hackfleisch mit Kohlblättern abgedeckt. Die gleichen Zutaten können auch zum Füllen eines ganzen Kohls verwendet werden, wie zum Beispiel bei »Lahana Kapamasi« (Grünkohl mit Olivenöl, S. 113).

1 großer Weißkohl (1 kg)

FÜR DIE FÜLLUNG

25 g Kochfett oder Butter
25 g Pinienkerne
200 g Zwiebeln, geschält und feingehackt
250 g Lammfleisch, gehackt
1 TL Tomatenpüree
½ TL Paprikapulver
Salz
20 g Petersilie, gehackt
25 g Korinthen

Die Korinthen 30 Minuten einweichen.

Für die Füllung das Fett in einer Pfanne zerlassen, die Pinienkerne hineingeben und 1 Minute braten. Zwiebeln hinzufügen und in 4–5 Minuten goldgelb werden lassen. Hackfleisch zugeben und unter gelegentlichem Rühren 5–10 Minuten braten, bis der Fleischsaft eingekocht ist. Tomatenpüree hinzufügen, 1 Minute rühren. Pfeffern und salzen, die Petersilie mit den Korinthen zugeben, 1 Minute verrühren, vom Feuer nehmen.

Die äußersten Kohlblätter entfernen. Den Kohl in der Mitte halbieren, Strunk herausschneiden und waschen. In einem großen Topf Salzwasser zum Kochen bringen und den Kohl hineinlegen. Topf zudecken, zum Kochen bringen. Kohl herausheben und in ein Sieb legen. Die Blätter abkühlen lassen, trennen und die dicken Rippen entfernen.

Die Kohlblätter in drei Portionen aufteilen, das Hackfleisch in zwei Portionen. In abwechselnden Schichten so in eine feuerfeste Form füllen, daß oben eine Schicht Kohlblätter liegt. Von der Seite 150 ml Wasser angießen, Form abdecken und 25–30 Minuten bei geringer Hitze garen, bis der Kohl weich ist; dann 10 Minuten unter den Grill stellen, bis sich die oberste Blätterschicht goldgelb färbt.

In quadratische oder rautenförmige Stücke schneiden und in der Form servieren.

◇ KABAK BASTISI ◇

ZUCCHINI-RAGOUT

FÜR 4 PERSONEN

500 g Zucchini
250 g Lammfleisch, in Würfel geschnitten
100 g Zwiebeln, feingehackt
25 g Kochfett oder Butter
25 g Tomatenpüree
100 g Tomaten, enthäutet, entkernt und gehackt
25 g Minzzweige
½ TL Paprikapulver
½ TL Zucker
2 EL Zitronensaft oder Traubensaft (S. 173)
400 ml heiße Brühe
Salz

BEILAGE
Pilaf mit Fadennudeln (S. 119) und geriebenem Käse

Die Zucchini putzen und dünn schälen. Zu dicken streichholzförmigen Stiften schneiden.

Das Fleisch in einen schweren Topf geben, Deckel auflegen. Bei geringer Hitze den Fleischsaft einkochen lassen, dann die Zwiebeln und das Fett zugeben. Ohne Deckel unter gelegentlichem Umrühren 4–5 Minuten braten, bis die Zwiebeln goldgelb sind. Das Tomatenpüree zugeben und noch 1 Minute rühren.

Die Zucchini auf das Fleisch geben, dann die Tomaten. Die anderen Zutaten hinzufügen, Topf zudecken, 30–40 Minuten garen, bis das Fleisch weich ist.

Die Minzzweige herausnehmen, das Gericht heiß servieren.

◊ BAMYA BASTISI ◊

OKRA-RAGOUT

Bastı – Gemüseragout – kann, wie die hier angeführten Zucchini- und Okra-Ragouts, mit einer geringen Menge Fleisch zubereitet werden. Im allgemeinen jedoch werden Ragouts von Früchten mit Reis, aber ohne Fleisch zubereitet.

FÜR 4 PERSONEN

500 g Okra-Schoten
50 ml Essig
2 EL Salz
250 g Lammfleisch, in Würfel geschnitten
50 g Kochfett oder geschmolzenes Fett vom Hammelschwanz
150 g Zwiebeln, feingehackt
200 g Tomaten
400 ml Brühe
50 ml Zitronen- oder Traubensaft (S. 173)
oder ½ TL Zitronensalz (S. 173)
1 TL Paprikapulver
1 TL Salz (oder nach Belieben)

BEILAGE
Reis-Pilaf (S. 119)

Die Enden der Okra-Schoten abschneiden, Weinessig über die Schoten gießen und mit Salz bestreuen. Mit beiden Händen gründlich vermischen und 30 Minuten stehenlassen. Diese Behandlung »bleicht« die Okra-Schoten und verhindert, daß sie ihre Textur verlieren.

Das Fleisch in eine schwere Pfanne geben, Deckel auflegen und auf den Herd stellen. Wenn der Fleischsaft eingekocht ist und das Fleisch zu brutzeln beginnt, das Fett und die Zwiebeln dazugeben und ohne Deckel unter gelegentlichem Umrühren 4–5 Minuten braten, bis die Zwiebeln weich werden.

Alle Tomaten enthäuten; eine davon halbieren und entkernen, die übrigen entkernen und kleinhacken. Die halbierte Tomate in die Mitte eines kleinen Topfes legen. Die Okra-Schoten in reichlich Wasser waschen, dann etwa die Hälfte davon, mit den Spitzen nach innen zeigend, in einer Schicht um die Tomate herum anordnen. Darüber das Fleisch verteilen, dann die restlichen Okra-Schoten in gleicher Weise obenauf legen.

Die restlichen Tomaten 2 Minuten in der Pfanne braten, in der das Fleisch war. Die Fleischbrühe angießen. Zum Kochen bringen und über die Okra-Schoten gießen. Den Zitronensaft, Paprika und Salz dazugeben, Deckel auflegen und bei sehr geringer Hitze 40–50 Minuten köcheln lassen, bis die Okra-Schoten und das Fleisch weich sind.

Die Flüssigkeit vorsichtig abgießen und beiseite stellen. Eine Servierschüssel über den Topf stülpen und diesen dann stürzen. Die Flüssigkeit über das Gericht gießen und heiß mit Reis-Pilaf servieren.

◊ PATATES SILKMESI ◊

KARTOFFELN NACH SILKME-ART

Silkmeler sind Gerichte, die mit geringen Mengen von gewürfeltem oder gehacktem Fleisch zubereitet werden, wie etwa das folgende Rezept. »Silkme« heißt »geschüttelt«, was bedeutet, daß die Pfanne während der Garzeit ab und zu geschüttelt wird, damit nichts ansetzt. Bei diesem Gericht werden manchmal zerdrückte Knoblauchzehen an die Pfanne mit Fleisch und Kartoffeln gegeben.

FÜR 4 PERSONEN

250 g Lammfleisch, in Würfel geschnitten
500 ml Wasser
150 g Kochfett oder Sonnenblumenöl zum Fritieren
500 g Kartoffeln, geschält und in dünne Scheiben geschnitten
100 g Zwiebeln, in feine Scheiben geschnitten
400 g Tomaten, enthäutet, entkernt und kleingeschnitten
50 ml Wasser
½ TL Salz (oder nach Belieben)
½ TL Kümmel, gemahlen
1 TL Paprikapulver
¼ TL schwarzer Pfeffer, gemahlen

BEILAGE

Ayran (S. 168)

Das Fleisch etwa 1 Stunde in dem Wasser köcheln lassen, bis es weich ist, dann das Wasser abgießen. Fett oder Öl erhitzen und die Kartoffeln darin in 5 Minuten goldgelb fritieren. Dann in ein Sieb geben und in dem Fett das Fleisch 2 Minuten fritieren und anschließend abtropfen lassen.

1 EL Fett in der Pfanne lassen, darin die Zwiebeln 3 Minuten braten. Die Tomaten dazugeben, 2 Minuten rühren, das Wasser hinzufügen und zum Kochen bringen. Salz, Kümmel, Paprika und schwarzen Pfeffer unterrühren.

Kartoffeln und Fleisch in einen flachen Topf mit Henkeln geben. Darüber die Zwiebelmischung verteilen. Deckel auflegen. Bei sehr geringer Hitze 10 Minuten leise köcheln lassen, dabei den Topf von Zeit zu Zeit schütteln. Das Gericht ist fertig, wenn alles Wasser absorbiert ist und nur das Fett zurückbleibt.

Heiß mit Ayran servieren.

◊ GÜVEÇTE YAZ TÜRLÜSÜ ◊

SOMMERRAGOUT

FÜR 6 PERSONEN

6 kleine Stücke vom Hammelnacken
100 g Zwiebeln, in Scheiben geschnitten
25 g Kochfett oder Butter
25 g Tomatenpüree
1 TL Paprikapulver
1 l Brühe
150 g Artischocken
150 g Zucchini

150 g Auberginen
Salz
50 g grüne Bohnen
250 g Tomaten
25 g Peperoni
50 g Puffbohnen

Das Fleisch auf dieselbe Weise zubereiten wie das für das Winterragout (siehe unten) und 1 Stunde garen.

Die Artischocken vorbereiten, wie auf S. 88 beschrieben, und vierteln. Die Zucchini schälen, der Länge nach vierteln und dann quer fünfmal durchschneiden. Die Auberginen von oben nach unten so schälen, daß zwischen den geschälten Streifen jeweils ein Streifen Schale stehenbleibt, dann ebenso schneiden wie die Zucchini, mit Salz bestreuen und 30 Minuten stehenlassen. Die grünen Bohnen je nach Größe in zwei oder drei Stücke schneiden. Die Tomaten enthäuten, in Scheiben schneiden und diese entkernen. Die Peperoni in zwei oder drei Stücke schneiden.

Alle Gemüse zum Fleisch in den Topf geben, Tomaten und Peperoni zuletzt. Deckel auflegen und 30–40 Minuten köcheln lassen, bis die Gemüse weich sind.

Heiß in der Kasserolle servieren.

◊ GÜVEÇTE KIŞ TÜRLÜSÜ ◊
WINTERRAGOUT

Dieses Gericht können Sie im Sommer wie im Winter mit den Gemüsen der Saison zubereiten. Türlü kann man auch in kleinen irdenen Gefäßen garen, die jeweils eine Portion fassen.

FÜR 6 PERSONEN

6 kleine Stücke vom Hammelnacken
100 g Zwiebeln, in Scheiben geschnitten
25 g Kochfett oder Butter
25 g Tomatenpüree
1 TL Paprikapulver
1 l Brühe
100 g Knollensellerie
100 g Karotten
100 g Lauch
100 g weiße Rüben
100 g Kartoffeln
100 g Erbsen
Salz

BEILAGEN

Bulgur oder Firik Pilaf (S. 119)
Ayran (S. 168)

Das Fleisch in einer Kasserolle bei geringer Hitze auf den Herd stellen und Deckel auflegen. Wenn der Fleischsaft eingekocht ist und das Fleisch zu brutzeln beginnt, die Zwiebeln und das Fett dazugeben und 3–4 Minuten braten, bis die Zwiebeln goldgelb werden. Tomatenpüree zufügen und 1 Minute rühren. Mit Paprika bestreuen, die Brühe angießen und etwa 1 Stunde köcheln lassen.

Die Gemüse in dicke Scheiben schneiden. Alle Gemüse außer den Erbsen zu dem Fleisch geben, die Kartoffeln obenauf, und weitere 25–30 Minuten garen, bis die Gemüse weich sind. Dann die Erbsen zugeben, nach Belieben mit Salz bestreuen und weitere 10 Minuten garen.

Heiß in der Kasserolle mit einem Pilaf und Ayran servieren.

Anmerkung: Dieses Gericht kann auch im Ofen gegart werden, bis es an der Oberfläche braun wird.

◊ PILIÇLI BAMYA GÜVECİ ◊

OKRA-KASSEROLLE MIT HUHN

FÜR 4 PERSONEN

---

4 kleine Hühnerbrüste
500 g Okra-Schoten
50 g Kochfett oder Butter
200 g Zwiebeln, gehackt
300 g Tomaten, enthäutet, entkernt und gehackt
25 g Peperoni, gehackt
25 ml Zitronensaft
½ TL Salz (oder nach Belieben)

BEILAGE

Reis-Pilaf (S. 119)

Okra-Schoten vorbereiten und einweichen, wie auf S. 91 beschrieben. Das Fett in einer Pfanne zerlassen, die Hühnerbrüste hineinlegen und von beiden Seiten 5 Minuten braten. Die Zwiebeln dazugeben und 3–4 Minuten braten. 200 ml kochendes Wasser angießen, 15 Minuten köcheln lassen, dann alles in eine eiserne Kasserolle umfüllen.

Die Okra-Schoten gründlich waschen und mit den anderen Zutaten und 400 ml kochendem Wasser in die Kasserolle geben. Einen Bogen Ölpapier zwischen Kasserolle und Deckel legen. Zum Kochen bringen, Hitze verringern, 30–40 Minuten oder, falls nötig, länger köcheln lassen, bis die Okra-Schoten weich sind.

In der Kasserolle auftragen und einen Reis-Pilaf dazu servieren.

◊ ALI NAZIK ◊

AUBERGINENPÜREE MIT JOGHURTSAUCE
UND HACKFLEISCH

FÜR 6 PERSONEN

---

500 g Auberginen
Joghurtsauce mit Knoblauch
(Rezept und Menge wie auf S. 172)
Salz
25 g Kochfett oder Butter
50 g Zwiebeln, feingehackt
125 g Lammfleisch, gehackt
1 TL Peperoni, feingehackt
50 g Tomaten, enthäutet, entkernt und gehackt
(oder 25 g Tomatenpüree)
¼ TL schwarzer Pfeffer, gemahlen
¼ TL Paprikapulver
¼ TL getrockneter Thymian

Die Auberginen vorbereiten und garen, wie in dem Rezept für Hünkar Beğendi (S. 64) beschrieben, pürieren und mit der Hälfte der Joghurtsauce mischen. Nach Geschmack salzen.

In einer Pfanne das Fett erhitzen und die Zwiebeln darin 3–4 Minuten braten, bis sie goldgelb sind. Hackfleisch und Peperoni hinzufügen und 7–8 Minuten unter Rühren braten, bis der Fleischsaft eingekocht ist. Die Tomaten dazugeben und 3–4 Minuten braten, bis ihr Saft eingekocht ist, oder das Tomatenpüree zufügen. Die Gewürze unterrühren.

Das Auberginenpüree in eine vorgewärmte Servierschüssel geben, die restliche Joghurtsauce darauf verteilen und darauf wiederum das Hackfleisch. Sofort servieren.

⬦ ETLI KURU FASULYE ⬦
WEISSE BOHNEN MIT FLEISCH

Weiße Bohnen sind der Hauptbestandteil eines der beliebtesten Wintergerichte in der Türkei.

FÜR 6 PERSONEN

---

500 g weiße Bohnen, über Nacht eingeweicht
1 Zwiebel
300 g Lammschulter
50 g Kochfett
250 g Zwiebeln, feingehackt
25 g Tomatenpüree
1 l Brühe (S. 33)
1 TL Paprika, grobgemahlen
Salz

BEILAGEN

Reis-Pilaf (S. 119), Ayran (S. 168)
Zerdrückte Zwiebeln (siehe unten)

Die Bohnen abtropfen lassen, mit 1,5 l kaltem Wasser und der Zwiebel in einen Topf geben und zum Kochen bringen. Vom Feuer nehmen und stehenlassen.

Das Fleisch in sechs Stücke schneiden und in einem trockenen Topf unter gelegentlichem Rühren 10–15 Minuten anbraten, bis der Saft eingekocht ist. Das Fett und die Zwiebeln dazugeben. 4 Minuten unter Rühren braten, bis die Zwiebeln goldgelb sind. Tomatenpüree hinzufügen und 1 Minute rühren. Brühe angießen, Paprika unterrühren und bei mittlerer Hitze 30–40 Minuten garen.

Die Bohnen abgießen, die Zwiebel wegwerfen. Die Bohnen zum Fleisch geben und bei mittlerer Hitze 20–30 Minuten garen, bis sie weich sind. Nach Geschmack salzen.

Sollten die Bohnen noch hart sein, aber schon alle Flüssigkeit aufgenommen haben, weitere Brühe oder Wasser angießen und die Kochzeit verlängern.

In eine Servierschüssel füllen und heiß mit Reis-Pilaf, Ayran und mit einem Holzstößel zerdrückten Zwiebeln servieren.

⬦ KIYMALI MERCIMEK ⬦
LINSEN MIT HACKFLEISCH

FÜR 2–3 PERSONEN

---

150 g Linsen, 3–4 Stunden eingeweicht
75 g Lammfleisch, gehackt
25 g Kochfett oder Butter
100 g Zwiebeln, feingehackt
1 TL Tomatenpüree
1 TL Salz
¼ TL schwarzer Pfeffer, gemahlen
1 l Brühe
¼ TL Chiliflocken

Die Linsen mit 1 l frischem Wasser in einen Topf geben. 10 Minuten kochen, vom Feuer nehmen und abgießen. Das Hackfleisch in einen Topf geben und 2 Minuten unter Rühren trockenbraten. Dann Fett und Zwiebeln zugeben. 8–10 Minuten braten, bis die Zwiebeln goldgelb sind. Tomatenpüree unterrühren, würzen, dann die Brühe angießen und Chiliflocken darüberstreuen. Deckel auflegen. Sobald die Flüssigkeit kocht, die Linsen zufügen und 30–40 Minuten köcheln lassen, bis sie weich sind. Heiß mit Kartoffelsalat (S. 116) servieren.

◊ PATLICAN MUSAKKASI ◊

MOUSSAKA AUS AUBERGINEN

Musakkalar, gebratene Gemüsegerichte mit Hackfleisch, werden nicht nur mit den in diesem Rezept angegebenen Auberginen zubereitet, sondern auch mit Kartoffeln und Zucchini.

FÜR 4 PERSONEN

---

500 g Auberginen
Salz
250 g Kochfett oder Sonnenblumenöl zum Fritieren
125 g mageres Hackfleisch
150 g Zwiebeln, feingehackt
75 g grüne Paprikaschoten
250 g Tomaten
½ TL schwarzer Pfeffer, gemahlen
½ TL Paprikapulver
300 ml Brühe

Die Haut der Auberginen im Abstand von 2,5 cm einritzen. Der Länge nach in 1,25 cm dicke Scheiben schneiden, mit Salz bestreuen und 30 Minuten stehen lassen. Leicht drücken, um den bitteren Saft zu entfernen, waschen, abtropfen lassen und trockentupfen.

Das Fett schmelzen und die Auberginen 2–3 Minuten fritieren. Sie sollen nicht ganz gar sein. Das Hackfleisch in eine Pfanne geben und mit den Zwiebeln 3–4 Minuten unter gelegentlichem Umrühren braten, bis die Zwiebeln goldgelb werden. Die Hälfte der Paprikaschoten feinhacken und 2–3 Minuten braten. Eine Tomate zurückbehalten, die übrigen enthäuten, entkernen und hacken. Mit in die Pfanne geben und weitere 4–5 Minuten braten, bis der Saft der Tomaten eingekocht ist. Mit Salz, Pfeffer und Paprikapulver bestreuen.

In eine Kasserolle abwechselnd Schichten von Auberginen und Hackfleisch füllen. Die oberste Schicht soll aus Hackfleisch bestehen.

Die restliche Tomate und die andere Hälfte der Paprikaschoten in Ringe schneiden und auf die Hackfleischschicht legen. Die heiße Brühe angießen, Deckel auflegen, zum Kochen bringen, dann 20–30 Minuten leise köcheln lassen. Wenn Sie Moussaka im Ofen garen, 20 Minuten mit Deckel backen und 5 Minuten ohne Deckel.

Heiß servieren.

FRÜCHTE MIT FLEISCH

In der türkischen Küche werden Früchte häufig mit Fleisch kombiniert, um das Spektrum der Aromen im Hauptgericht zu erweitern.

In Zentralanatolien und besonders in Konya sind zahlreiche ungewöhnliche Fruchtgerichte Bestandteil des täglichen Speiseplans. Dies liegt an der großen Vielfalt der lokalen Früchte und an der Kreativität der anatolischen Frauen, die miteinander wetteifern, exotische Gerichte aus den Früchten ihrer Obst- und Gemüsegärten zu bereiten.

Fruchtgerichte können mit Zucker oder Pekmez (Traubensirup, S. 173) gesüßt werden. Pekmez aus Konya, leicht bitter schmeckend, hat ein herrliches, ausgeprägtes Aroma, aber Sie können statt dessen auch andere Siruparten verwenden.

◊ AYVA YAHNISI ◊
QUITTENRAGOUT

FÜR 6 PERSONEN

600 g einfache oder doppelte Lendenkoteletts
vom Lamm
400 g Quitten
50 g Zwiebeln, gerieben

½ TL Salz
50 g Butter oder Kochfett
1 kleines Stück Zimtstange, 50 g Zucker

BEILAGE

Iç Pilaf (wie auf S. 125, aber ohne Yufka zubereitet)

Das Fleisch wie für das Hochzeitsragout (S. 77) kochen, abgießen, die Flüssigkeit beiseite stellen. Das Fleisch mit geriebenen Zwiebeln und Salz einreiben. Die Butter erhitzen und das Fleisch von beiden Seiten 4 Minuten braten. Dann wieder in die Brühe geben, die Butter aufbewahren. Zimtstange zum Fleisch geben und etwa 1½ Stunden kochen, bis das Fleisch weich ist.

Die ungeschälten Quitten vierteln, Kernge- häuse entfernen. Die Viertel quer halbieren, waschen und trocknen. Unter ständigem Rühren 1 Minute in der zurückbehaltenen Butter braten. Die Quitten zum Fleisch geben und noch 10 Minuten kochen. Den Zucker hinzufügen, zum Kochen bringen, dann die Hitze herunterschalten und bei sehr geringer Hitze noch 15—20 Minuten oder so lange kochen, bis die Quitten weich sind, aber noch nicht zerfallen.

◊ AYVA DOLMASI ◊

CLAUDIAS WONNE

Als Claudia Roden in Konya Quitten-Dolmas aß, bewies sie ihre Kenntnis der lokalen Küche durch die Bemerkung: »Der Imam liebte Auberginen-Dolmas, und ich liebe Quitten-Dolmas.« Aus diesem Grunde habe ich dem Gericht den Namen »Claudias Wonne« gegeben.

FÜR 6 PERSONEN

6 kleine Quitten
50 g Butter
150 g Zucker

FÜR DIE FÜLLUNG

25 g Korinthen
25 g Reis
Salz
¼ TL Zimtpulver
200 g fettes Schulter- oder Nackenfleisch
vom Lamm, gehackt

ZUM GARNIEREN
6 Quittenblätter

Für die Füllung die Korinthen 30 Minuten in warmem Wasser einweichen, abgießen und abtropfen lassen. Den Reis mit 1 TL Salz in 200 ml warmem Wasser einweichen und stehenlassen, bis das Wasser erkaltet ist. Den

Reis waschen und abtropfen lassen. Mit 200 ml kochendem Wasser in einen Topf geben und 5 Minuten kochen lassen. Das Hackfleisch bei mittlerer Hitze trocken 2—3 Minuten anbraten. Fleisch, Reis und Korinthen vermischen, mit Salz und Zimt bestreuen.

Für die Dolmas die ungeschälten Quitten waschen, die Kerngehäuse entfernen, die Früchte mit einer kleinen Kelle oder einem Teelöffel aushöhlen und die Füllung hineingeben. Die Butter in 6 Stücke zerteilen und auf jede Quitte ein Stück legen. Mit dem Zucker bestreuen. Quitten in einen Topf stellen, 200 ml heißes Wasser angießen, Deckel auflegen und im vorgeheizten Ofen bei 200 °C (Gas Stufe 3) 40—50 Minuten garen, bis die Quitten weich sind.

Auf eine vorgewärmte Servierplatte stellen und jede Quitte vor dem Servieren mit einem Quittenblatt garnieren.

◊ ERIK DOLMASI ◊
DOLMAS AUS GETROCKNETEN REINECLAUDEN

Dieses köstliche und ausgefallene Dolma-Rezept stammt aus Konya. Sie können getrocknete Reineclauden auch nach Yahni-Art (S. 98) zubereiten, als Ragout oder statt getrockneter Reineclauden auch Pflaumen verwenden.

FÜR 4 PERSONEN

125 g getrocknete Reineclauden
25 g Butter
150 g Zucker

FÜR DIE FÜLLUNG

Füllung für Quitten-Dolmas (Rezept [ohne Korinthen] und halbe Menge wie auf S. 99)

Die Füllung zubereiten. Die getrockneten Reinclauden waschen und in einen Topf mit 1 l kaltem Wasser geben. Zum Kochen bringen und etwa 10 Minuten köcheln lassen, bis man sie in der Mitte öffnen kann.

Abgießen, das Kochwasser beiseite stellen. Die Reineclauden entkernen und füllen, in einen flachen Topf geben, jeweils kleine Butterstückchen zwischen die Früchte legen, dann 200 ml von der aufbewahrten Kochflüssigkeit angießen. Deckel auf den Topf legen und Inhalt zum Kochen bringen. Dann mit dem Zucker bestreuen und wieder zudecken. Bei sehr geringer Hitze 40 Minuten garen, bis die Reineclauden und der Reis weich sind.

10 Minuten stehen lassen, dann heiß im Topf servieren.

◊ ELMA DIZMESI ◊
ÄPFEL NACH DIZME-ART

Dieses Gericht von Äpfeln und Fleischküchlein aus Südostanatolien kann auch mit Pekmez (Traubensirup, S. 173) statt Zucker zubereitet werden. Dizme bedeutet »aufgereiht« und bezieht sich auf die Art, wie Äpfel und Köfte im Topf angeordnet werden.

FÜR 6 PERSONEN

500 g harte Kochäpfel
500 g fette Lammschulter, feingehackt
¼ TL zerstoßene Nelken
¼ TL Salz
200 ml kochendes Wasser
25 g Butter
150 g Zucker

Die Kerngehäuse der Äpfel entfernen, die Früchte in 1,25 cm dicke Ringe schneiden. Wenn die Äpfel zu groß sind, können sie zuerst halbiert und dann in Scheiben geschnitten werden.

Das Hackfleisch gut mit Nelken und Salz verkneten und Köfte von der gleichen Größe wie die Apfelscheiben beziehungsweise -ringe herstellen. Köfte und Apfelscheiben abwechselnd aufrecht in einen flachen Topf stellen, der gerade groß genug ist, um sie zu fassen. Das Wasser zugeben, mit Butterflöckchen bestreuen und Topf zudecken. Zum Kochen bringen, alles mit dem Zucker bestreuen und bei sehr geringer Hitze etwa 30 Minuten garen, bis die Äpfel weich und die Köfte gar sind.

◊ KESTANELI YAHNI ◊

KASTANIENRAGOUT MIT LAMMFLEISCH

Dieses ungewöhnliche Rezept stammt aus Istanbul.

FÜR 6 PERSONEN

600 g einfache oder doppelte Lendenkoteletts
vom Lamm
300 g Eßkastanien
50 g Kochfett
100 g Zwiebeln, gehackt
½ TL Salz
1 kleines Stück Zimtstange
25 g Zucker

Das Fleisch zubereiten wie für das Hochzeitsragout (S. 77), das Fett aufbewahren.

Die Kastanien aufschlitzen und grillen, um die Haut zu lockern. Die Kastanien schälen und dann 2 Minuten unter häufigem Rühren in dem Fett braten, in dem auch das Fleisch zubereitet wurde.

Die geschälten und vorbereiteten Kastanien zum Fleisch geben, Hitze sehr gering einstellen und 10 Minuten köcheln lassen.

Den Zucker zugeben und weitere 10 Minuten oder so lange garen, bis die Kastanien weich sind.

Heiß servieren.

◊ KAYISILI YAHNI ◊

APRIKOSENRAGOUT MIT LAMMFLEISCH

Diese Version des Aprikosenragouts ist eine weitere Spezialität aus Konya. Das Ragout bekommt einen besonders guten Geschmack, wenn es mit den dort angebauten sauren Aprikosen zubereitet wird. Man kann es auf gerösteten Brotscheiben als Tırıt (S. 128) servieren.

FÜR 4 PERSONEN

250 g fetter Lammnacken mit Knochen
1 l Wasser
250 g getrocknete saure Aprikosen
(wählen Sie keine süßen Früchte)
25–50 g Butter
1 TL Salz
300 g Zucker (oder nach Belieben)

BEILAGE

Scheiben von altbackenem Brot, im Ofen geröstet

Das Fleisch in einen Topf geben, das Wasser angießen und zum Kochen bringen. Schaum abschöpfen, dann zudecken und 1 Stunde köcheln lassen, bis das Fleisch gar ist. Das Fleisch von den Knochen lösen und wieder in die Kochflüssigkeit geben.

Die Aprikosen verlesen und waschen, zum Fleisch in den Topf geben, Deckel auflegen. Zum Kochen bringen, Butter und Salz zugeben, Hitze stark reduzieren. 10 Minuten köcheln lassen, bis die Aprikosen weich sind. Den Zucker zugeben und nochmals 20–25 Minuten köcheln lassen.

Die gerösteten Brotscheiben auf eine Servierplatte legen, Fleisch und Aprikosen darauf verteilen und heiß servieren.

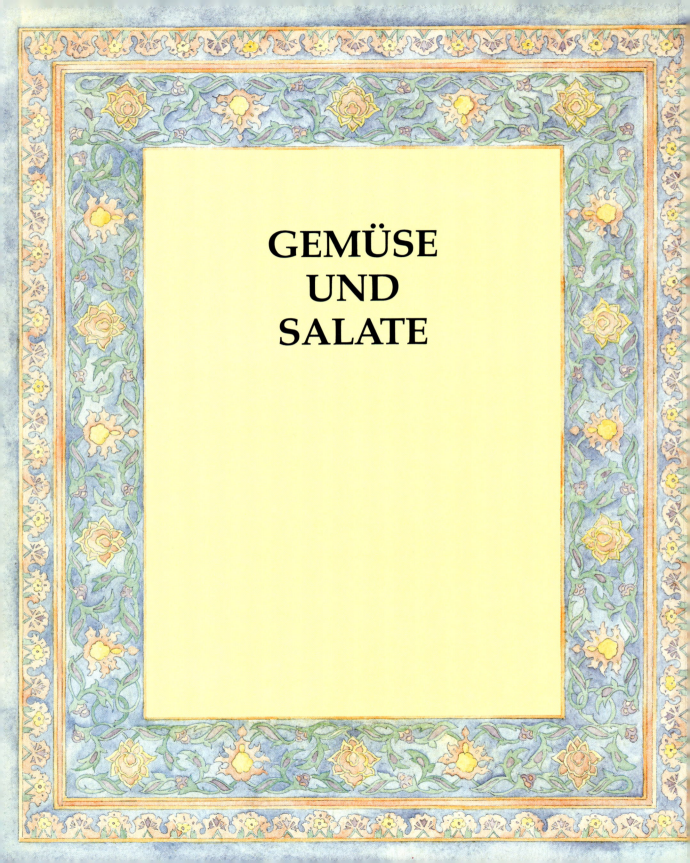

GEMÜSE
UND
SALATE

◊ YALANCI DOLMA ◊

GEMÜSE-DOLMAS

Diese Dolmas werden »Yalancı« (Imitationen) genannt, weil sie kein Fleisch enthalten, die Hauptzutat echter Dolma-Füllungen. Sie werden hauptsächlich zu kalten Buffets und als Mezes (Beilagen), aber auch als leichtes Mittagessen serviert.

FÜR DIE FÜLLUNG

150 g Reis
25 g Korinthen
200 ml Olivenöl
25 g Pinienkerne
450 g Zwiebeln, feingehackt
25 g Tomatenpüree
¼ TL schwarzer Pfeffer, gemahlen
¼ TL Nelkenpfeffer, gemahlen
¼ TL Zimtpulver
¼ TL Paprikapulver
⅛ TL Nelken, gemahlen
1 El Zucker
Salz

Je einige Zweige Petersilie, Dill und Minze, gehackt

Den Reis in warmem Salzwasser einweichen, bis das Wasser erkaltet ist. Die Korinthen 1 Stunde in ungesalzenem, warmem Wasser einweichen.

Die Pinienkerne 2 Minuten in Öl braten, dann die Zwiebeln zugeben und 10−15 Minuten braten, bis sie goldgelb sind. Reis abgießen und 3 Minuten braten. Tomatenpüree unterrühren, dann die Gewürze, Korinthen, Zucker und eine Prise Salz zugeben.

Kochendes Wasser angießen, bis der Topfinhalt gerade bedeckt ist. Deckel auf den Topf legen. 3 Minuten bei mittlerer Hitze kochen, dann bei geringer Hitze nochmals 10−15 Minuten köcheln lassen. Die Füllung sollte noch nicht ganz gar sein. Die Kräuter unterrühren, Deckel auflegen und 10 Minuten ruhen lassen.

Für Dolmas und für Sarmas verwenden (S. 83−85).

◊ YALANCI ASMA YAPRAĞI SARMASI ◊

FALSCHE SARMAS MIT WEINBLÄTTERN

FÜR 8−10 PERSONEN

Yalancı-Dolma-Füllung
(Rezept und Menge wie oben)
200 g Weinblätter, frisch oder in Salzwasser eingelegt
200 ml Wasser
25 ml Zitronensaft
Salz

ZUM GARNIEREN
Zitronenscheiben

Die Füllung und die Weinblätter vorbereiten (S. 85). 2−3 Blätter auf den Boden eines Topfes legen, die restlichen Blätter bis auf 2 oder 3 füllen und wie Zigaretten zusammenrollen, in den Topf legen und mit den zurückbehaltenen Blättern bedecken. Wasser, Zitronensaft sowie Salz zugeben und die Sarmas mit einem Teller zudecken, damit sich die Blätter nicht öffnen. Deckel auflegen, zum Kochen bringen, Hitze verringern und 1 Stunde köcheln lassen. Im Topf erkalten lassen, mit Zitronenscheiben garnieren. Kalt servieren.

◊ YALANCI BIBER DOLMASI ◊

PAPRIKASCHOTEN MIT GEMÜSEFÜLLUNG

FÜR 6 PERSONEN

Yalancı-Dolma-Füllung
(Rezept und Menge wie auf S. 103)
500 g kleine Paprikaschoten, zum Füllen geeignet
300 ml Wasser, 25 ml Zitronensaft
Salz

ZUM GARNIEREN

Zitronenscheiben

BEILAGE

Wassermelone

Die Füllung zubereiten. Paprikaschoten vorbereiten, wie auf S. 85 beschrieben.

Die Paprikaschoten füllen und in einen Topf stellen. Wasser und Zitronensaft angießen, mit Salz bestreuen, Deckel auf den Topf legen. Zum Kochen bringen, dann Hitze ganz klein stellen und 45 Minuten köcheln und im Topf abkühlen lassen.

Die Paprikaschoten auf eine Servierplatte stellen, ringsum mit Zitronenscheiben garnieren und kalt mit Wassermelone servieren.

◊ YALANCI ENGINAR DOLMASI ◊

ARTISCHOCKEN MIT PUFFBOHNENFÜLLUNG

FÜR 6 PERSONEN

6 große Artischocken
1 Zitrone
50 ml Olivenöl
1 EL Zucker
1 EL Mehl
250 ml Wasser
25 ml Zitronensaft

FÜR DIE FÜLLUNG

50 ml Olivenöl
100 g Zwiebeln, feingehackt
100 g Puffbohnen, enthülst und enthäutet
½ TL Salz
50 g Reis
200 ml kochendes Wasser
Einige Zweige Dill, gehackt

ZUM GARNIEREN

Zitronenscheiben
1 EL Dill, gehackt

Für die Füllung das Öl erhitzen und die Zwiebeln darin 2–3 Minuten braten. Die Puffbohnen feinhacken und mit dem Salz dazugeben. Den Reis waschen und abtropfen lassen und ebenfalls hinzufügen. Die Mischung weitere 5 Minuten braten. Das Wasser angießen, Topf zudecken, 15 Minuten bei sehr geringer Hitze köcheln lassen. Dill unterrühren. Vom Feuer nehmen und im zugedeckten Topf stehen lassen.

Die Artischocken vorbereiten, wie auf S. 88 beschrieben. Waschen, wieder mit Zitrone einreiben, füllen und in eine Kasserolle setzen. Vom Rand her das Olivenöl angießen, mit Zucker bestreuen.

Mehl, Wasser und Zitronensaft in einem Topf verquirlen und zum Kochen bringen. In den Topf zu den Artischocken gießen, bis die Flüssigkeit fast den oberen Rand der Artischocken erreicht. 2 Bogen Ölpapier zwischen Kasserolle und Deckel legen, im Ofen bei 200 °C (Gas Stufe 4) 40–50 Minuten garen, bis die Artischocken weich sind. Die Artischocken im Topf abkühlen lassen, dann vorsichtig herausheben, auf eine Servierplatte geben, mit Zitronenscheiben und Dill garnieren und kalt servieren.

◊ MÜCVER ◊
ZUCCHINI-KÜCHLEIN

Diese Küchlein sind ein ideales Gericht für kalte Buffets und Picknicks.

FÜR 6 – 8 PERSONEN

500 g Zucchini
100 g Zwiebeln
200 ml Olivenöl
100 g einer weichen, weißen Käsesorte,
gerieben oder zerbröckelt
100 g Mehl
4 Eier
20 g Dill, gehackt
1 TL Salz (wenn der Käse salzig ist, weniger)
½ TL schwarzer Pfeffer, gemahlen

Die Zucchini waschen und reiben. Den Saft durch festes Drücken mit den Händen oder durch ein Mulltuch auspressen. Die Zwiebeln auf die gleiche Weise vorbereiten.

1 EL Olivenöl erhitzen, Zwiebeln und Zucchini hineingeben und unter Rühren 1 Minute braten. In einer Schüssel abkühlen lassen.

Käse, Mehl und Eier unter die Gemüse mischen. Dill zugeben, mit Salz und Pfeffer bestreuen, gründlich vermischen.

Das restliche Öl erhitzen. Die Mischung löffelweise in einigem Abstand in die Pfanne geben. 2 Minuten braten, dann umdrehen und die andere Seite 3 Minuten braten. Auf Küchenkrepp abtropfen lassen. Heiß oder kalt servieren.

◊ KARIŞIK YAZ TAVASI ◊
FRITIERTE SOMMERGEMÜSE

FÜR 6 PERSONEN

200 g Auberginen
1 EL Salz
200 g Kürbis oder Zucchini
200 g Peperoni
Oliven- oder Sonnenblumenöl zum Fritieren
Joghurtsauce mit Knoblauch
(Rezept und Menge wie auf S. 172)
Tomatensauce
(Rezept und Menge wie auf S. 124)

Joghurtsauce mit Knoblauch und Tomatensauce zubereiten und bei Zimmertemperatur beiseite stellen.

Auberginen schälen und quer in Scheiben schneiden. Mit Salz bestreuen. 30 Minuten stehenlassen, dann ausdrücken, um bittere Säfte zu entfernen, waschen und abtrocknen. Kürbis oder Zucchini dünn schälen und wie die Auberginen in Scheiben schneiden, waschen und trocknen. Die Peperoni mit den Stengeln waschen und abtrocknen.

Das Öl erhitzen und zuerst die Auberginen, dann Kürbis oder Zucchini, dann die Peperoni kurz fritieren. Wenn sie goldgelb sind, nacheinander auf Küchenkrepp legen.

Die Gemüse auf einer vorgewärmten Servierplatte arrangieren. Zum Servieren über jede Portion reichlich Joghurtsauce mit Knoblauch gießen und darüber Tomatensauce.

Anmerkung: Die Saucen erst ganz kurz vor dem Servieren über die Gemüse geben, da diese sonst ihre Knusprigkeit verlieren.

◊ IMAM BAYILDI ◊
DES IMAM GAUMENFREUDE

Die Bezeichnung dieses Gerichts – gefüllte Auberginen in Olivenöl – ist in einer Reihe von Büchern mit »Der Imam wurde ohnmächtig« übersetzt worden. Kein Türke aber würde ohnmächtig von einem Gericht, das aus zwei Hauptnahrungsmitteln besteht – es sei denn, es wirft ihn um vor Begeisterung.

Es gibt viele Geschichten über den Imam Bayıldı; diese hier stammt von einer älteren Dame in Konya und hat mit dem charakteristischen Eifer der türkischen Frau zu tun, eine gute Gastgeberin zu sein.

Früher war es in Anatolien üblich, daß der örtliche Imam von den Mitgliedern seiner Gemeinde zu einer Mahlzeit eingeladen wurde. Es galt als Ehre für den Haushalt, den Imam zu Gast zu haben.

Eines Tages hörte ein Ladenbesitzer auf dem Heimweg den Ruf zu den Abendgebeten und ging in die Moschee. Nach den Gebeten, so berichtet die Geschichte, lud er den Geistlichen zu einer Mahlzeit ein, ohne über die Situation in seinem Haus nachzudenken, und sie machten sich auf den Weg. An diesem Tag hatte die Frau des Ladenbesitzers Wäsche gewaschen und keine Mahlzeit vorbereitet. Natürlich war sie sehr aufgeregt, bereitete rasch ein Gericht aus gefüllten Auberginen in Olivenöl und servierte es. Als sie ängstlich in der Küche wartete, kam ihr Mann lächelnd herein und sagte: »Mach dir keine Sorgen, meine Liebe, der Imam war entzückt von deinem Gericht!«

FÜR 4 PERSONEN

4 mittelgroße Auberginen
Salz
Olivenöl zum Braten
1 grüne Paprikaschote, in Ringe geschnitten

FÜR DIE FÜLLUNG

400 g Zwiebeln, in feine Scheiben geschnitten
7 Knoblauchzehen, gehackt

150 g Tomaten, enthäutet und in dünne Scheiben geschnitten
1 TL Tomatenpüree
½ TL Salz
1 TL Zucker
3 Zweige Petersilie, gehackt

Die Stengel der Auberginen entfernen, die Auberginen entweder ganz oder nur streifenweise im Abstand von 2,5 cm schälen. Der Länge nach halbieren, in der Mitte etwas aushöhlen, mit Salz einreiben und 20 Minuten stehenlassen. 5 Minuten in Wasser einweichen, dann herausholen und abtropfen lassen. In kochendheißem Öl 5 Minuten braten. Die Auberginen in eine flache feuerfeste Kasserolle legen, in die sie nebeneinander gerade hineinpassen.

Weitere 50 ml Öl in die Pfanne gießen. Darin Zwiebeln und Knoblauch 5 Minuten braten. Tomaten und Tomatenpüree dazugeben und 3 Minuten weiterbraten. 150 ml Wasser angießen, Salz und Zucker zugeben und bei geringer Hitze 10 Minuten köcheln lassen. Durch ein Sieb gießen, die Flüssigkeit beiseite stellen. Die Petersilie zugeben.

Die Auberginen mit der Zwiebelmischung füllen, auf jede Hälfte einen Ring Paprikaschote legen. Die durchgeseihte Kochflüssigkeit zugeben und bei sehr geringer Hitze 40–50 Minuten garen. Abkühlen lassen und kalt in der Kasserolle servieren.

◊ ZEYTINYAĞLI BARBUNYA ◊ FASULYESI

ROTE BOHNEN IN OLIVENÖL

FÜR 4 PERSONEN

FÜR 4 PERSONEN

200 g rote Bohnen (Barbunya),
über Nacht eingeweicht
1 kleine Zwiebel, ganz belassen
50 ml Olivenöl
100 g Zwiebeln, gehackt
100 g Karotten
1 TL Tomatenpüree
150 g Tomaten, enthäutet und gewürfelt
800 ml Brühe oder Wasser
1 TL Zucker
Salz

ZUM GARNIEREN

1 EL Petersilie, gehackt

BEILAGE

Reis-Pilaf (S. 119)

Die Bohnen abgießen, waschen und mit 1 l frischem Wasser und der Zwiebel zum Kochen bringen. Zugedeckt 1 Stunde kochen lassen, die Zwiebel herausnehmen, die Bohnen abgießen und abtropfen lassen.

Olivenöl in einen Topf geben, die gehackten Zwiebeln hinzufügen und 4–5 Minuten braten. Die Karotten schälen und in Stückchen von der Größe der Bohnen schneiden, mit in den Topf geben und 2 Minuten braten. Tomatenpüree zufügen, 1 Minute rühren, dann die Tomaten zugeben und 3–4 Minuten rühren. Brühe oder Wasser angießen und Zucker dazugeben. Deckel auflegen. Zum Kochen bringen, dann die Bohnen hineingeben, zudecken und 40 Minuten bei geringer Hitze köcheln lassen, bis die Bohnen weich sind. Salzen und weitere 5 Minuten kochen lassen, vom Feuer nehmen und im Topf abkühlen lassen. Mit Petersilie bestreuen und kalt mit Reis-Pilaf servieren.

◊ ZEYTINYAĞLI EKŞILI PIRASA ◊
SAURER LAUCH IN OLIVENÖL

FÜR 4 PERSONEN

---

500 g Lauchstangen, in streichholzfeine Streifen
geschnitten
150 g Zwiebeln, in feine Scheiben geschnitten
50 ml Olivenöl
25 g Tomatenpüree
4 Knoblauchzehen, feingehackt
Einige Zweige Petersilie, gehackt
1 TL Salz
1 TL Zucker
600 ml Brühe oder Wasser
25 ml Zitronensaft

Die Lauchstreifen in etwas Wasser 2–3 Minuten andünsten, dabei die Pfanne gelegentlich schütteln. Abgießen und in eine feuerfeste Kasserolle geben. Die Zwiebeln 4–5 Minuten in dem Olivenöl braten. Tomatenpüree zugeben und 1 Minute rühren. Knoblauch und Petersilie hinzufügen, mit Salz und Zucker bestreuen, verrühren und dann vom Feuer nehmen.

Die Zwiebelmischung über den Lauchstreifen verteilen, die Brühe angießen und Deckel auf die Kasserolle legen. Zum Kochen bringen, den Zitronensaft zugeben, dann bei sehr geringer Hitze garen, bis das Lauchgemüse weich ist.

Die Kasserolle vom Feuer nehmen, sofort unter einen vorgeheizten Grill stellen und die Lauchmischung 10 Minuten bräunen lassen.

Im Topf abkühlen lassen und kalt servieren.

◊ ZEYTINYAĞLI TAZE FASULYE ◊
GRÜNE BOHNEN IN OLIVENÖL

FÜR 4 PERSONEN

---

500 g grüne Bohnen, in 2,5 cm lange Stücke
geschnitten
150 g Zwiebeln, in Scheiben geschnitten
25 g Peperoni, halbiert
1 TL Salz
1 TL Tomatenpüree
50 ml Olivenöl
100 g Tomaten, enthäutet und feingehackt
200 ml Wasser
1 TL Zucker

Bohnen, Zwiebeln, Peperoni, Salz und Tomatenpüree vermischen. Das Öl in einem Topf erhitzen, die Gemüse hineingeben, Deckel auflegen und die Gemüse 5 Minuten leicht anschmoren; dabei den Topf gelegentlich schütteln. Die Tomaten, Wasser und Zucker zugeben und kochen, bis die Bohnen weich sind. Im Topf abkühlen lassen, in eine Servierschüssel füllen und kalt servieren.

ZEYTİNYAĞLI KEREVİZ

SELLERIE IN OLIVENÖL

FÜR 4 PERSONEN

500 g Knollensellerie
Salz
25 ml Zitronensaft
100 g Karotten
100 g Kartoffeln
100 ml Olivenöl
200 g Zwiebeln, gehackt
500 ml Brühe
1 TL Zucker

ZUM GARNIEREN

Einige Zweige Petersilie, gehackt
50 g frische Erbsen, gekocht

Sellerieknollen schälen, halbieren, eventuelle holzige Stellen entfernen. Waschen und 5 Minuten in kochendem Wasser mit Salz und etwas Zitronensaft blanchieren. Abgießen und in Stücke schneiden.

Die Karotten schälen, der Länge nach vierteln und in 5−6 cm lange Stücke schneiden. Die Kartoffeln schälen und ebenso zurechtschneiden wie die Karotten.

Öl, Zwiebeln und Karotten in einen Topf geben und 4−5 Minuten unter Rühren bei mittlerer Hitze braten. Blanchierten Sellerie dazugeben. Brühe angießen, je eine Prise Zucker und Salz hinzufügen. Zum Kochen bringen, dann Hitze verringern, nach 10 Minuten die Kartoffeln zugeben. Weitere 20 Minuten köcheln lassen, bis die Gemüse weich sind. Im Topf abkühlen lassen. Die Gemüse in einer Servierschüssel anrichten. Kalt servieren, garniert mit Petersilie und Erbsen.

Anmerkung: Sie können, um ein stärkeres Aroma zu erzielen, den Sellerie auch roh zu den gebratenen Zwiebeln geben.

ZEYTİNYAĞLI HAVUÇ

KAROTTEN IN OLIVENÖL

FÜR 6 PERSONEN

100 g Linsen
50 ml Olivenöl
150 g Zwiebeln, in dünne Scheiben geschnitten
1 EL Tomatenpüree
500 g Karotten, in dünne Scheiben geschnitten
1 TL Salz
1 TL grobes Paprikapulver

SALATSAUCE

Joghurtsauce mit Knoblauch
(Rezept und Menge wie auf S. 172)

Die Linsen einige Stunden einweichen, abgießen und mit 500 ml kaltem Wasser in einen Topf geben. Zum Kochen bringen und 10−20 Minuten köcheln lassen, bis sie weich sind. Abgießen.

Das Öl in einen Topf geben und die Zwiebeln unter Rühren darin in 5−6 Minuten goldgelb braten. Tomatenpüree zugeben und 1 Minute rühren.

Die Karotten in einen anderen Topf geben. Die Zwiebelmischung und dann die Linsen dazugeben. Salz und Paprika zufügen und 500 ml heißes Wasser angießen.

Zum Kochen bringen und 30 Minuten oder länger köcheln lassen, bis die Karotten weich sind und das Wasser eingekocht ist. Im Topf abkühlen lassen.

Mit der Joghurtsauce übergießen oder die Sauce separat dazu reichen.

NEVIN'IN SAŞTIM AŞI

NEVINS ÜBERRASCHUNGSGERICHT

Saştim Aşi ist ein vielseitiges Rezept für ein Sommergericht, das in Sivas und Kayseri in Zentralanatolien besonders beliebt ist.

Früher war es für eine Dame nicht schicklich, auf dem Markt oder im Lebensmittelgeschäft einkaufen zu gehen. Folglich mußte die Frau des Hauses gut organisieren, um bei der Ankunft eines unerwarteten Gastes nicht in Verlegenheit zu geraten. Oder sie mußte fähig sein, aus dem, was gerade da war, eine Mahlzeit zu bereiten. Natürlich gab es damals noch Speisekammern mit reichen Vorräten aller möglichen Lebensmittel, und jedes Haus hatte einen Küchengarten, der Gemüse und Früchte lieferte. Wenn in einem solchen Haus wichtige Nahrungsmittel knapp waren, so konnte man das nur einem gewissen Mangel hausfraulicher Fähigkeiten zuschreiben.

Heutzutage haben Stadthäuser nur selten einen Garten, Küchengarten oder eine Speisekammer; statt dessen haben sie Kühlschränke. In Anatolien jedoch ist die Tradition, Saştim Aşi zuzubereiten, erhalten geblieben.

Liebe Leserin und lieber Leser – wer immer Sie sein mögen und aus welchem Land Sie auch kommen –, sollten Sie sich eines Tages in Konya befinden, so zögern Sie nicht, sich bei mir zu melden. Wie es sich für eine Anatolierin gehört, wird es immer ein Saştim Aşi geben, das ich in allen vier Jahreszeiten mit dem größten Vergnügen für Sie in meiner Küche zubereiten kann.

Fragen Sie sich nun, was darauf folgen würde? Zweifellos würde türkischer Kaffee folgen, bereitet auf einem Holzkohlenofen, und dazu Lokum (S. 157), um das Saştim Aşi zu ergänzen.

FÜR 6 PERSONEN

150 g Zucchini
150 g Auberginen
150 g Peperoni
250 g reife Tomaten
50 g Zwiebeln
50 ml Olivenöl
1 TL Tomatenpüree
100 ml Wasser
1 TL Salz
1 TL Zucker
Joghurtsauce mit Knoblauch
(Rezept und Menge wie auf S. 172)

ZUM GARNIEREN
1 TL Haspir (Saflor)

Die Zucchini dünn schälen, der Länge nach vierteln und dann in Stücke schneiden. Die Auberginen schälen und ebenso schneiden wie die Zucchini, mit Salz bestreuen, 20 Minuten stehenlassen, waschen und abtropfen lassen. Die Peperoni putzen, die Samenkerne entfernen und in 3 cm lange Stücke schneiden. Die Tomaten enthäuten, entkernen und grobhacken.

Die Zwiebeln feinhacken und 2–3 Minuten in dem Öl braten. Tomatenpüree unterrühren; Zucchini, Auberginen und Peperoni hinzufügen und unter ständigem Rühren 2–3 Minuten braten, bis die Gemüse Farbe annehmen. Die Tomaten zufügen, 1 Minute rühren, dann das Wasser angießen. Mit Salz und Zucker bestreuen, Deckel auflegen, 15–20 Minuten köcheln lassen, bis die Gemüse weich sind und die Flüssigkeit eingekocht ist.

Joghurtsauce zubereiten. Wenn die Gemüse noch lauwarm sind, die Hälfte der Sauce unterheben, dann die Mischung in eine Schüssel füllen. Mit der restlichen Sauce übergießen, mit Saflor bestreuen und servieren.

◊ MEYANELI MANTAR YEMEĞI ◊
CHAMPIGNONS IN SAUCE

FÜR 2 PERSONEN

250 g Champignons, geviertelt
25 g Butter
50 g Zwiebeln, in Scheiben geschnitten
25 g Peperoni, feingehackt
50 g Tomaten, enthäutet und gehackt
500 ml heißes Wasser
1 TL Salz

FÜR DIE SAUCE

1 EL Butter
1 EL Mehl

Die Butter schmelzen und die Zwiebeln darin goldgelb braten. Die Pilze dazugeben, 2 Minuten rühren, dann Peperoni zugeben und 1 Minute rühren. Tomaten hinzufügen und weitere 3–4 Minuten rühren.

Anschließend Wasser und Salz zugeben und etwa 20 Minuten köcheln lassen, bis die Pilze ganz weich sind und sich eine Menge Saft angesammelt hat.

Während die Gemüse garen, in einem kleinen Topf die Butter für die Sauce zerlassen. Vom Feuer nehmen und das Mehl unterrühren. Wieder auf den Herd stellen und rühren, bis das Mehl sich goldgelb färbt. Vom Feuer nehmen, ehe es braun wird, und etwas abkühlen lassen.

Wenn die Pilze gar sind, etwas von der Flüssigkeit aus dem Topf nehmen und mit der Mehlmischung zu einer Sauce verrühren. Die Sauce an das Pilzgericht geben. Weitere 5 Minuten köcheln lassen und servieren.

◊ ISPANAK BORANISI ◊
SPINAT MIT JOGHURTSAUCE

Gerichte aus grünen Blattgemüsen, angerichtet mit einer Joghurt-Knoblauch-Sauce und übergossen mit heißer Butter, bezeichnet man als Borani.

FÜR 6 PERSONEN

500 g Spinat, gewaschen und in Streifen
geschnitten
50 g Kochfett oder Butter
100 g Zwiebeln, feingehackt
200 ml Wasser
½ TL Salz (oder nach Belieben)
100 g Reis, gewaschen
Joghurtsauce mit Knoblauch (Rezept und
eineinhalbfache Menge wie auf S. 172)
25 g Butter

Das Fett zerlassen und die Zwiebeln 3–4 Minuten darin braten. Spinat, Wasser und Salz dazugeben, Deckel auflegen, zum Kochen bringen. Dann auf sehr geringe Hitze stellen und den Reis zugeben. 15–20 Minuten köcheln lassen, bis der Reis weich ist. Den Topf vom Feuer nehmen.

Joghurtsauce mit Knoblauch zubereiten und unter den Spinat mischen. Spinat in eine Servierschüssel füllen, die Butter zerlassen, über den Spinat träufeln und heiß servieren.

◊ LAHANA KAPAMASI ◊
GEFÜLLTER KOHL

Für dieses Gericht wird der Kohl ganz belassen und gefüllt – ein herrlicher Anblick!

FÜR 6–8 PERSONEN

---

1 großer Grünkohl
Salz
50 ml Olivenöl

FÜR DIE FÜLLUNG

Yalancı-Dolma-Füllung (Rezept [ohne Minze und Dill] und Menge wie auf S. 103)

ZUM GARNIEREN

Zitronenscheiben
Petersilienzweige

Die harten Außenblätter des Kohls entfernen, den Strunk herausschneiden. Die inneren Blätter bis auf eine Außenwand von 3–4 Blattschichten herausschneiden, so daß eine runde Höhlung entsteht. Den Kohl waschen. Einen großen Topf mit Wasser füllen, 1 TL Salz zugeben, den Kohl in das Wasser legen und 10 Minuten stehen lassen. Abgießen.

Den Kohl füllen und die Öffnung mit einigen der vorher herausgetrennten Blätter abdecken. Den Kohlkopf in einen großen Topf geben. Eine Prise Salz, 200 ml Wasser und das Öl dazugeben. Deckel auflegen. Zum Kochen bringen und etwa 30 Minuten leise köcheln lassen, bis der Kohl weich und die Füllung gar ist. Im Topf abkühlen lassen.

Abgießen, Deckel auflegen und den Topf stürzen, so daß der Kohl auf dem Deckel liegt. Jetzt eine Schüssel über den Kohl stülpen und umdrehen, so daß die Öffnung des Kohls wieder oben ist. Mit Zitronenscheiben und gehackter Petersilie garnieren und separat dazu Zitronensaft servieren.

◊ TAHINLI TURP SALATASI ◊
RETTICH- UND TAHIN-SALAT

Dieses Rezept stammt aus Adana in Südanatolien und ist eine beliebte Beilage für İçli Köfte (S. 70).

FÜR 4 PERSONEN

---

250 g weißer Rettich
Salz

FÜR DAS DRESSING

1 Knoblauchzehe
4 EL Tahin (S. 173)
8 EL Bitterorangen- oder Grapefruitsaft

ZUM GARNIEREN

Bitterorangen- oder Grapefruitscheiben
Einige Oliven, entkernt und gehackt

Den Rettich schälen und reiben, mit Salz bestreuen, 3–4 Minuten stehenlassen, dann den Saft ausdrücken. Eine Servierplatte ringsum mit Orangen- oder Grapefruitscheiben garnieren, Rettich in der Mitte aufhäufen.

Knoblauchzehe schälen und mit einer Prise Salz zerdrücken. Tahin zugeben. Mit Orangen- oder Grapefruitsaft verrühren und alles gut vermischen. Falls nötig, etwas mehr Saft oder Wasser verwenden. Über den Salat gießen, mit den Oliven garnieren und servieren.

◇ CACIK ◇

GURKENSALAT MIT JOGHURTSAUCE

Cacık ist eines der bekanntesten Gerichte der türkischen Küche.

FÜR 4 PERSONEN

Joghurtsauce mit Knoblauch
(Rezept und Menge wie auf S. 172)
200 g Gurke
Salz
1 EL Dill, gehackt

ZUM GARNIEREN
1 EL Olivenöl
¼ TL Paprikapulver

Joghurtsauce mit Knoblauch zubereiten. Die Gurke schälen, reiben, mit Salz bestreuen, 1 Stunde stehenlassen, dann den Saft herausdrücken. Wenn Sie Cacık lieber knackig mögen, die Gurke in dünne Scheiben schneiden und sofort weiterverwenden. Mit dem gehackten Dill unter die Joghurtsauce rühren, in eine Servierschüssel füllen, mit dem Olivenöl beträufeln, zuletzt mit Paprika bestreuen und servieren.

◇ ÇOBAN ◇

TOMATENSALAT

Dieser Salat, den man in der Türkei überall erhält, ist einer der beliebtesten.

FÜR 6 PERSONEN

100 g Zwiebeln, in dünne Scheiben geschnitten
½ TL Salz
500 g Tomaten, enthäutet, entkernt und in Würfel geschnitten
100 g Gurke, geschält und wie die Tomaten geschnitten
25 g Peperoni, entkernt und feingehackt
5−6 Zweige Brunnenkresse, gehackt
1 kleiner Strauß Petersilie, gehackt

FÜR DAS DRESSING
25 ml Zitronensaft oder Essig
25 ml Olivenöl
Salz

ZUM GARNIEREN
Einige Oliven, entkernt

Die Zwiebeln mit Salz bestreuen, 3 Minuten stehenlassen, mit den Fingern reiben, abspülen und mit der Hand oder durch ein Mulltuch den Saft herausdrücken.

Die Zwiebeln auf eine Servierplatte legen, dann in der angegebenen Reihenfolge Tomaten, Gurke, Peperoni, Brunnenkresse und Petersilie darauf arrangieren. Die Oliven obenauf legen. Zitronensaft oder Essig mit Olivenöl und Salz verquirlen und unmittelbar vor dem Servieren über den Salat gießen.

◇ BEYIN SALATASI ◇

HIRNSALAT

Im »Klassischen Türkischen Wörterbuch« aus dem elften Jahrhundert wird die Schlachtung eines Schafes erwähnt, mit der die Ankunft eines geehrten Gastes gefeiert wurde. Weil das Gehirn der beste Teil des Tieres ist und wegen seines Wohlgeschmacks besonders bevorzugt wird, wurde es dem Gast serviert.

Hirnsalat wird im allgemeinen zu einem Nachtessen serviert.

FÜR 4 PERSONEN

---

3 Schafshirne
1 kleine Zwiebel, geviertelt
1 EL Essig
1 TL Salz
1 kleiner Kopfsalat
7–8 entkernte Oliven

FÜR DAS DRESSING
25 ml Zitronensaft
25 ml Olivenöl
Salz

Die Hirne unter fließendem Wasser von den Häuten befreien. Mit 1 l Wasser, der Zwiebel, Essig und Salz in einen Topf geben. Zum Kochen bringen, Deckel auflegen, 15 Minuten köcheln und in der Flüssigkeit abkühlen lassen. Dann die Hirne herausnehmen und der Länge nach in Scheiben schneiden. In zwei Reihen auf einer Servierplatte anrichten.

Den Salat waschen und trocknen, in Streifen schneiden und diese rings um das Hirn anrichten. Mit Oliven garnieren.

Zitronensaft, Öl und Salz verquirlen, vorsichtig über den Salat gießen und servieren.

◊ PATATES PIYAZI ◊
KARTOFFEL-ZWIEBEL-SALAT

Kartoffel-Zwiebel-Salat ist in ganz Anatolien sehr beliebt. In Bolu in Nordwestanatolien serviert man ihn den Gästen vor dem Tee, beispielsweise als Vorspeise wie Kısır (S. 39).

FÜR 4 PERSONEN

250 g Kartoffeln
150 g Zwiebeln
Salz
1 TL Kümmel, gemahlen
½ TL Paprikapulver
½ TL schwarzer Pfeffer, gemahlen

ZUM GARNIEREN

6 EL Petersilie, gehackt
2 hartgekochte Eier, der Länge nach in Scheiben
geschnitten
10–15 Oliven, entkernt

FÜR DAS DRESSING
25 ml Zitronensaft
25 ml Olivenöl

Die Kartoffeln mit der Schale gerade eben gar kochen, abgießen und unter fließendem kaltem Wasser abkühlen. Wenn sie kalt sind, schälen und in eine Schüssel reiben.

Die Zwiebeln in Ringe schneiden, mit Salz bestreuen, 3 Minuten stehenlassen, mit den Fingern etwas reiben, abspülen und überschüssiges Wasser herausdrücken. Zwiebeln zu den Kartoffeln geben. Eine Prise Salz, Kümmel, Paprika und Pfeffer zugeben und vermischen. In der Mitte einer Platte anrichten. Mit dem größten Teil der Petersilie einrahmen, die Eischeiben blütenförmig obenauf legen. Mit Oliven und der restlichen Petersilie garnieren.

Olivenöl und Zitronensaft verquirlen, vorsichtig über den Salat gießen und servieren.

◊ MAŞ PIYAZI ◊
MUNGOBOHNEN-ZWIEBEL-SALAT

FÜR 4 PERSONEN

150 g Mungobohnen
50 g Frühlingszwiebeln, feingehackt
50 g Schnittlauch, feingehackt
Einige Zweige Petersilie, gehackt
1 TL Chiliflocken
½ TL Salz
2 EL Granatapfelsamen

FÜR DAS DRESSING
25 ml Grenadinesirup (S. 173),
vermischt mit 50 ml Wasser
(oder 50 ml Zitronensaft)

BEILAGE
Ungesäuertes Brot (Yufka Ekmeği, S. 127)

Die Mungobohnen verlesen und waschen. Mit 1 l kaltem Wasser in einen Topf geben. Deckel auflegen. Zum Kochen bringen, Hitze herunterschalten, 30 Minuten kochen lassen. Abgießen, die Bohnen in kaltem Wasser abspülen, dann gut abtropfen lassen. Mit Zwiebeln, Schnittlauch, Petersilie, Chiliflocken und Salz vermischen. Den Salat in eine Schüssel füllen und mit den Granatapfelsamen bestreuen. Den Sirup mit Wasser mischen und über den Salat gießen. Mit Yufka servieren.

◊ FASULYE PIYAZI ◊
WACHSBOHNEN-ZWIEBEL-SALAT

Dieser Salat wird überall in der Türkei serviert.
Im Südosten der Türkei verkauft man auf der Straße Pitta-Brote, die mit Salaten aus Puffbohnen oder Kichererbsen oder aus Barbunya (gesprenkelte Bohnen) und Zwiebeln gefüllt sind.

FÜR 4 PERSONEN

---

250 g getrocknete Puffbohnen, über Nacht eingeweicht
250 g Zwiebeln
1 TL Salz
50 g eingelegte Gurke
1 kleiner Strauß Petersilie, gehackt

ZUM GARNIEREN

Tomatenscheiben
Oliven, entkernt

FÜR DAS DRESSING

50 ml Zitronensaft
50 ml Olivenöl
Salz

Die Bohnen mit 1 Zwiebel kochen, bis sie weich sind. In der Flüssigkeit abkühlen lassen, abgießen.

Die restlichen Zwiebeln in feine Ringe schneiden, mit Salz einreiben, 3 Minuten stehenlassen, dann nochmals nachreiben, waschen und den Saft ausdrücken. Die eingelegte Gurke in Stückchen von der Größe der Bohnen schneiden.

Bohnen, Zwiebeln und Gurke vermischen und in der Mitte einer ovalen Servierplatte anrichten. Mit der gehackten Petersilie umgeben, an beide Enden der Platte Tomatenscheiben legen. Oliven in kleinen Abständen paarweise als Dekoration auf die Bohnen legen.

Zitronensaft, Olivenöl und Salz verquirlen, über den Salat gießen und servieren.

Anmerkung: Dieser Salat kann auch aus Bohnenpüree zubereitet werden.

◊ SOĞAN PIYAZI ◊
ZWIEBELSALAT

Zwiebelsalat wird stets zu Kebab und Köfte gereicht, sei es zu Hause, sei es im Restaurant oder beim Straßenhändler.

FÜR 6 PERSONEN

---

500 g Zwiebeln
1 EL Salz
20 g Petersilie, feingehackt
1 EL Sumach (S. 173)

ZUM GARNIEREN
4–5 Oliven, entkernt

Die Zwiebeln in feine Ringe schneiden, salzen und 4 Minuten stehenlassen. Salz einreiben, abspülen und Flüssigkeit herauspressen. In eine Schüssel geben und mit der Hälfte der Petersilie vermischen. Auf einer Servierplatte anrichten, mit Sumach bestreuen, mit der restlichen Petersilie und Oliven garnieren.

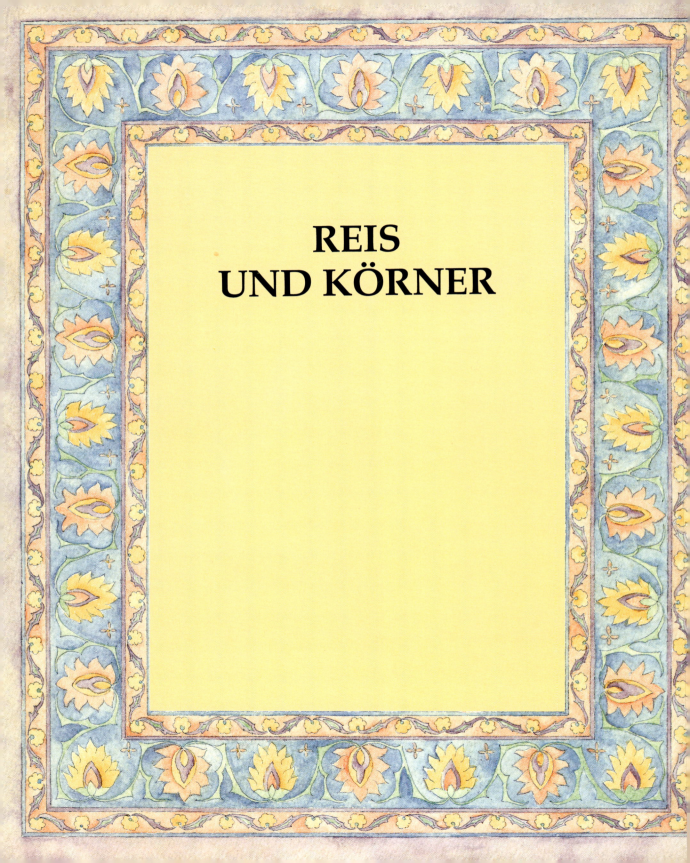

REIS
UND KÖRNER

◊ PILAVLAR ◊
PILAFS

In der türkischen Küche gibt es viele Arten von Pilafs. Reis, Bulgur oder Weizen sind die Hauptbestandteile eines einfachen Pilaf; mit den übrigen Zutaten kann man variieren.

In vielen Teilen Anatoliens war es nicht üblich, daß junge Männer, die den Wunsch hatten zu heiraten, dies ihren Eltern offen sagten. Wenn ein junger Mann bei einer Mahlzeit eines Tages seinen Löffel mitten in die gemeinsame Speise steckte, aufstand und den Tisch verließ, dann gab er durch diese Geste seiner Familie zu verstehen, daß er heiraten, die Familie verlassen und einen eigenen Hausstand gründen wollte. In volkstümlicher Redeweise bedeutet der Ausdruck »Reis werfen«, daß ein Hochzeitsbankett gegeben wird.

Verschiedene Methoden, Pilafs zuzubereiten

Es gibt drei Arten, Pilafs zu kochen:
1. Salma- oder einfache Methode: Die Hauptzutat wird in kochende Brühe gegeben und gekocht, bis die Brühe absorbiert ist; dann wird Fett bis zum Siedepunkt erhitzt und darübergegossen.
2. Süzme- oder Abgießmethode: Die Hauptzutat wird in Salzwasser gekocht, abgegossen und mit kochendem Fett beträufelt.
3. Kavurma- oder Bratmethode: Die Hauptzutat wird zuerst gebraten und dann in Brühe gekocht, bis diese absorbiert ist.

Für jede Methode gelten die gleichen Mengenangaben. Mit der dritten Methode erzielt man gewöhnlich die besten Ergebnisse. Welche Methode auch immer angewandt wird, der einfache Pilaf läßt sich mit einer Vielfalt weiterer Zutaten anreichern.

Pilafs aus Reis und Bulgur können nach jeder der drei genannten Methoden zubereitet werden. Pilafs mit Fırık (geröstetem unreifem Weizen), Döğme (zerstoßenem reifem Weizen) und Couscous sollten nach den jeweiligen Anweisungen der Rezepte gegart werden.

Bei der Zubereitung von Pilafs sollte man folgende Punkte beachten:

1. Für einen guten Pilaf müssen Sie einen Reis von hoher Qualität verwenden (Langkornreis oder Basmati).
2. Der Reis sollte nicht jünger als sechs Monate sein. Älterer Reis kann viel Wasser absorbieren, daher ist es einfacher, älteren Reis zu kochen.
3. Der Reis muß zuerst in warmem Salzwasser eingeweicht werden. Man läßt ihn stehen, bis das Wasser erkaltet ist. Auf diese Weise wird überflüssige Stärke entfernt. Wenn Sie in Eile sind, sollten Sie den Reis in heißem Wasser gründlich waschen und dann 5 Minuten darin weichen lassen.
4. Brühe, die an einen Pilaf gegeben wird, sollte immer kochendheiß sein.
5. Während der Garzeit darf ein Pilaf niemals umgerührt werden, es sei denn, das Rezept schreibt es ausdrücklich vor.
6. Für Döğme Pilaf den Döğme vorher 8 Stunden einweichen.
7. Kochen Sie alle anderen Zutaten vor, die an den Pilaf gegeben werden sollen.

◊ KAŞGAR PILAVI ◊

KASCHGAR PILAF

Kaschgar Pilaf ist nach der zentralasiatischen Stadt Kaschgar benannt, wo er seinen Ursprung hat.

FÜR 4 – 6 PERSONEN

250 g Reis
500 g Lammschulter, gewürfelt
25 g Korinthen
100 g Butter
50 g Pinienkerne
200 g Zwiebeln, in Scheiben geschnitten
200 g Karotten, in streichholzgroße Streifen
geschnitten
½ TL Zimtpulver
¼ TL Nelken, gemahlen
¼ TL Kardamom, gemahlen
Salz
600 ml kochende Brühe

Den Reis in warmem Wasser einweichen und abkühlen lassen. Die Korinthen 30 Minuten in warmem Wasser einweichen, abgießen. Das Fleisch in einem trockenen Topf mit aufgelegtem Deckel etwa 10 Minuten braten, bis der Saft eingekocht ist.

Die Butter zerlassen, die Pinienkerne 2 – 3 Minuten darin goldbraun braten, die Zwiebeln zugeben, 4 Minuten braten, dann die Karotten unter Rühren 2 Minuten mitbraten. Korinthen, Gewürze und Salz zugeben, alles gut vermischen.

Den Reis waschen, bis das Wasser klar bleibt. Abgießen. Etwas Reis in den Topf mit dem Fleisch rühren, dann eine Schicht Gemüse in den Topf geben, darauf weiteren Reis streuen, und so weiter, bis Reis und Gemüse verbraucht sind. Die oberste Schicht soll aus Reis bestehen. Einen Teller obenauf legen, damit die Schichten sich nicht verschieben. Die Brühe vorsichtig vom Topfrand her angießen. Deckel auflegen, bei mittlerer Hitze bis zum Siedepunkt kommen lassen, dann bei sehr geringer Hitze 20 – 25 Minuten garen, bis die Flüssigkeit absorbiert ist. Den Teller wegnehmen, ein Tuch oder Küchenkrepp auf den Reis legen, Deckel wieder auf den Topf geben. Weitere 15 Minuten bei sehr geringer Hitze ziehen lassen, dann den Pilaf in eine Servierschüssel stürzen.

Variante: Fleisch und Pilaf getrennt zubereiten, dann schichtweise in einer Form im vorgeheizten Ofen bei 250 °C (Gas Stufe 5) 5 – 10 Minuten garen. Die Karottenmischung wird hier in 50 ml Wasser gegart und dann unter den Reis gemischt.

◊ TAVUKLU PILAV ◊

REIS-PILAF MIT HUHN

In der ägäischen Region und vor allem in Izmir spielt dieses Gericht bei Hochzeiten eine wichtige Rolle. Am Tag der Hochzeit bereitet die Mutter der Braut ein Tablett mit Reis-Pilaf zu, auf dem ein ganzes Huhn liegt, ein Tablett mit Böreks (S. 129), ein Tablett mit Baklava (S. 136) und zwei Simits (S. 162), alles bedeckt mit Satintüchern, und schickt es in das Haus ihres zukünftigen Schwiegersohnes, damit die Neuvermählten am Abend ihrer Hochzeit davon essen.

Jedes Gericht dieser Mahlzeit hat eine besondere Bedeutung. Das Huhn soll ausdrükken, daß »unsere Tochter« nicht länger »uns gehört«, sondern daß sie ab jetzt in »eurem Heim« lebt und zu »euch« zählt. Der Reis-Pilaf bedeutet die Hoffnung auf viele Kinder; Simits und Böreks, aus Mehl zubereitet, symbolisieren ein Leben, das mit Reichtum gesegnet ist. Baklava wiederum bringt den Wunsch zum Ausdruck, das gemeinsame Leben der Brautleute möge in einer Atmosphäre der Liebe andauern.

FÜR 6 – 8 PERSONEN

1 Huhn (1 kg)
Reis-Pilaf nach Salma-Art (S. 119)
200 ml Hühnerbrühe (S. 37)
¼ TL Kardamom, gemahlen
Sauce für Çebiç (Rezept [ohne Zwiebeln und Knoblauch] und halbe Menge wie auf S. 60)
25 g Butter

Das Huhn kochen wie für Arabacı-Suppe (S. 37) und aus der Flüssigkeit nehmen.

Pilaf mit Kardamom in der Hühnerbrühe kochen.

Während der Pilaf in seinem Dampf zieht, das Huhn innen und außen mit der Çebiç-Sauce einpinseln, in eine gefettete Bratform legen und im vorgeheizten Ofen bei 200 °C (Gas Stufe 4) 10 Minuten braten, bis die Haut goldbraun ist.

Pilaf auf eine Servierplatte geben, das Huhn obenauf legen und heiß servieren.

Anmerkung: Statt das Huhn zum Schluß zu braten, können Sie auch das Fleisch von den Knochen lösen, in kleine Stücke schneiden und auf dem Pilaf anrichten.

◇ BULGUR PILAVI KAVURMA ◇ YÖNTEMI

BULGUR PILAF NACH ART VON KAVURMA

Die Entdeckung von Bulgur-Körnern an der Ausgrabungsstätte des sieben- bis achttausend Jahre alten Çatalhöyük wirft die Frage auf, ob man schon vor so langer Zeit Bulgur Pilaf zubereitet hat. Da die weiteren Grundzutaten Fett und Wasser sind, wird angenommen, daß dies der Fall ist. Mir gefällt der Gedanke, daß meine Vorliebe für Bulgur schon von Menschen geteilt wurde, die vor so langer Zeit gelebt haben.

FÜR 4 PERSONEN

250 g Bulgur
75 g Butter oder Kochfett
100 g Zwiebeln, feingehackt
50 g Peperoni, gehackt
200 g Tomaten, enthäutet, entkernt und gehackt
½ TL Salz (oder nach Belieben)
500 ml Brühe

ZUM GARNIEREN
Einige Zweige Minze, gehackt

Die Butter erhitzen, die Zwiebeln zugeben und 5 Minuten braten. Peperoni hinzufügen, 3 Minuten braten. Bulgur dazutun und unter Rühren 4–5 Minuten braten. Die Tomaten zufügen und weitere 4–5 Minuten braten. Mit Salz bestreuen und die kochende Brühe angießen, Deckel auflegen. 3 Minuten bei mittlerer Hitze kochen lassen, dann 10–15 Minuten bei geringer Hitze, bis die Flüssigkeit absorbiert ist und Löcher an der Oberfläche erscheinen. Auf sehr geringe Hitze schalten, Tuch zwischen Topf und Deckel legen und 20 Minuten stehenlassen. Mit einem gelochten Spatel vorsichtig den Pilaf vom Boden des Topfes lösen und umwenden. Topf wieder zudecken und nochmals 10 Minuten stehenlassen. Mit gehackter Minze bestreut servieren.

◊ ETLI DÖĞME PILAVI ◊
DÖĞME PILAF MIT LAMMFLEISCH

FÜR 4 PERSONEN

150 g Döğme (S. 119)
50 g Kichererbsen
250 g mittelfette Lammschulter,
in 2,5 cm große Würfel geschnitten
1 Zwiebel, geviertelt
Salz
50 g Butter
½ TL schwarzer Pfeffer, gemahlen

Döğme und Kichererbsen verlesen, waschen und getrennt 8 Stunden in Wasser einweichen.

Das Fleisch mit 1 l Wasser und der Zwiebel in einen Topf geben. Die Kichererbsen waschen und mit in den Topf geben. Langsam zum Kochen bringen, dann 1−1½ Stunden köcheln lassen, bis Fleisch und Kichererbsen weich sind. Salz zufügen und weitere 5 Minuten kochen. (Wenn die Flüssigkeit zu sehr eingekocht ist, auf 500 ml auffüllen.)

Döğme waschen, abtropfen lassen und zu Fleisch und Kichererbsen in den Topf geben. 5 Minuten bei mittlerer Hitze, dann 25−30 Minuten bei geringer Hitze kochen. Wenn die Flüssigkeit absorbiert ist und sich an der Oberfläche Löcher gebildet haben, die Butter erhitzen und vorsichtig über den Topfinhalt gießen. Ein Tuch über den Topf legen und darüber den Deckel. Den Topf 20 Minuten auf sehr geringe Hitze stellen, dann vom Feuer nehmen. Mit einem gelochten Spatel vorsichtig vom Boden lösen und umdrehen und weitere 10 Minuten stehenlassen. Mit schwarzem Pfeffer bestreut auf vorgewärmter Platte servieren.

◊ FIRIK PILAVI ◊
PILAF VON FIRIK

Pilaf von Fırık ist eine Spezialität aus Gaziantep. Fırık erhält man, indem man Felder mit unreifem Weizen anzündet und die gerösteten Körner sammelt. Dieser Pilaf wird mit einer Mischung aus zwei Dritteln Fırık und einem Drittel Bulgur bereitet, damit er nicht hart wird. Man kann auch gewürfeltes oder gehacktes Fleisch dazugeben.

FÜR 4−6 PERSONEN

100 g Fırık
50 g Bulgur
50 g Butter
100 g Zwiebeln, feingehackt
600 ml Brühe
½ TL schwarzer Pfeffer, gemahlen
¼ TL Salz (oder nach Belieben)

Zwiebeln in der Hälfte der Butter goldgelb braten. Die Brühe angießen.

Fırık und Bulgur verlesen. Wenn die Brühe zu kochen beginnt, die Körner hineingeben. Deckel auf den Topf legen. 5 Minuten bei starker Hitze, dann 15−20 Minuten bei mittlerer Hitze, danach bei geringer Hitze garen, bis die Flüssigkeit ganz absorbiert ist und sich an der Oberfläche Löcher bilden.

In einer kleinen Pfanne die restliche Butter zerlassen, den schwarzen Pfeffer unterrühren und sofort über den Pilaf geben. Abschmekken und, falls nötig, nachsalzen. Mit Küchenkrepp oder einem Tuch bedecken, Deckel auflegen und bei sehr geringer Hitze (falls nötig, eine Wärmeplatte benutzen) 20 Minuten stehenlassen. Mit einem gelochten Spatel vorsichtig umdrehen. Wieder zudecken und weitere 5 Minuten stehenlassen. Heiß servieren.

◇ PERDELI PILAV ◇

»VERHÜLLTER« PILAF

Perdeli Pilaf ist eine Spezialität aus Siirt. Wegen seines dekorativen und »verhüllten« Aussehens ist er das Hauptgericht aller Hochzeitsessen. Er wird in der Form auf den Tisch gebracht und dann auf eine Servierplatte gestürzt.

FÜR 8–10 PERSONEN

1 kg gekochtes Huhn, in mittelgroße Stücke
geschnitten
Reis-Pilaf (S. 119)
25 g Butter
25 g Mandeln, geschält
100 g Hühnerleber
1 TL Nelkenpfeffer, gemahlen
½ TL schwarzer Pfeffer, gemahlen
½ TL Zimtpulver
¼ TL Kardamom, gemahlen

FÜR DIE »HÜLLE«

1 Ei, verquirlt
25 ml Joghurt
½ TL Salz
150 g Mehl
Olivenöl

ZUM EINFETTEN DER FORM

25 g Butter
100 g Mandelstifte
(Feuerfeste Form mit Deckel, etwa 18 cm tief und
25 cm im Durchmesser)

Reis-Pilaf in Hühnerbrühe kochen.

In einer Pfanne die Butter zerlassen, die Mandeln in 3–4 Minuten darin goldgelb braten. Die Leber in Stückchen hacken, die kleiner sind als die Mandeln, in die Pfanne geben und 4–5 Minuten braten, bis die Leber gar ist. Die Gewürze unterrühren und vom Feuer nehmen. Vorsichtig unter den heißen Pilaf heben. 10 Minuten in zugedecktem Topf stehenlassen, dann umrühren und beiseite stellen.

Ei, Joghurt und Salz vermischen. Das Mehl und so viel Olivenöl zugeben, daß ein glatter Teig entsteht. Kurz durchkneten, dann zudecken und 20 Minuten ruhen lassen.

Die Form und den Deckel mit Butter einfetten. Die Mandelstifte dekorativ auf der gebutterten Fläche und der Innenseite des Deckels verteilen. Im Kühlschrank die Butter fest werden lassen.

Ein Viertel des Teiges beiseite stellen. Den Rest dünn ausrollen und die Form damit auskleiden. Nun die Form in abwechselnden Schichten mit Huhn und Reis füllen. Die Schichten jeweils mit einem Löffelrücken leicht andrücken. Die Hälfte des restlichen Teiges ausrollen und den Pilaf damit zudecken. Den Deckel auf die Form legen. Den restlichen Teig um den Deckel der Form legen und ihn damit luftdicht verschließen. Im Ofen bei 200 °C (Gas Stufe 3) 40–45 Minuten backen, bis der Teig goldgelb wird.

In der Form auf den Tisch bringen, Deckel abnehmen und das Gericht auf eine Platte stürzen. (Klebt der Inhalt an der Form fest, ist er nicht genug gegart; stellen Sie die Form dann noch für eine Weile in den Ofen.)

◊ ÜZLEMELI PILAV ◊

PILAF MIT KICHERERBSEN, LAMMFLEISCH UND SULTANINEN

Üzlemeli Pilaf wird in Sanlı Urfa in Südostanatolien bei Hochzeitsempfängen serviert. In der übrigen Türkei werden Hochzeits-Pilafs gewöhnlich mit Süßigkeiten oder Zerde (S. 149) garniert, aber die Leute von Sanlı Urfa bevorzugen dieses Rezept.

FÜR 4 PERSONEN

Reis-Pilaf (S. 119)

FÜR ÜZLEME

50 g Kichererbsen
50 g Sultaninen
125 g magere Lammschulter
50 g Pekmez (Traubensirup, S. 173)
¼ TL Zimtpulver
¼ TL schwarzer Pfeffer, gemahlen
¼ TL Salz

Die Kichererbsen verlesen, waschen und 8 Stunden einweichen. Dann erneut waschen und in 500 ml kaltes Wasser geben. Etwa 50 Minuten kochen, bis sie gar sind, dann abgießen.

Die Sultaninen verlesen und waschen und 30 Minuten in warmem Wasser einweichen.

Das Fleisch in Würfel von der Größe der Kichererbsen schneiden und im zugedeckten Topf bei milder Hitze etwa 10 Minuten trocken garen, bis sein Saft eingekocht ist. Wenn die Fleischwürfel zu brutzeln beginnen, 400 ml kochendes Wasser angießen, Deckel auflegen. Zum Kochen bringen, Hitze verringern und etwa 1 Stunde kochen, bis das Fleisch gar ist. Dann die Kichererbsen und Sultaninen dazugeben, wieder zum Kochen bringen und Traubensirup hinzufügen. Weitere 15 Minuten köcheln lassen, bis Kichererbsen und Fleisch den Sirup aufgesogen haben. Mit Zimt, schwarzem Pfeffer und Salz bestreuen, weitere 5 Minuten garen, dann vom Feuer nehmen.

Während das Fleisch kocht, den Pilaf zubereiten. Auf vorgewärmter Platte anrichten und heißes Üzleme darübergießen.

◊ DOMATESLI KUSKUS ◊

COUSCOUS MIT TOMATENSAUCE

FÜR 10 – 12 PERSONEN

FÜR DEN PILAF

1 l Wasser
1 EL Salz
½ TL Olivenöl
250 g Couscous

FÜR DIE SAUCE

25 g Butter
150 g Zwiebeln, in feine Scheiben geschnitten
200 g Tomaten, enthäutet, entkernt und gehackt
½ TL schwarzer Pfeffer, gemahlen
½ TL Salz
200 ml heißes Wasser

ZUM GARNIEREN

25 g Butter
1 Salbeiblatt

Das Wasser mit Salz und Olivenöl zum Kochen bringen, Couscous hineingeben und Deckel auflegen. Wieder zum Kochen bringen, dann 10 Minuten köcheln lassen, abgießen.

Während das Couscous kocht, in einem anderen Topf die Butter zerlassen. Zwiebeln hineingeben und 6—7 Minuten braten, bis sie weich sind. Die Tomaten zugeben, 8—10 Minuten braten, bis der Saft eingekocht ist. Mit schwarzem Pfeffer und Salz bestreuen, das Wasser angießen, Deckel auf den Topf legen. Zum Kochen bringen, dann auf sehr geringe Hitze schalten und 5 Minuten garen.

Couscous in die Sauce geben, gut verrühren, Deckel auflegen, 3 Minuten bei mittlerer Hitze und weitere 15 Minuten bei geringer Hitze garen. In einer Bratpfanne die Butter mit dem Salbeiblatt erhitzen. Vorsichtig über das Couscous träufeln. Dann das Gericht weitere 15 Minuten zugedeckt auf einer Wärmeplatte stehenlassen. In einer vorgewärmten Schüssel servieren.

◊ YUFKALI IÇ PILAVI ◊

IN YUFKA GEWICKELTER WÜRZIGER PILAF

Iç Pilavı ist einer der feinsten und köstlichsten Pilafs. Man kann ihn allein oder, wie unten angegeben, in Yufka (dünne Teigfladen) gewickelt servieren.

FÜR 4–6 PERSONEN

300 g Reis
25 g Korinthen
150 g Butter
25 g Pinienkerne
100 g Zwiebeln, feingehackt
200 g Lammleber, feingehackt
100 g Tomaten, enthäutet, in Scheiben geschnitten und entkernt (oder 25 g Tomatenpüree)
¼ TL schwarzer Pfeffer, gemahlen
¼ TL Paprikapulver
¼ TL Zimtpulver
¼ TL Nelkenpfeffer, gemahlen
⅛ TL Kardamom, gemahlen
1 TL Salz
1 TL Zucker

ZUM EINWICKELN
Yufka (Rezept und Menge wie auf S. 127)

Einen flachen Topf oder eine Form von etwa 20 × 8 × 6 cm einfetten und beiseite stellen.

Den Reis in warmem Salzwasser einweichen und abkühlen lassen. Die Korinthen 30 Minuten in warmem Wasser einweichen.

25 g Butter zerlassen und die Pinienkerne darin unter Rühren 1—2 Minuten braten, bis sie dunkler werden. Zwiebeln zugeben und in 3 Minuten goldgelb werden lassen. Leber hinzufügen und 4 Minuten braten, dann die Tomaten hineingeben und weitere 4 Minuten braten (oder das Tomatenpüree unterrühren). Die abgetropften Korinthen, Gewürze, Salz, Zucker und 600 ml Wasser zugeben und langsam zum Kochen bringen.

Inzwischen die restliche Butter schmelzen, den gründlich gewaschenen und abgetropften Reis zufügen und unter Rühren 4—5 Minuten braten. Wenn der Reis am Topfboden festzukleben beginnt, die kochende Mischung aus dem anderen Topf angießen. Deckel auflegen, 5 Minuten bei mittlerer Hitze, dann 15—20 Minuten bei geringer Hitze köcheln lassen, bis die Flüssigkeit eingekocht ist und sich Löcher an der Oberfläche bilden. Küchenkrepp oder ein Tuch über den Topf legen und darüber den Deckel. Bei sehr geringer Hitze 20 Minuten ziehen lassen. Vorsichtig umrühren, dann ohne Deckel abkühlen lassen.

Yufka vorsichtig in der vorbereiteten Form oder dem Topf ausbreiten und über die Ränder hängen lassen. Mit dem Pilaf füllen. Teig so über dem Pilaf zusammenlegen, daß der Reis vollkommen eingehüllt ist. Mit Butter bestreichen und im vorgeheizten Ofen bei 250 °C (Gas Stufe 6) 5—10 Minuten backen, bis die Yufka-Oberfläche goldbraun wird.

Vorsichtig auf eine Servierplatte stürzen und heiß servieren.

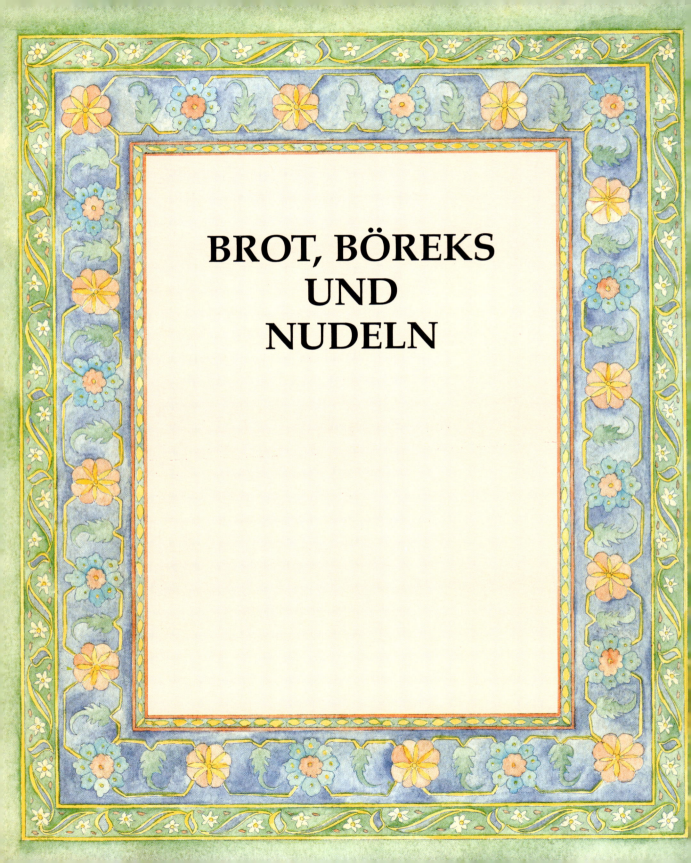

BROT, BÖREKS
UND
NUDELN

◊ EKMEKLER ◊
BROT

*B*rot ist in der Türkei ein Hauptnahrungsmittel; ein Türke ißt an einem Tag so viel Brot wie ein Engländer oder Amerikaner in einer Woche. Brot wird auch als eines der Nahrungsmittel verehrt, die dem Koran zufolge auf Gottes Geheiß auf die Erde gekommen sind. Weil Brot so hoch geschätzt wird, verschwendet man keine Krume davon, und eine Reihe von Gerichten ist entwickelt worden, um übriggebliebenes Brot zu verbrauchen.

Im Herrscherpalast von Istanbul pflegte man drei Arten von Brot zu backen – Fodla (leicht gesäuertes Fladenbrot), Has Ekmek (feines Weißbrot) und Somun Ekmek (gewöhnliches Brot). Fodla wurde am Tisch des Sultans serviert, Has Ekmek den Damen des Harems und den Würdenträgern des Palastes, und Somun Ekmek den rangniedrigeren Mitgliedern des Haushalts. Außerdem gab es Simit (ringförmige Brötchen mit Sesamsamen), Gevrek (ringförmiges, knuspriges Brot), Çörek (würzige Rundbrötchen) und viele Arten von Börek (würziges oder süßes Gebäck). All das bekommt man auch heute noch. Vor allem aber wird während des Fastenmonats Ramadan in großen Mengen Pitta-Brot gebacken, weil jeder das tägliche Fasten mit der besten Brotsorte brechen möchte. Simits werden aus Brotteig hergestellt, zu Ringen geformt, in Sesamsamen gewendet und gebacken. Man kann sie an jeder Straßenecke kaufen. Yufka (unten) und andere Brote werden in Anatolien noch immer zu Hause hergestellt.

◊ YUFKA EKMEĞI ◊
UNGESÄUERTES FLADENBROT

FÜR 12 YUFKA

50 g Hartweizenmehl
50 g Mehl
25 g Vollwertmehl
½ TL Salz
100 ml warmes Wasser

Die verschiedenen Mehlsorten und das Salz in einer Schüssel vermischen, nach und nach das Wasser zugeben und zu einem festen Teig verkneten. Diesen in 12 Stücke unterteilen und 30 Minuten auf einem bemehlten Brett unter einem feuchten Tuch ruhen lassen. Je länger der Teig ruht, desto besser wird er. Jedes Teigstück auf einem bemehlten Brett mit einem langen, dünnen Nudelholz zu runden Teigblättern ausrollen. Die Teigblätter – oder Yufka – sollen nicht dicker als 3 mm sein.

Ein Backblech oder eine beschichtete Bratpfanne sehr heiß werden lassen und die Yufka kurz von beiden Seiten darin garen. Fertige Yufka kann man stapeln und an einem trockenen Platz mehrere Wochen aufbewahren.

Wenn die Yufka dann gegessen werden, beträufelt man sie mit warmem Wasser, faltet sie einmal in der Mitte zusammen, wickelt sie in ein Tuch und läßt sie 30 Minuten stehen, bis sie geschmeidig sind.

Wird Yufka-Brot zusammengerollt und mit einer Füllung versehen, nennt man es Dürüm (das Wort bedeutet Rolle). Kalte Gemüse oder Kräuter sind köstliche Füllungen. Sie können aber auch jeden der in diesem Buch verzeichneten Salate mit ein wenig Dressing verwenden; oder probieren Sie Mirtoğa mit Honig (S. 43) oder verschiedene Arten von Helvas. Ein ganz einfaches Rezept ist, etwas Butter auf die Yufka zu streichen, darauf Honig oder Käse zu geben und den Teig dann zusammenzurollen – ein herrlicher kleiner Imbiß.

◊ ET TIRIDI ◊
LAMM AUF TOAST

Einen Imbiß, der auf geröstetem Brot serviert wird, bezeichnet man als Tırıt.

FÜR 4 – 6 PERSONEN

---

600 g mittelfette Lammschulter am Knochen
1 l Fleischbrühe (S. 33)
150 g Zwiebeln, in Scheiben geschnitten
1 TL Salz
125 g Vollwertbrot oder altes Weißbrot, gewürfelt
1 TL Sumach (S. 173)
Einige Zweige Petersilie, gehackt

Das Fleisch etwa 2 Stunden bei geringer Hitze in der Brühe weichkochen, dann abgießen. Wenn die Flüssigkeit eingekocht ist, mit heißem Wasser wieder auf 500 ml auffüllen. Das Fleisch vom Knochen lösen und wieder in die Brühe geben.

Die Zwiebeln mit Salz bestreuen, 4 Minuten stehenlassen, dann mit den Fingern abreiben, waschen und den Saft herausdrücken. Weißbrot kurz im Ofen toasten – Vollwertbrot sollte nicht getoastet werden.

Brot in eine Servierschüssel geben, mit den Zwiebeln bedecken und mit Sumach bestreuen. Die Temperatur des Fleischs mit dem Finger prüfen und den Inhalt des Topfes erst dann über das Brot gießen, wenn es gerade etwas zu heiß zum Anfassen ist. (Ist es zu heiß, wird das Brot pappig, ist es zu kühl, verliert es seinen Geschmack.) Mit Petersilie bestreuen und sofort servieren.

◊ KELEDOS ◊
LAMMFLEISCH UND GEMÜSE AUF TOAST

Dieses Gericht stammt aus Van in der Osttürkei. Ohne das Brot kann es auch als Suppe serviert werden.

FÜR 4 – 6 PERSONEN

---

50 g Kichererbsen
125 g grüne Linsen
125 g Lammfleisch mit Knochen
50 g Bulgur
250 g Lauchstangen, in dünne Scheiben geschnitten
250 g Kartoffeln, geschält und gewürfelt
Salz
Joghurtsauce mit Knoblauch (Rezept und eineinhalbfache Menge wie auf S. 172)
125 g Brot, einen Tag alt, gewürfelt und im Ofen geröstet
100 g zerlassene Butter

Kichererbsen und Linsen 7–8 Stunden einweichen. Abgießen, in frischem Wasser 30 Minuten kochen. Abgießen.

Das Fleisch, die vorgekochten Kichererbsen, Linsen und Bulgur in 1 Liter Wasser geben. Zum Kochen bringen und etwa 1 Stunde köcheln lassen, bis das Fleisch und die Kichererbsen weich sind. Falls nötig, noch etwas heißes Wasser angießen. Lauch hineingeben, 10 Minuten kochen, Kartoffeln zufügen und weitere 15 Minuten garen, bis die Kartoffeln weich sind. Salzen, nochmals 5 Minuten kochen, vom Feuer nehmen.

Joghurtsauce bereiten, in den Topf geben und sehr vorsichtig unterheben.

Die gerösteten Brotwürfel in eine Servierschüssel geben. Mit dem heißen Fleisch und den Gemüsen bedecken und mit der zerlassenen Butter beträufeln. Heiß servieren.

◇ BÖREKLER ◇
WÜRZIGES GEBÄCK

*B*öreks gehören zu den großen Errungenschaften der türkischen Küche und auch zu den ältesten. Die Türken haben sie aus Zentralasien mitgebracht, als sie westwärts zogen. Es gibt eine unendliche Vielfalt von Böreks, die je nach der Art ihrer Zubereitung unterschiedliche Namen tragen. Alle bestehen aus Schichten von Blätterteig oder Yufka und Butter und enthalten Füllungen auf der Basis von Fleisch oder Käse. Böreks werden entweder als ein Gang einer Hauptmahlzeit oder als Imbiß während des Tages und vor allem zur Teezeit serviert. Falls Sie keine Zeit haben, den Teig herzustellen, können Sie auch gekauften Blätterteig verwenden.

◇ SIGARA BÖREĞI ◇
ZIGARETTEN-BÖREK

FÜR 6 PERSONEN
---

*Börek-Füllung nach Wahl (Rezepte und halbe
Mengen wie auf S. 130)
3 Yufka oder 2 Scheiben Blätterteig
Oliven- oder Sonnenblumenöl zum Fritieren*

Die Füllung zubereiten. Die Yufka in je vier Dreiecke schneiden. Auf die lange gerundete Seite eines jeden Stücks etwas Füllung geben. Den Rand über die Füllung legen, die Enden einschlagen und den Teig wie eine Zigarette zusammenrollen. Die »Nahtstellen« mit etwas Wasser bepinseln, damit sie sich nicht öffnen. Böreks in sehr heißem Öl 5 Minuten fritieren. Auf Küchenkrepp abtropfen lassen, dann heiß servieren.

◇ SU BÖREĞI ◇
BÖREKS MIT FLEISCH- ODER KÄSEFÜLLUNG

*S*chichten von sehr dünnem Teig, mit Butter bestrichen, bilden eine Art Sandwich für eine Fleisch- oder Käsefüllung. Wie Baklava wird Börek in einer großen, flachen Form gebacken und in Portionen unterteilt.

Su Böreği ist das berühmteste und eines der besten Böreks. Die Art, die man an Marktständen kaufen kann, ist oft ziemlich schwer verdaulich, die hausgemachte Version jedoch köstlich leicht, wenn sie auf die unten angegebene Weise zubereitet wird. Su Böreği, gebakken in einer schwarzen, flachen Pfanne über Holzkohle von Eichenholz, wie man es in den Haushalten von Konya macht, hat einen einzigartigen Geschmack.

FÜR 20 PERSONEN
---

*250 g Hartweizenmehl
250 g Mehl, vermischt mit 1 TL Backpulver
5 Eier
Salz
100 g Hartweizenmehl
100 g Weizenstärke (S. 173)
250 g Butter
1 EL Oliven- oder Sonnenblumenöl*

25 g Korinthen
25 g Pinienkerne
25 g Butter
200 g Zwiebeln
250 g Lammschulter, gehackt
Einige Zweige Petersilie, gehackt
½ TL Salz
½ TL schwarzer Pfeffer, gemahlen
½ TL Zimtpulver

FÜR DIE KÄSEFÜLLUNG

250 g weißer Käse, gerieben oder zerbröckelt
(S. 171)
25 g Petersilie
1 Ei (nicht notwendig)

Für die Fleischfüllung die Korinthen 30 Minuten in warmem Wasser einweichen und abgießen. Die Pinienkerne in der Butter in 3—4 Minuten goldgelb braten. Die Zwiebeln blanchieren, abtropfen lassen, feinhacken, zu den Pinienkernen geben und 2 Minuten braten. Lammfleisch hinzufügen und braten, bis der Saft eingekocht ist, dann Petersilie, Salz, Pfeffer und Zimt dazugeben. Die Korinthen untermischen, vom Feuer nehmen.

Für die Käsefüllung den Käse mit der Petersilie vermischen. Das Ei unterrühren, falls Sie eines verwenden. Wenn der Käse nicht gesalzen ist, etwas Salz zugeben.

Zum Backen der Böreks eine 35—40 cm große Backform einfetten.

Die zuerst genannten beiden Mehlsorten auf ein Brett sieben. Eine Vertiefung in die Mitte drücken und die Eier, 75 ml Wasser und 1 EL Salz hineingeben. Das Mehl von den Seiten her einarbeiten. 15 Minuten kneten, bis ein fester Teig entstanden ist. Den Teig in 12 Stücke teilen und auf ein bemehltes Tablett legen. Mit einem feuchten Tuch bedecken und mindestens 30 Minuten ruhen lassen – je länger, desto besser.

Mehl und Weizenstärke zu gleichen Teilen vermischen. Die beiseite gestellten Teigstücke mit einem langen, dünnen Nudelholz (Oklava genannt) so dünn wie möglich ausrollen,

dabei jede Seite mit der Mehl-Stärke-Mischung bestreuen. Zwei der besten Teigplatten für die Unter- und Oberseite des Börek bereitlegen. Die Form mit einer Teigplatte auslegen. Die übrigen Teigplatten, mit sehr wenig Mehl bestäubt, aufeinanderlegen und in Größe der Backform zurechtschneiden.

In einem kleinen Topf die Butter schmelzen und klären, indem Sie die klare Butter abgießen und auffangen, den Bodensatz aber im Topf lassen.

In einem großen Topf 3 l Wasser, 2 EL Salz und das Öl zum Kochen bringen. Die Teigviertel päckchenweise in das Wasser geben und 1—2 Minuten kochen. Wenn sie an die Oberfläche kommen, mit einem Schaumlöffel herausheben und in kaltes Wasser tauchen. Auf einem Tuch gut abtropfen lassen, dann schichtweise in die Backform geben. Auf jeweils 2—3 Schichten 1 EL geklärte Butter träufeln. Wenn die Hälfte des Teigs eingeschichtet ist, die Fleisch- oder Käsefüllung darauf verteilen. Die restlichen Teiglagen ebenso kochen und wie vorher schichtweise auf die Füllung geben. Zuletzt die eine große Teigplatte, die Sie zu diesem Zweck zurückbehalten haben, auf die Form legen. Die Ränder beschneiden, den Teig mit der restlichen geklärten Butter bepinseln und mit einem scharfen Messer in Quadrate schneiden. Im vorgeheizten Ofen bei 260 °C (Gas Stufe 6) 25—30 Minuten backen.

Böreks direkt aus der Form servieren.

◊ ÇİĞ BÖREK ◊

BÖREK MIT ROHER FLEISCHFÜLLUNG

Çiğ Börek ist zweifellos altasiatischen Ursprungs. Die Tataren in der Türkei bereiten es noch heute zu, und ihr Rezept ist das beste. Çiğ Börek ist leicht herzustellen und sehr schmackhaft.

Das klassische Rezept sieht eine Füllung aus rohem Fleisch vor (manche Leute sprechen von »rohen« Böreks), aber ich brate das Fleisch lieber etwas an, wie im Rezept unten, weil die Füllung dann den Teig nicht aufweicht.

Çiğ Börek kann man kalt reichen, auch für Picknicks sind sie geeignet.

FÜR 10 PERSONEN

---

1 Ei
150 ml Wasser
1 TL Salz
250 g Hartweizenmehl
Oliven- oder Sonnenblumenöl zum Fritieren

FÜR DIE FÜLLUNG

150 g Lammschulter, gehackt
50 g Zwiebeln, gehackt
150 g Tomaten, enthäutet, entkernt und gehackt

½ TL schwarzer Pfeffer, gemahlen
½ TL Salz
Einige Zweige Petersilie, gehackt

Zuerst die Füllung zubereiten. Alle Zutaten bis auf die Petersilie in eine Pfanne geben und 2–3 Minuten unter Rühren trockenbraten. Dann vom Feuer nehmen. Die Mischung ist jetzt halb gar. Petersilie zufügen, untermischen, abkühlen lassen.

Für die Böreks Ei, Wasser und Salz mit einem Schneebesen verquirlen. Dann das Mehl zugeben und zu einem weichen Teig verarbeiten. Auf bemehltem Brett 5 Minuten kneten. Den Teig in 20 Stücke teilen und auf einem bemehlten Tablett, mit einem feuchten Tuch bedeckt, 20 Minuten ruhen lassen.

Die Teigstücke auf einem gut bemehlten Brett mit einem kurzen, dicken Nudelholz zu 5 mm dicken Fladen ausrollen. Die Füllung darauf verteilen, Teigstücke zusammenklappen und die Ränder zusammendrücken.

Das Öl erhitzen und die Böreks darin je 3 Minuten fritieren. Auf Küchenkrepp abtropfen lassen, heiß oder kalt servieren.

◊ SAÇ BÖREĞI ◊

PFANNENGEGARTE KÄSE-BÖREKS

Saç Böreği ist eine Spezialität aus Konya. Man gart sie in einer flachen Eisenpfanne auf sehr kleinem Feuer. Der Käse, den man für diese Art von Böreks verwendet, muß sehr trocken sein; durch feuchten Käse würden die papierdünnen Yufkas zerfallen.

Nach Belieben kann man diese Böreks nach dem Füllen halbieren und in einer beschichteten Bratpfanne kurz garen.

FÜR 12 PERSONEN

Käsefüllung (Rezept und Menge wie auf S. 130)
Teig für Yufka-Brot
(Rezept und Menge wie auf S. 127)

BEILAGEN
25 g Butter
Ayran (S. 168)

Käsefüllung zubereiten. Teig herstellen und in 12 Stücke teilen. Diese auf ein bemehltes Tablett legen, mit einem feuchten Tuch bedecken und 30 Minuten ruhen lassen.

Jedes Teigstück mit einem langen, dünnen Nudelholz auf einem bemehlten Brett oder einer Marmorplatte zu dünnen runden Fladen ausrollen. Jeweils etwas von der Füllung in die Mitte einer Fladenhälfte geben, die andere Hälfte darüber zusammenklappen, die Ränder mit den Fingern fest andrücken, um die Böreks zu verschließen. Sofort in einer flachen Eisenpfanne oder beschichteten Bratpfanne von jeder Seite 2–3 Minuten braten.

Die Böreks buttern, sobald sie gar sind, und in einem Topf stapeln. Wenn alle fertig sind, den Deckel auflegen, ein schweres Tuch (in der Türkei nehmen wir einen kleinen Teppich) darüberlegen und 5 Minuten stehenlassen. Dann mit Ayran servieren.

◊ PUF BÖREĞI ◊

BLÄTTERTEIG-BÖREK

Dieses Börek ist leicht herzustellen und kann mit einer Vielzahl verschiedener Füllungen zubereitet werden. Blätterteig-Börek wird in Anatolien stets zu Picknicks mitgenommen.

FÜR 20 STÜCK

½ TL Butter
1 Ei
100 ml Wasser
Einige Tropfen Essig
1 TL Salz
100 g Hartweizenmehl
100 g Mehl, mit einem knappen halben Teelöffel
Backpulver vermischt

50 g Butter, zerlassen und abgekühlt
250 g Kochfett oder Butter oder Oliven- oder
Sonnenblumenöl zum Fritieren

FÜR DIE FÜLLUNG
Fleisch- oder Käsefüllung
(Rezepte und Mengen wie auf S. 130)

Die Füllung zubereiten.

Für den Teig die Butter zerlassen und mit dem Ei, Wasser, Essig und Salz in eine Schüssel geben. Gut vermischen, beide Mehlsorten dazugeben und zu einem glatten Teig verkneten. In zwei Stücke teilen und unter einem feuchten Tuch 20 Minuten ruhen lassen. Auf einem bemehlten Brett eines der Teigstücke mit einem langen, dünnen Nudelholz zu einem dicken Streifen ausrollen. Diesen in der Mitte längs mit der zerlassenen Butter einpinseln. Zu einem Zylinder aufrollen und diesen in 10 Stücke schneiden. Jedes Stück in beide Hände nehmen und nach innen eindrücken. Mit dem zweiten Teigstück auf dieselbe Weise verfahren. Auf einer bemehlten Fläche unter einem feuchten Tuch 30 Minuten ruhen lassen. Jedes Teigstück mit einem kurzen, dicken Nudelholz zu einem 5 mm dicken Streifen ausrollen. Die Füllung auf die Streifen verteilen, Teig zusammenklappen, die Ränder zusammendrücken, um sie zu verschließen, und mit einem Teigschneider die Ränder glätten.

Die Böreks in heißem Fett oder Öl 3 Minuten fritieren und auf Küchenkrepp abtropfen lassen. Dann auf eine Servierplatte legen und heiß servieren. Man kann sie zwar auch kalt essen, aber heiß schmecken sie besser.

◊ HAŞHAŞLI KATMER ◊
MOHNGEBÄCK

Einfaches Katmer – mit Öl bestrichen, aber ohne Mohnsamen – ist eine traditionelle Speise, die an Kandil-Festtagen anstelle von Pişi gereicht werden kann. Nach dem Einstreichen mit Öl wird das Katmer zylindrisch zusammengelegt, dann mit einem Nudelholz flach ausgerollt und in Öl gebraten.

Von den vielen Katmer-Arten, die in der Türkei populär sind, ist Haşhaşlı Katmer im Hinterland der ägäischen Region am beliebtesten, wo große Mengen Mohn angebaut werden. Es hat einen köstlichen Geschmack.

FÜR 2 KATMERS

50 g Hartweizenmehl
50 g Mehl, mit einer Messerspitze Backpulver vermischt
¼ TL Salz
1 Ei
25 ml Wasser
Mohn- oder Sonnenblumenöl zum Braten

FÜR DIE FÜLLUNG

100 g Mohnsamen
100 ml Mohn- oder Sonnenblumenöl

BEILAGE

Pekmez (S. 173) oder Honig

Für die Füllung die Mohnsamen in einer trockenen Bratpfanne rösten, bis sie dunkel werden. Im Mörser zu einer dicken Paste zerstoßen. Das Öl unterrühren.

Beide Mehlsorten in eine Schüssel sieben, das Salz darüberstreuen, eine Vertiefung in die Mitte drücken und das Ei und Wasser zugeben. Von der Mitte aus zu einem glatten, geschmeidigen Teig verarbeiten. In zwei Portionen teilen und auf einem bemehlten Brett 20 Minuten ruhen lassen. Beide Teigstücke auf einem gut bemehlten Brett so dünn wie möglich ausrollen. Auf jedes Teigstück je die Hälfte der Mohnmischung streichen, dabei einen Rand von 1,25 cm freilassen. Von zwei Seiten das Katmer zur Mitte hin falten, dann das gleiche noch mal, so daß Sie ein Päckchen erhalten. Die Ränder durch festen Druck verschließen. Katmer in Mohn- oder Sonnenblumenöl bei mittlerer Hitze auf jeder Seite 1 Minute braten, wenden und die erste Seite eine weitere Minute braten. Die Katmer sollten eher goldgelb als braun sein. Auf Küchenkrepp abtropfen lassen, dann in einen Topf mit Deckel legen, zudecken und 5 Minuten stehenlassen.

Die Katmer mit Pekmez oder Honig servieren.

Anmerkung: Tahinli Katmer kann auf die gleiche Weise zubereitet werden.

◊ MANTI ◊
TÜRKISCHE RAVIOLI IN JOGHURTSAUCE

Mantı werden in ganz Anatolien zubereitet; besonders populär sind die aus der Stadt Kayseri (dem antiken Caesarea). Bei den Einwohnern von Kayseri sind Pastırma und Mantı ebenso beliebte Bestandteile des Speiseplans wie Anchovis bei den Menschen der Schwarzmeerregion.

FÜR 4 – 6 PERSONEN

25 g Butter
500 ml Brühe (S. 33)
Joghurtsauce mit Knoblauch (Rezept und
eineinhalbfache Menge wie auf S. 172)

FÜR DIE FÜLLUNG

100 g mageres Lammfleisch, gehackt
25 g Zwiebeln, feingehackt
1 EL Petersilie, feingehackt
¼ TL Salz
¼ TL schwarzer Pfeffer, gemahlen

FÜR DIE TEIGWAREN

1 Ei
125 g Mehl
½ TL Salz
25 – 50 ml Wasser

ZUM GARNIEREN

50 g Butter
2 Salbeiblätter
¼ TL Minze oder Paprikapulver

Eine runde, flache und feuerfeste Form von 25 cm Durchmesser einfetten und beiseite stellen.

Die Zutaten für die Füllung in einer Schüssel gut vermischen und beiseite stellen.

Für die Teigwaren das Ei in eine andere Schüssel schlagen, Mehl und Salz unterrühren, dann nach und nach das Wasser zugeben und einen Teig herstellen. 10 Minuten kneten.

Den Teig in zwei Hälften teilen, mit einem feuchten Tuch bedecken und 30 Minuten ruhen lassen. Mit einem langen, dünnen Nudelholz 3 mm dick ausrollen. In Quadrate von 2,5 cm Seitenlänge schneiden. Etwas Füllung in die Mitte jedes Teigstückchens geben, alle vier Ecken lose zusammenklappen, so daß man die Füllung noch etwas sieht, und die Spitzen zusammendrücken – so entstehen Mantı.

Die Mantı in eine feuerfeste Form legen. Unbedeckt im vorgeheizten Ofen bei 200 °C (Gas Stufe 3–4) etwa 25 Minuten backen, bis der Teig goldbraun wird. Aus dem Ofen nehmen.

Die Brühe zum Kochen bringen und mit einer Kelle über die Mantı schöpfen. Die Form zudecken, wieder in den Ofen stellen und weitere 15 Minuten oder so lange garen, bis die Mantı die Flüssigkeit absorbieren und weich sind.

Die Joghurtsauce mit Knoblauch zubereiten. Über die Mantı geben. Die Butter – mit den Salbeiblättern – zerlassen, dann Minze oder Paprika zugeben und in weniger als 1 Minute erhitzen. Salbeiblätter herausnehmen, Butter vorsichtig über die Joghurtsauce träufeln und heiß servieren.

Anmerkung: Sie können die Mantı auch in der Brühe garen, dann in Joghurtsauce wenden und mit zerlassener Butter beträufeln.

DESSERTS

◊ TATLILAR ◊
D E S S E R T S

»Laßt uns ein süßes Gericht essen und in süßen Gesprächen schwelgen.«

TÜRKISCHES SPRICHWORT

*D*ie türkische Küche ist reich an Desserts und Süßspeisen. Von der Wiege bis zum Grab verlangen die Türken Süßspeisen, um alle möglichen Anlässe zu feiern. Dieser Brauch geht so weit, daß – außer bei den traditionellen Jahrestagen – jemand, der eine neue Arbeit aufnimmt, diesen Tag feiert, indem er Verwandten, Freunden und Kollegen Süßwaren schenkt; oder die Ankunft eines Besuchers wird mit dem Austausch von süßen Geschenken gefeiert; der Besitzer eines neuen Hauses lädt seine Nachbarn zu einer Süßspeise ein; und wenn man einem Freund ein Geschenk macht, gehört auch immer eine Dose mit Süßigkeiten dazu. Es gibt noch viele andere Anlässe, denn in der Türkei findet man immer einen Vorwand, um etwas Süßes zu essen.

Viele Desserts und Süßspeisen haben einen interessanten geschichtlichen Hintergrund. Manche sind detailliert im »Klassischen Türkischen Wörterbuch« beschrieben. Während der osmanischen Zeit organisierten sich die Hersteller von Süßwaren und die Konditoren zu einer Reihe von Vereinigungen, die zu zahlreich sind, um sie hier anzuführen; jede war auf bestimmte Speisen spezialisiert, wie etwa Sorbets, Fettgebackenes oder Milchpuddings, Helvas oder Konfekt. Damals waren die Türken ihren Nachbarn in dieser Hinsicht weit voraus. Auch heute gibt es Konditoren, Bäcker, Hersteller von Milchdesserts und viele andere, die ihren Handel weiter ausüben und ihre Waren in Spezialgeschäften und an Straßenecken verkaufen. Die Qualität ihrer Erzeugnisse ist im allgemeinen sehr gut, aber natürlich kann nichts mit hausgemachten Desserts konkurrieren.

◊ BAKLAVA ◊
B A K L A V A

*B*aklava ist vielleicht *das* nationale Dessert; es wird bei offiziellen Anlässen und allen möglichen Banketten und Partys serviert.

FÜR 16 PERSONEN

FÜR DIE FÜLLUNG

75 g Walnußkerne, Pistazienkerne oder Mandeln
1 EL Zucker

FÜR DEN TEIG

125 g weißes Hartweizenmehl
125 g Mehl, mit einem knappen gestrichenen
Teelöffel Backpulver vermischt
1 Ei
150 ml warmes Wasser
1 TL Salz

100 g Weizenstärke (S. 173)
250 g Butter, zerlassen
1 kleiner Würfel trockenes Brot

FÜR DEN SIRUP

375 g Zucker
250 ml Wasser
1 EL Zitronensaft

Eine Backform von etwa 25 cm Durchmesser mit etwas zerlassener Butter einfetten. Für die Füllung die Walnüsse kleinhacken und mit dem Zucker vermischen. Falls Sie Pistazien oder Mandeln verwenden, diese 1 Minute blanchieren, Häute entfernen, gut trocknen. Dann mahlen und mit dem Zucker vermischen.

Für den Teig die Mehlsorten in eine Schüssel sieben, eine Vertiefung in die Mitte drücken und das Ei, Wasser und Salz hineingeben. Das Mehl von der Seite her einarbeiten und alles gut zu einem glatten Teig verkneten. Den Teig auf einem bemehlten Brett oder einer Marmorplatte 15–20 Minuten kneten, dabei mit den Handballen immer wieder nach außen drükken, um den Teig zu dehnen, und ihn dann wieder zusammenfalten. Wenn er an Ihren Händen klebt, lösen Sie ihn mit ein wenig Mehl, aber es ist besser, wenn Sie das vermeiden. Der Teig ist erst fertig, wenn Sie ihn an einem Ende hochheben können und er sich dehnt, ohne zu reißen. Teilen Sie ihn in 20 Stücke und lassen Sie ihn mindestens 1 Stunde, besser aber 2–3 Stunden auf einem bemehlten Brett unter zwei feuchten Tüchern ruhen.

Alle Teigstücke zu sehr dünnen Fladen ausrollen und diese von beiden Seiten mit Weizenstärke bestreuen. Überschüssige Weizenstärke mit einem Teigpinsel entfernen. Die Hälfte der Yufkas oder Blätterteigplatten in die Backform schichten, dabei jede Schicht mit sehr wenig zerlassener Butter bestreichen. Die Füllung auf dem Teig verteilen, dann mit den restlichen Yufka-Schichten bedecken und dabei wieder jede Schicht leicht einbuttern. Baklava mit einem scharfen Messer in Quadrate oder Rauten schneiden, dabei nach jedem Schnitt die Messerklinge abwischen, damit sie nicht festklebt.

Die restliche Butter und den Brotwürfel in einen kleinen Topf geben und vorsichtig erhitzen. Wenn das Brot blaßgelb und hart wird (es soll nicht goldgelb werden), den Topf vom Feuer nehmen. Falls notwendig, Schaum abschöpfen und die Butter stehenlassen, bis sie sich abgesetzt hat. Dann die geklärte Butter vorsichtig in einen anderen Topf abgießen und abwarten, bis sie so weit abgekühlt ist, daß man die Fingerspitze hineintauchen kann.

Nun Baklava vorsichtig mit der Butter beträufeln, dabei keine trockenen Stellen übriglassen. Damit die Schichten die Butter aufnehmen können, Baklava 30 Minuten bei Zimmertemperatur stehenlassen. Dann bei 200 °C (Gas Stufe 4) im vorgeheizten Ofen 35 Minuten backen.

Kurz bevor die Backform aus dem Ofen genommen wird, den Sirup zubereiten. Zucker, Wasser und Zitronensaft in einem Topf erhitzen und rühren, bis der Zucker schmilzt. Wenn der Sirup zu kochen beginnt, Hitze verringern, 2 Minuten kochen lassen, dann vom Feuer nehmen. 5 Minuten stehenlassen. Baklava aus dem Ofen nehmen und 5 Minuten stehenlassen, dann mit dem Sirup begießen, so daß die ganze Oberfläche bedeckt ist. Abkühlen lassen und Baklava in der Backform servieren.

◊ REVANI ◊
GRIESSDESSERT

Revani ist ein leichtes Dessert, das einfach zuzubereiten ist.

FÜR 8–12 PERSONEN

FÜR REVANI

100 g Mehl, mit einem knappen gestrichenen Teelöffel Backpulver vermischt
100 g Grieß

100 g Zucker
6 Eier

FÜR DEN SIRUP

600 g Zucker
500 ml Wasser
1 EL Zitronensaft

ZUM GARNIEREN

250 g Kaymak (S. 173)

Eine Backform von 25 cm Durchmesser und 5−6 cm Höhe einfetten. Das Mehl in eine Schüssel sieben und mit dem Grieß vermischen. Zucker und Eier in einer anderen Schüssel zu einer glatten, dicken Masse verrühren. Mehl und Grieß dazugeben und sorgfältig untermischen.

Die Mischung in die Backform gießen und im vorgeheizten Ofen bei 175 °C (Gas Stufe 2) 25−30 Minuten backen, bis die Oberfläche leicht gebräunt ist.

Während der Backzeit den Sirup herstellen. Zucker, Wasser und Zitronensaft bei mittlerer Hitze in einem Topf verrühren, bis der Zucker schmilzt. 2 Minuten kochen lassen, dann vom Feuer nehmen.

Revani in Quadrate schneiden. Mit dem heißen Sirup begießen und nochmals 1 Minute in den Ofen schieben. Mehrere Stunden abkühlen lassen, damit der Sirup einziehen kann.

Unmittelbar vor dem Servieren mit Kaymak oder Sahne garnieren.

◊ GÖZLEME TATLISI ◊
PFANNKUCHEN

Obwohl Pfannkuchen auch ein Bestandteil der Istanbuler Küche sind, stammen sie ursprünglich aus den Provinzen. Dort, wo es früher keine Backöfen gab, reichte man anstelle von Gebäck Pfannkuchen als Dessert.

FÜR 4 PERSONEN

FÜR DEN SIRUP

100 g Zucker
75 ml Wasser
¼ TL Zitronensaft

FÜR DIE PFANNKUCHEN

50 g Hartweizenmehl
50 g Mehl, mit einer Messerspitze Backpulver vermischt
¼ TL Salz
1 Eigelb
50 g Butter, zerlassen
50 ml Wasser

ZUM BRATEN
50 g Butter

ZUM GARNIEREN
25 g Walnußkerne, zerstoßen

Für den Sirup Zucker, Wasser und Zitronensaft in einen Topf geben und bei mittlerer Hitze rühren, bis der Zucker schmilzt. Wenn die Mischung den Siedepunkt erreicht hat, nach 30 Sekunden vom Feuer nehmen. Abkühlen lassen.

Für die Pfannkuchen beide Mehlsorten und das Salz in eine Schüssel sieben, eine Vertiefung in die Mitte drücken und das Eigelb, 1 TL zerlassene Butter und das Wasser hineingeben. Zu einem weichen Teig vermischen. In vier Portionen aufteilen und 20 Minuten auf einem bemehlten Brett unter einem feuchten Tuch ruhen lassen.

Den Teig so dünn wie möglich ausrollen. Dann die ganze Teigoberfläche mit der zerlassenen, warmen Butter einpinseln. Teig zylindrisch zusammenrollen. Erneut unter einem feuchten Tuch 20 Minuten oder so lange ruhen lassen, bis die Butter fest ist.

Nun den Teig erneut zu runden Teigblättern von 10−15 cm ausrollen. Die Butter in einer Bratpfanne erhitzen und die Pfannkuchen darin von jeder Seite 2 Minuten braten, bis sie goldgelb sind. Dann auf Küchenkrepp legen. Wenn alle Pfannkuchen fertig sind, werden sie mit dem Sirup begossen, zusammengerollt und auf einer Platte angerichtet. Mit den zerstoßenen Walnußkernen bestreut servieren.

◊ LOKMA ◊
LOKMA-FETTGEBÄCK

Lokma ist wie Pişi und Katmer mit religiösen Festtagen verbunden. Es soll das Siegel des Propheten Mohammed symbolisieren.

Sehr kleine Lokması, nur aus einem Teelöffel Teig hergestellt, sind als Saray Lokması oder Palast-Lokması bekannt, weil sie so zubereitet sind, wie man sie zu osmanischer Zeit im Herrscherpalast hergestellt hat. In Izmir, wo es auf Lokma spezialisierte Geschäfte gibt, werden Lokması zu Ringen geformt und fritiert. Sie können kalt und warm gegessen werden.

FÜR 6 PERSONEN

150 g Hartweizenmehl
½ TL Trockenhefe
¼ TL Zucker
4 Stücke Mastixharz (nicht notwendig, S. 173)
¼ TL Salz
Oliven- oder Sonnenblumenöl zum Fritieren

FÜR DEN SIRUP
200 g Zucker
200 ml Wasser
¼ TL Zitronensaft

Sirup zubereiten, wie auf S. 138 beschrieben.

Die Hefe in 25 ml warmem Wasser mit dem Zucker auflösen. Das Mehl in eine Schüssel sieben, eine Vertiefung in die Mitte drücken und die Hefemischung hineingeben. Nun das Mehl unterrühren und zu einem glatten Teig verarbeiten. Die Oberfläche mit Mehl bestäuben und den Teig an einem warmen Ort gehen lassen. Falls Sie Mastixharz verwenden, dieses mit dem Salz in einem Mörser zerstoßen und über das Mehl streuen.

Wenn die Hefe zu wirken beginnt und Risse an der Teigoberfläche erscheinen, eine Vertiefung in die Teigmitte drücken, 150 ml warmes Wasser hineingeben und von Hand gründlich einarbeiten. Den Teig wieder zudecken und an einem warmen Ort nochmals 40–50 Minuten oder so lange ruhen lassen, bis der Teig aufgegangen ist und sich sein Volumen verdoppelt oder verdreifacht hat.

Das Öl erhitzen. Etwas Teig in die Hand nehmen und durch eine von Daumen und Zeigefinger geformte Öffnung drücken. In das Öl geben und fritieren, dabei die Lokması gelegentlich mit der Rückseite einer Kelle bewegen. Auf Küchenkrepp abtropfen lassen, dann 5 Minuten in kalten Sirup tauchen.

◊ TULUMBA TATLISI ◊

FRITIERTES GEBÄCK IN SIRUP

FÜR 6 PERSONEN

FÜR DEN SIRUP

400 g Zucker
300 ml Wasser
1 TL Zitronensaft

FÜR DEN TEIG

200 ml Wasser
50 g Butter
¼ TL Salz
75 g Mehl
75 g Hartweizenmehl
1 EL feiner Grieß
1 EL Pfeilwurzelmehl
3–4 Eier
Oliven- oder Sonnenblumenöl zum Fritieren

Den Sirup zubereiten: Die Zutaten in einem Topf bei mittlerer Hitze vermischen, bis der Zucker schmilzt. Wenn die Mischung aufkocht, die Hitze stark reduzieren, den Topf nach 2 Minuten vom Feuer nehmen und den Inhalt abkühlen lassen.

Für den Teig das Wasser, Butter und Salz in einen schweren Topf geben. Zum Kochen bringen, beide Mehlsorten, Grieß und Pfeilwurzelmehl dazugeben, einmal umrühren, dann vom Feuer nehmen und gründlich durchrühren. Jetzt den Topf wieder auf sehr geringe Hitze stellen und 10 Minuten unter Rühren kochen lassen, bis die Mischung glatt ist und sich von den Topfwänden löst. Vom Feuer nehmen und abkühlen lassen, bis der Teig lauwarm ist. Dann nacheinander unter kräftigem Rühren die Eier untermischen. Der Teig sollte glatt sein und an Ihren Händen kleben bleiben. 1 EL von dem Sirup unterrühren. Der Sirup gibt dem Gebäck nachher eine rosige Farbe. Eine Spritztüte mit gerillter Tülle mit dem Teig füllen.

Das Öl in einen Topf gießen und, solange es

noch kalt ist, kleine Teigstücke hineindrücken, indem Sie den Teigstrang, der aus der Spritztüte kommt, jeweils nach etwa 4 cm mit einem Messer abschneiden. Wenn der Topf halb voll ist – das Gebäck wird seine Größe verdoppeln –, bei mittlerer Hitze auf den Herd stellen. Den Topf ständig leicht bewegen, bis sich die Teigstücke goldgelb färben und an die Oberfläche steigen. Hitze verringern. (Ist das Öl zu heiß, bleibt das Innere des Gebäcks roh.) 8–10 Minuten fritieren, die Teigstücke gelegentlich mit einer Schaumkelle wenden.

Den restlichen Teig auf die gleiche Weise verarbeiten. Dann das Gebäck kurz auf Küchenkrepp abtropfen lassen und in den kalten Sirup geben. 5 Minuten darin liegenlassen, dann servieren.

Anmerkung: Der Teig kann auch ohne Grieß und Pfeilwurzelmehl zubereitet werden, wenn die Quantität des Mehls auf 200 g erhöht wird. Den Teig dann in Bällchen formen mit einem Loch in der Mitte. Diese Bällchen fritieren und in Sirup legen. Das fertige Gebäck heißt Kadın Göbeği (Frauennabel).

Wird der gleiche Teig in den Handflächen gerollt, dann doppelt gefaltet, fritiert und in Sirup getaucht, heißt das Gebäck Dilber Dudağı (Schöne Frauenlippen). Wird er fingerförmig gerollt und ebenfalls fritiert, nennt man das Gebäck Vezir Parmağı (Wesirfinger).

◊ KIZ MEMESI TEL KADAYIFI ◊

» MÄDCHENBRÜSTE «

Kadayıf, in dünne Streifen geschnittener Teig, der wie Fadennudeln aussieht, wird für eine ganze Reihe türkischer Desserts verwendet. Der Teig, auch Konafa genannt, wird in Geschäften mit griechischen und nahöstlichen Waren fertig verkauft.

FÜR 12 PERSONEN

---

300 g Kadayıf (in Streifen geschnittener Teig)
100 g Butter
100 ml warme Milch
12 halbierte Walnußkerne

FÜR DEN SIRUP

500 g Zucker
300 ml Wasser
1 TL Zitronensaft

FÜR DIE FÜLLUNG

100 g Walnußkerne
1 EL Zucker

Für die Füllung die Nüsse mahlen oder hacken und mit dem Zucker vermischen.

Eine Backform von 30 cm Durchmesser mit der Hälfte der Butter einfetten.

Die restliche Butter zerlassen und abkühlen lassen. Wenn das Sediment sich abgesetzt hat, die klare Butter vorsichtig in eine Schale mit 1 EL warmer Milch gießen. Kadayıf auf ein Teigbrett oder eine Marmorplatte legen. Die Hände wiederholt in die gebutterte Milch tauchen und dann den Teig mit den Fingern reiben und die Stränge trennen. Die gesamte gebutterte Milch einarbeiten, dann den Teig in 12 Portionen unterteilen.

Auf den Boden einer Teetasse eine halbe Walnuß legen. Darauf eine halbe Portion Kadayıf drücken. Nun einen Eßlöffel Füllung auf den Teig geben, darauf die andere Teighälfte drücken. Dann in die Backform stürzen. Den restlichen Teig auf die gleiche Weise verarbeiten und 25 Minuten im vorgeheizten Ofen bei 225 °C (Gas Stufe 5) backen. Aus dem Ofen nehmen. Kadayıf gut mit der restlichen Milch einpinseln. Zudecken und 5 Minuten stehenlassen.

Den Sirup zubereiten wie für Baklava (S. 136). Kadayıf vorsichtig mit dem heißen Sirup begießen und mehrere Stunden stehenlassen. Kalt servieren.

◊ HOŞMERIM ◊

VOLLWERTMEHL-PFANNKUCHEN MIT KAYMAK

Hoşmerim stammt aus Anatolien. Man erzählt, eine Dame habe dieses Gericht erfunden und ihrem Ehemann serviert. Er habe dazu die Bemerkung gemacht: »Das ist ein sehr schönes Gericht«, und sie antwortete: »Hoş (schön) mu (ist es), Erim (Gatte)?« So wurde das Gericht als »hoş-m'erim« bekannt!

Sie können Hoşmerim auch einfach mit Puderzucker bestreut servieren.

FÜR 6 PERSONEN

---

150 g Butter
100 g Weizenvollkornmehl
150 g Sahne oder Milch
2 Eier
100 g klarer Honig
200 g Kaymak (S. 173) oder saure Sahne

In einer beschichteten Bratpfanne 75 g von der Butter schmelzen, dann vom Feuer nehmen. Die Hälfte des Mehls dazugeben und gut vermischen, dann wieder bei niedriger Hitze 10—15 Minuten braten, bis das Mehl goldgelb wird.

Das restliche Mehl in eine Schüssel geben, die Sahne oder Milch unterschlagen, dann die Eier. Diese Mischung zu Butter und Mehl in die Pfanne geben und mit einem Holzlöffel bei geringer Hitze 5 Minuten verrühren; die Mischung darf nicht am Pfannenboden kleben. Nun vom Feuer nehmen und in eine kleinere Bratpfanne geben. Hoşmerim mit dem Rük-ken eines Löffels der Form der Pfanne anpassen und andrücken. Auf sehr geringe Hitze stellen und die Unterseite 4—5 Minuten braten (die Oberseite wird nicht gebraten). Dabei vom Pfannenrand her mehr Butter unter den Teig gleiten lassen, damit er nicht anbrennt.

Eine Servierplatte über die Bratpfanne legen und diese umdrehen, so daß der Pfanneninhalt nun auf der Platte liegt.

Sobald das Hoşmerim genügend abgekühlt ist, den Honig darübergießen und mit Kaymak bedecken. Warm servieren, ehe das Kaymak schmilzt.

◊ PEYNIR TATLISI ◊

KÄSEDESSERT

FÜR 10 PERSONEN

100 g Mehl
75 g frischer, ungesalzener weißer Käse, zerbröckelt
50 g Butter, in kleine Stücke geschnitten
25 g Puderzucker
1 Ei
¼ TL Natron

FÜR DEN SIRUP

250 g Zucker
250 ml Wasser
¼ TL Zitronensaft

BEILAGE
Kaymak (S. 173) oder saure Sahne

Das Mehl in eine Schüssel sieben, eine Vertiefung in die Mitte drücken und die restlichen Zutaten hineingeben. Zu einem weichen Teig verarbeiten, der an den Händen kleben bleibt. Den Teig in einigem Abstand löffelweise in eine große, flache, gut eingefettete Backform geben oder mit einer Spritztüte mit gerillter Tülle streifenweise in einem Abstand von 3,5 cm in die Form spritzen. Im Ofen bei 200 °C (Gas Stufe 3) 20 Minuten backen, bis der Teig goldbraun ist.

Inzwischen den Sirup herstellen. Wasser, Zucker und Zitronensaft in einen Topf geben und bei mittlerer Hitze rühren, bis der Zucker schmilzt. Dann 2 Minuten kochen lassen und vom Feuer nehmen.

Den gebackenen Teig mit kochendem Wasser einpinseln, sobald er aus dem Ofen kommt. Zudecken und 2 Minuten stehenlassen, dann den kochenden Sirup über die Tatlısı gießen und zudecken. Bei geringer Hitze auf den Herd stellen und den Sirup etwa 5 Minuten einziehen lassen, von Zeit zu Zeit mit mehr Sirup aus dem Topf übergießen. Vom Feuer nehmen und abkühlen lassen.

Tatlısı mit einem Pfannenheber auf eine Servierplatte legen, ohne sie zu zerbrechen, mit Kaymak bestreichen und servieren.

◊ UN HELVASI ◊

MEHL-HELVA

Helvas sind die ältesten Desserts in der türkischen Küche; es gibt ein Rezept, das aus dem elften Jahrhundert stammt.

Wie Baklava ist Helva ein traditionelles Dessert, das häufig bei formellen Anlässen serviert wird. Man bereitet es zu, wenn die Geburt eines Kindes gefeiert wird; und wenn jemand gestorben ist, wird Helva zubereitet und am Grab verteilt, während man den Verlust betrauert. So kennzeichnet die gleiche Speise den Beginn und das Ende des Lebens.

FÜR 6 PERSONEN

150 g Butter
50 g Pinienkerne
150 g Mehl
225 g Zucker
400 ml Wasser

In einem schweren Topf die Butter zerlassen. Pinienkerne und Mehl hineingeben und bei sehr geringer Hitze so lange unter ständigem Rühren garen, bis das Mehl goldgelb wird. Das kann 40–50 Minuten dauern, aber ein gutes Helva ist das wert.

Zucker und Wasser 2 Minuten aufkochen und einen Sirup herstellen. Über das Mehl gießen, dabei schnell umrühren, bis die Mischung im Topf zu kleben beginnt. Vom Feuer nehmen. Zudecken und 15 Minuten stehenlassen. Auf eine Servierplatte geben und warm servieren.

143

◊ KALBURA BASTI ◊
GEBÄCKKRINGEL IN SIRUP

FÜR 6 PERSONEN

75 ml Milch
75 ml Olivenöl
¼ TL Natron
150 g Mehl

FÜR DEN SIRUP

150 g Zucker
125 ml Wasser
½ TL Zitronensaft

Eine flache, quadratische oder längliche Form einölen. Milch, Olivenöl und Natron in einer Schüssel verquirlen, dann das Mehl dazugeben und zu einem glatten Teig verkneten. Den Teig in 12 Portionen teilen. Jedes Stück mit den Fingern durch eine reibende Bewegung gegen – aber nicht durch – ein grobmaschiges Sieb drücken, so daß es sich kringelt. Die Kringel mit etwas Abstand in die Form legen und im vorgeheizten Ofen bei 200 °C (Gas Stufe 3) 20 Minuten backen.

Inzwischen den Sirup bereiten: Zucker, das Wasser und den Zitronensaft erhitzen, 2 Minuten kochen lassen, vom Feuer nehmen.

Sobald die Kringel aus dem Ofen kommen, sofort mit dem heißen Sirup übergießen. Zudecken und 10 Minuten stehenlassen, dann die Kringel wenden und die andere Seite 10 Minuten in Sirup ziehen lassen. Danach wieder umdrehen und abkühlen lassen.

◊ KAYGANA ◊
KAYGANA-FETTGEBÄCK

Kaygana ist eine Lokma-Version ohne Hefe, und die Füllung erhält durch Joghurt einen anderen Geschmack. Das folgende Rezept stammt aus Konya.

FÜR 6–8 PERSONEN

100 g dicker Joghurt (S. 171)
2 Eier
100 g Hartweizenmehl
¼ TL Natron
Oliven- oder Sonnenblumenöl zum Fritieren

FÜR DEN SIRUP

Sirup für Lokmas
(Rezept und Menge wie auf S. 139)

Den Sirup herstellen.
Joghurt und Eier gründlich verquirlen. Mehl und Natron zugeben und mit einem Holzlöffel unterrühren.

Das Öl erhitzen. Einen kleinen Löffel zuerst in kaltes Öl tauchen, dann etwas Teig auflöffeln und mit dem Finger vom Löffel in das Öl schieben. Wiederholen, bis der Teig aufgebraucht ist. Das Kaygana-Gebäck 2–3 Minuten fritieren und dabei mit einer Kelle wenden, bis es goldgelb ist. Eine Minute auf Küchenkrepp abtropfen lassen, dann 3–4 Minuten in kalten Sirup legen.

Kaygana auf einer Servierplatte anrichten, mit dem restlichen Sirup begießen und kalt servieren.

◊ IRMIK HELVASI ◊

GRIESS-HELVA

Grieß-Helva ist ein beliebtes Dessert bei Hochzeitsfeiern und großen Partys. In alter Zeit wurde es in Istanbul zusammen mit kaltem Lammfleisch und Dolmas aus Weinblättern gern bei Picknicks gereicht.

Die Kochzeit ist ziemlich lang, doch sie garantiert ein köstliches Grieß-Helva. Es ist nicht so wohlschmeckend, wenn es weniger als drei Stunden gekocht wird.

FÜR 6 PERSONEN

150 g Butter
50 g Pinienkerne oder Mandeln
150 g Grieß
225 g Zucker
400 ml Milch

Die Butter in einem Topf zerlassen und die Pinienkerne oder Mandeln und Grieß hineingeben. Bei sehr geringer Hitze unter ständigem Rühren mit einem Holzlöffel den Grieß goldgelb werden lassen.

In einem anderen Topf Zucker und Milch erhitzen und rühren, bis der Zucker schmilzt. Zum Kochen bringen und dann über die Grießmischung gießen. Dabei ständig rühren. Topf zudecken und auf sehr geringer Hitze stehen lassen, bis der Sirup ganz absorbiert ist. Wenn sich an der Oberfläche Löcher bilden, einige Male umrühren, dann Ölpapier zwischen Deckel und Topf legen. Hitze noch weiter verringern (wenn nötig, eine Wärmeplatte benutzen) und die Mischung 2 Stunden garziehen lassen.

Umrühren und heiß servieren.

◊ KARA TOPAK HELVA ◊

BEGRÄBNIS-HELVA

Dieses Gericht stammt aus Adıyaman in Südostanatolien, wo es traditionell drei Tage nach einem Begräbnis an die Trauernden verteilt wird. Pekmez, Sesamsamen und Walnüsse geben diesem Helva ein reiches Aroma.

FÜR 4 PERSONEN

75 g Butter
100 g Mehl
25 g Sesamsamen
75 ml Pekmez (S. 173)
25 g Walnußkerne, gehackt

---

50 g von der Butter in einer Bratpfanne zerlassen, das Mehl und die Sesamsamen dazugeben. 10 Minuten bei sehr geringer Hitze rühren, bis Mehl und Sesamsamen blaßgelb, aber noch nicht golden sind. Vom Feuer nehmen.

Pekmez in 50 ml Wasser auflösen, mit der restlichen Butter in einen Topf geben und zum Kochen bringen. Vom Feuer nehmen, über die Sesam-Mehl-Mischung gießen und dabei kräftig rühren. Die Walnüsse untermischen. Abkühlen lassen, bis die Mischung lauwarm ist, dann von Hand kneten wie einen Teig. Wenn alle Zutaten gut miteinander verbunden sind, zu Bällchen rollen, auf einer Platte anrichten und warm servieren.

◊ NIŞASTA HELVASI ◊

HELVA MIT WEIZENSTÄRKE

Nişasta Helva wird mit Pekmez – Traubensirup – zubereitet und hat ein sehr ausgeprägtes Aroma.

FÜR 4 PERSONEN

150 ml Pekmez (S. 173)
150 ml Wasser
75—100 g Weizenstärke (S. 173)
75 g Butter

Pekmez mit dem Wasser verdünnen. Weizenstärke in eine Schüssel geben, Pekmez nach und nach hinzufügen, dabei ständig rühren, bis alle Stärkeklümpchen aufgelöst sind.

In einer Bratpfanne die Butter erhitzen. Die Stärke-Pekmez-Mischung in die Pfanne geben und kräftig rühren. Bei mittlerer Hitze ständig rühren, bis die Masse granuliert. Sie sollte körnig sein wie Bulgur; wird sie das nicht, so streichen Sie sie durch ein Sieb.

In eine Schüssel füllen und warm servieren.

◊ SÜTLAÇ ◊

REISPUDDING

In Südostanatolien wird mit dem Hıdırellez-Fest am 6. Mai, 40 Tage nach der Frühlings-Tagundnachtgleiche, das Nahen des Sommers gefeiert. Man kleidet sich zu diesem Fest weiß und ißt weiße Gerichte wie Milchspeisen, Reispudding, Pilafs und Sarmas aus Kohlblättern, damit – entsprechend der lokalen Folklore – das kommende Jahr in jeder Hinsicht hell sein möge.

FÜR 6 PERSONEN

75 g Reis
1 l Milch
Prise Salz
100 g Zucker
½ TL Reismehl

Den Reis 8 Stunden einweichen, waschen, bis das Wasser klar bleibt, und abtropfen lassen.

Die Milch bis auf 1 EL in einen Topf geben, zum Kochen bringen und etwas abkühlen lassen. Den Reis in die warme Milch geben und auf den Herd stellen. Mit einer Prise Salz bestreuen. Wenn die Milch aufkocht, die Hitze stark verringern und 30—40 Minuten köcheln lassen, bis der Reis weich ist. Wenn die Milch zu heftig kocht, verdampft sie, und der Reis wird nicht gar. Ein Drittel des Zuckers dazugeben und 2 Minuten kochen lassen, dann ein weiteres Drittel hinzufügen, wieder 2 Minuten kochen, schließlich das letzte Drittel, und dann noch mal 5 Minuten kochen lassen.

Das Reismehl mit der aufbewahrten Milch vermischen, an den Reispudding geben und umrühren, bis die Mischung andickt. In einzelne Portionsschalen füllen und kalt servieren.

Anmerkung: Wenn Sie einen noch reichhaltigeren Reispudding zubereiten möchten, so verquirlen Sie ein Eigelb mit einer Prise Vanille. Eine Kelle von dem gekochten Reispudding zu Eigelb und Vanille geben, gut untermischen, dann alles wieder zum Pudding in den Topf zurückgeben. In kleine Schalen füllen und unter den Grill stellen, bis die Oberfläche goldbraun wird.

MUHALLEBI

PUDDING AUS MILCH UND GEMAHLENEM REIS

Um Sakızlı – eine Version von Muhallebi mit etwas mehr Biß – zuzubereiten, gibt man 3 mit 1 EL Zucker zerdrückte Mastixharzstückchen (S. 173) an das Muhallebi, wenn es zu kochen beginnt.

FÜR 6 PERSONEN

---

1 l Milch
75 g Sübye (S. 173) oder 50 g gemahlener Reis
150 g Zucker
1 TL Zimtpulver (nach Belieben)

Die Milch zum Kochen bringen und etwas abkühlen lassen. Gemahlenen Reis oder Sübye und Zucker unter die Milch rühren und bei sehr geringer Hitze 30 Minuten köcheln lassen; dabei ständig rühren, bis die Mischung andickt.

In Portionsschalen gießen, erkalten lassen, dann mit Zimt bestreuen.

KEŞKÜL

MANDELDESSERT

FÜR 6 – 8 PERSONEN

---

75 g Sübye (S. 173) oder 50 g gemahlener Reis
1,5 l Milch
50 g Mandeln, geschält
200 g Zucker
50 g Kokosraspeln, getrocknet
2 Eigelb
25 g Pistazienkerne

Die Milch zum Kochen bringen und abkühlen lassen. Die Mandeln in einen Mixer geben, eine Tasse von der Milch angießen und mixen, bis die Mandeln pulverisiert sind. Die Mandelmilch, den Zucker, die Hälfte der Kokosraspeln und Sübye oder gemahlenen Reis zu der Milch in den Topf geben und unter Rühren vorsichtig erhitzen. Wenn die Mischung zum Kochen kommt, auf sehr geringe Hitze schalten und unter ständigem Rühren 30 Minuten köcheln lassen, bis sie andickt. Dann die Hitze weiter verringern. Je länger das Keşkül köchelt, desto besser wird es.

Die Eier in einer Schüssel verquirlen, dann eine Kelle von dem Keşkül unterrühren. Die Eiermischung wieder in den Topf gießen und 3 Minuten bis knapp zum Siedepunkt erhitzen, aber nicht kochen lassen.

Keşkül in Portionsschalen füllen und erkalten lassen. Die Pistazien, gerade eben mit Wasser bedeckt, 1 Minute kochen, dann aus dem Wasser nehmen, schälen, trocknen und feinhacken.

Keşkül mit den Pistazien und den restlichen Kokosraspeln garnieren und servieren.

◊ TAVUK GÖĞSÜ KAZANDIBI ◊
HÜHNERBRUST-DESSERT

Tavuk Göğsü ist ein berühmtes Dessert aus Istanbul. In der Türkei würde man ein solches Gericht bei einem Muhallebici kaufen – einem Geschäft für Milchspeisen; denn kaum jemand würde es zu Hause zubereiten. Ein köstliches cremiges Dessert, das überhaupt nicht nach Huhn schmeckt.

Die Hühnerbrust muß in faserdünne Streifen geschnitten werden, was sehr zeitraubend ist. In der Türkei sagt man, die Brust müsse von einem frisch geschlachteten Huhn stammen.

FÜR 6–8 PERSONEN

---

200 g Sübye (S. 173) oder 125 g gemahlener Reis
1 kleine Hühnerbrust
1 l Milch
200 g Zucker

Die Hühnerbrust in einen Topf geben, so viel Wasser angießen, daß sie gerade bedeckt ist, und köcheln lassen, bis das Fleisch weich ist. Die Hühnerbrust in eine Schüssel mit kaltem Wasser legen. Abgießen, trockentupfen, dann der Länge nach in Streifen schneiden. Die Enden der Streifen festhalten und reiben, bis sich die Fleischfasern lösen. Weiter in Richtung auf die Mitte reiben und das Fleisch in feine Fasern zerteilen. In kaltes Wasser legen und beiseite stellen.

Die Milch vorsichtig erhitzen und, sobald sie kocht, den gemahlenen Reis oder Sübye hineingeben. Unter ständigem Rühren 15 Minuten köcheln lassen. Zucker dazugeben und unter Rühren weitere 10 Minuten köcheln lassen. Dann die Hühnerbrust dazugeben und weitere 10 Minuten köcheln.

Eine schwere Bratpfanne erhitzen und Tavuk Göğsü hineingießen. Die Unterseite vorsichtig braten, dabei die Pfanne rütteln. Wenn das Gericht abgekühlt ist, in Rechtecke schneiden und servieren.

◊ GÜLLAÇ ◊
REISMEHLBLÄTTER MIT NUSSFÜLLUNG

Dies ist ein leichtes Dessert, das während des Fastenmonats Ramadan gern nach einer schweren Abendmahlzeit gereicht wird. In den wohlhabenden Häusern des alten Istanbul gab es immer mehrere Köche, die sich auf bestimmte Gerichte spezialisiert hatten, etwa auf gebratenes Fleisch, Böreks, Desserts oder Gemüsegerichte. Die Zubereitung von Güllaç aber, die besonders geschickte Finger erfordert, war der Dame des Hauses vorbehalten. Güllaç wurde auch deshalb Aufmerksamkeit gezollt, weil man wußte, daß es die Dame des Hauses selbst zubereitet hatte.

FÜR 6 PERSONEN

---

150 g Walnußkerne oder Mandeln oder Kokosnuß
6 Reismehlblätter (Güllaç, in türkischen Geschäften erhältlich)
1 l Milch
300 g Zucker
3 TL Rosenwasser (nicht notwendig)

Die Nüsse im Mörser zerstoßen oder im Mixer zerkleinern. Die Güllaç-Blätter halbieren. Die Milch mit dem Zucker aufkochen lassen und vom Feuer nehmen.

Ein Blatt Güllaç in einen flachen Topf legen und eine Kelle Milch darübergießen. Wenn das Güllaç weich geworden ist, wird es dreimal zusammengefaltet. Das weiche Güllaç in eine kleine Kaffeetasse legen, die Mitte eindrücken und Nußfüllung darauf löffeln; die überhängenden Ränder so über die Füllung schlagen, daß sie sich in der Mitte treffen, und vorsichtig festdrücken. Alle Güllaç-Blätter in der gleichen Weise vorbereiten und in einen flachen Kochtopf geben. Die restliche Milch darübergießen. Deckel auflegen, bei sehr geringer Hitze zum Kochen bringen, dann vom Feuer nehmen und abkühlen lassen. Mit Rosenwasser beträufeln und im Topf oder paarweise auf Tellern servieren.

Anmerkung: Güllaçs müssen unverzüglich gegessen werden, weil sie sonst die Milch aufsaugen. Können sie nicht sofort serviert werden, übergießt man sie vor dem Anrichten noch mal mit etwas mehr gesüßter Milch.

◊ ZERDE ◊

MIT SAFRAN AROMATISIERTER REIS

Z erde ist ein traditionelles Dessert, das in Istanbul und in ganz Anatolien gern gegessen wird. Safran ist teuer, und darum serviert man Zerde bei besonderen Anlässen wie Hochzeiten. Für ein Hochzeitsessen wird auf einer großen Kupferplatte ein kuppelförmiger Pilaf angerichtet und mit Zerde gekrönt. Keiner kann sich einen Hochzeits-Pilaf ohne diese Beigabe vorstellen.

FÜR 4 – 6 PERSONEN

½ TL Safranfäden
1 EL Rosenwasser
50 g Reis
250 ml Wasser
150 g Zucker
1 TL Weizenstärke oder Reismehl
2 EL warmes Wasser
25 g Pinienkerne
1 TL Zimt
Samen eines halben Granatapfels
25 g Korinthen

Safran über Nacht in dem Rosenwasser einweichen.

Den Reis verlesen und waschen. In dem Wasser bei sehr geringer Hitze 25–30 Minuten kochen, bis der Reis weich ist. Den Zucker nicht auf einmal, sondern in drei Raten nach und nach zugeben. (Gibt man den Zucker auf einmal hinein, wird der Reis hart.) Das mit Safran aromatisierte Rosenwasser untermischen. Wenn die Mischung zum Kochen kommt, die Weizenstärke mit warmem Wasser verquirlen und langsam unter Rühren in den Topf geben. 5 Minuten kochen lassen.

Zerde in Portionsschalen füllen. Die Pinienkerne in einer trockenen Bratpfanne goldgelb rösten. Zerde nach dem Abkühlen mit Pinienkernen, Zimt, Granatapfelsamen und Korinthen garnieren und kalt servieren.

◇ PALUZE ◇
NUSSCREME

Paluze ist ein anatolisches Gericht, das nach altem Brauch jungen Müttern serviert wird und ihnen helfen soll, ihr Baby zu stillen.

FÜR 6 – 8 PERSONEN

---

50 g Zucker
50 g Weizenstärke oder Reismehl
1 EL Rosenwasser
25 g Pistazienkerne oder Walnußkerne oder
geschälte Mandeln, gehackt
1 TL Zimt

---

1 l Wasser mit dem Zucker zum Kochen bringen. Die Weizenstärke mit 100 ml kaltem Wasser verquirlen. Wenn das Wasser zu kochen beginnt, die Stärkemischung unterrühren. Bei sehr geringer Hitze weiterrühren, bis die Mischung durchsichtig wird und andickt. An diesem Punkt das Rosenwasser hinzufügen. Eine weitere Minute kochen lassen, dann in Portionsschalen gießen.

Noch heiß mit Pistazienkernen garnieren. Abgekühlt und mit Zimt bestreut servieren.

◇ KESME BULAMAÇI ◇
GEWÜRZTER BULGUR-PUDDING

Dieses Dessert ist eine Spezialität aus dem Südosten und wird im Winter als Imbiß gereicht.

FÜR 4 – 6 PERSONEN

---

50 g Bulgur, feingemahlen
150 ml Pekmez (S. 173)
1 kleines Stück Zimtstange
1 Beere Nelkenpfeffer
5 Nelken
1 TL Weizenstärke oder Reismehl
1 TL Mehl
25 g Sesamsamen
25 g Walnußkerne, zerstoßen

Bulgur in 500 ml Wasser weichkochen – das dauert etwa 10 Minuten. Danach sollten noch etwa 450 ml Wasser im Topf sein; falls nötig, mit kochendem Wasser aufgießen. Pekmez und die in ein Mullsäckchen gebundenen Gewürze zugeben. Topf zudecken. Wenn der Inhalt zum Kochen kommt, auf sehr geringe Hitze schalten und unter gelegentlichem Umrühren 15 Minuten köcheln lassen. Weizenstärke und Mehl in einer Schüssel mit 50 ml Wasser verquirlen und in das Bulamaç geben. Die Sesamsamen in einer trockenen Pfanne goldgelb rösten und mit den zerstoßenen Walnußkernen an das Bulamaç geben. Ohne Deckel weitere 5–10 Minuten köcheln lassen und gelegentlich umrühren, bis die Mischung andickt, dann vom Feuer nehmen. Den Gewürzbeutel herausnehmen. Bulamaç kalt in Portionsschalen servieren.

◊ SALEPLI DONDURMA ◊

SALEP-EISCREME

Diese türkische Eiscreme hat einen delikaten und ungewöhnlichen Geschmack. Manchmal wird sie auch mit Mastixharz (S. 173) zubereitet.

FÜR 6 PERSONEN

500 ml Milch
50 g Zucker
1 TL Salep (S. 168)

ZUM GARNIEREN
Bitterschokolade

Die Salep-Mischung zubereiten, wie auf S. 168 beschrieben. Vom Feuer nehmen, abkühlen lassen, dann in eine Aluminium- oder Pyrexglas-Schüssel füllen und ins Tiefkühlfach stellen (oder nach Anweisung des Herstellers in eine Eiscreme-Maschine geben).

Während der Gefrierzeit gelegentlich mit einem Holzlöffel umrühren.

In Portionsschalen servieren, garniert mit geraspelter Bitterschokolade.

◊ VIŞNELI EKMEK TATLISI ◊

DESSERT AUS BROT UND SCHATTENMORELLEN

FÜR 6 PERSONEN

125 g altbackenes Weißbrot
125 g Butter
250 g Schattenmorellen, entkernt
200 ml Wasser
200 g Zucker

BEILAGE
Kaymak (S. 173) oder saure Sahne oder Schlagsahne

Das Brot in Scheiben schneiden und leicht toasten. In einer Bratpfanne die Butter erhitzen und den Toast darin in 2–3 Minuten goldgelb braten. Auf Küchenkrepp abtropfen lassen, dann die Brotscheiben in eine flache feuerfeste Kasserolle legen.

In einem Topf Kirschen und Wasser mit dem Zucker zum Kochen bringen und umrühren. Ohne Deckel 10 Minuten leise köcheln lassen, dann über das Brot gießen. Deckel auf die Kasserolle legen, nochmals 5 Minuten bei sehr geringer Hitze köcheln. Vom Feuer nehmen und in der Kasserolle abkühlen lassen.

Mit Kaymak, saurer Sahne oder Schlagsahne garnieren und kalt servieren.

◊ AŞURE ◊

DESSERT AUS GETREIDE, TROCKENFRÜCHTEN
UND NÜSSEN

Aşure ist ein Fest am zehnten Tag des Muharram (des ersten Monats im moslemischen Kalender), mit dem die Rettung Noahs vor der Sintflut gefeiert wird. Man sagt, Noah habe aus den in der Arche verbliebenen Vorräten Aşure gekocht, als die Flut sank. Außerdem wird an diesem Feiertag des Märtyrertums der Enkel des Propheten, Hasan und Hüseyin, gedacht.

FÜR 8–10 PERSONEN

100 g Döğme (S. 173)
2 l Wasser
20 g Kichererbsen
20 g grüne Bohnenkerne
20 g Puffbohnen, getrocknet
50 g Reis
20 g Sultaninen
20 g Feigen, getrocknet
20 g Aprikosen, getrocknet
1 EL Weizenstärke oder Reismehl
100 ml Milch
25 g Butter
200 g Zucker
25 g Haselnüsse
100 ml Rosenwasser
50 g Walnußkerne
2 EL Granatapfelsamen
1 TL Sesamsamen
1 TL Zimtpulver
1 TL Nigella (S. 173)

Döğme verlesen und waschen. Mit dem Wasser in einen Topf geben, zum Kochen bringen, die Herdplatte ausschalten und Döğme über

Nacht ziehen lassen. Die Kichererbsen, grünen Bohnenkerne und Puffbohnen getrennt ebenfalls über Nacht einweichen, dann separat in frischem Wasser weichkochen. Die Kichererbsen und die Bohnen reiben, um die Häute zu entfernen. Den Reis ebenfalls über Nacht in Wasser einweichen, morgens waschen und abtropfen lassen.

Die Sultaninen, Feigen und Aprikosen getrennt in kleine Töpfe geben, mit Wasser bedecken und 10 Minuten kochen, dann abtropfen lassen und die beiden letzteren in Haselnußgröße kleinschneiden.

Die Weizenstärke gründlich mit der Milch verrühren.

Döğme in der eigenen Flüssigkeit (wenn diese eingekocht ist, wieder auf 2 Liter auffüllen) in etwa 1 Stunde weichkochen. Dann den Reis, die getrockneten Früchte und die Butter zugeben. Wenn die Mischung zum Kochen kommt, Kichererbsen, grüne Bohnenkerne und Puffbohnen hinzufügen. Bei mittlerer Hitze 10 Minuten köcheln lassen, bis alle Zutaten weich sind. Dann, während das Aşure

kocht, den Zucker in vier Raten dazugeben. (Wenn Sie die ganze Zuckermenge auf einmal hineingeben, wird der Weizen hart.) Die Haselnüsse hinzufügen. Unter ständigem Rühren 15 Minuten oder so lange kochen lassen, bis das Aşure andickt. Nach der Zugabe des Zuckers ist das Rühren sehr wichtig, denn das Aşure brennt leicht an und klebt am Topfboden fest. Milch und Weizenstärke zugeben, zum Kochen bringen, das Rosenwasser angießen und vom Feuer nehmen.

Aşure in eine Servierschüssel oder in einzelne Portionsschalen füllen.

In einer trockenen Bratpfanne die Walnußkerne rösten, dann hacken und zusammen mit den Granatapfelsamen, Sesamsamen, Zimt und Nigella über das Aşure streuen. Heiß oder kalt servieren.

◊ AYVA TATLISI ◊
QUITTENDESSERT

FÜR 6 PERSONEN

500 g mittelgroße Quitten
150 g Wasser
200 g Zucker
100 g Kaymak (S. 173) oder saure Sahne

Die Quitten schälen, halbieren und das Kerngehäuse entfernen. Mit dem Wasser in einen Topf geben, Deckel auflegen und bei geringer Hitze 5 Minuten vorkochen. Das Kochwasser abgießen und auffangen. Den Zucker in die Flüssigkeit geben und 1 Minute kochen lassen, dann vom Feuer nehmen.

Die Quitten wieder in den Topf geben, Deckel auflegen und bei sehr geringer Hitze kochen lassen, bis die Quitten weich sind. Dabei mehrmals den Sirup über die Quitten löffeln, bis er eingekocht ist. Im Topf abkühlen lassen.

Auf einer Platte anrichten, die Vertiefungen in der Mitte mit Kaymak (oder saurer Sahne) füllen und kalt servieren.

KAYISI TATLISI

APRIKOSENDESSERT

FÜR 4 PERSONEN

125 g saure Aprikosen, getrocknet
(vermeiden Sie süße Früchte)
75 g Zucker
100 g Kaymak (S. 173) oder saure Sahne
50 g Mandeln, geschält

Die Aprikosen über Nacht in Wasser einweichen. Abgießen und in 500 ml Wasser weichkochen – das dauert etwa 10 Minuten. Abgießen und die Flüssigkeit auffangen und beiseite stellen.

75 ml von der Flüssigkeit in einen Topf gießen, den Zucker dazugeben, zum Kochen bringen, 1 Minute kochen lassen und dann über die Aprikosen gießen. Die Aprikosen bei sehr geringer Hitze 20–25 Minuten kochen und danach im Topf abkühlen lassen.

Jede Aprikose öffnen und mit Kaymak und einer Mandel füllen. In eine Servierschüssel geben und mit den restlichen Mandeln garnieren. Kalt servieren.

ÜZÜM VE KAYISI HOŞAFI

SULTANINEN-APRIKOSEN-KOMPOTT

Gekochte Fruchtdesserts und Kompotte, die auf der ungeheuren Vielfalt der lokalen Produkte basieren, sind in Anatolien sehr beliebt.

Im türkischen Volksmund werden gekochte Früchte als »letztes Wort« bezeichnet; denn wenn sie serviert werden, weiß jeder, daß danach kein Gericht mehr folgt.

FÜR 4–6 PERSONEN

100 g Sultaninen
50 g Aprikosen, getrocknet
1 l Wasser
200 g Zucker

Die Sultaninen und getrockneten Aprikosen über Nacht einweichen. Abgießen und mit dem Wasser in einen Topf geben. Wenn das Wasser kocht, die Hitze verringern und 10 Minuten kochen lassen. Den Zucker hinzufügen und weitere 10 Minuten kochen lassen, dann vom Feuer nehmen und im Topf abkühlen lassen. In eine Servierschüssel oder einzelne Portionsschalen füllen und kalt servieren.

◊ BAL KABAĞI TATLISI ◊
KÜRBISDESSERT

Nach einer Legende aus Antalya hat der Prophet Mohammed vor seiner Himmelfahrt Kürbis gegessen, und so wird dieses Dessert an Mirac, dem Tag seiner Himmelfahrt, zubereitet und serviert.

FÜR 4 – 6 PERSONEN

1 kg Kürbis
150 g Zucker
25 ml Wasser
2 Nelken
100 g Walnußkerne, gehackt

Den Kürbis in 2,5 cm große Würfel schneiden und diese in einen flachen Topf legen. Mit Zucker bestreuen, das Wasser angießen, die Nelken zugeben und den Topf zudecken. Bei sehr geringer Hitze in etwa 30 Minuten weichkochen. Im Topf abkühlen lassen.

In eine Schüssel füllen und mit den Walnüssen bestreut servieren.

◊ BADEM EZMESI ◊
MANDELMARZIPAN

---

250 g Mandeln, geschält
50 g Pistazienkerne
250 g Puderzucker
¼ TL Vanilleextrakt
25 ml Rosenwasser (oder nach Bedarf)

Es ist wichtig, Mandeln aus neuer Ernte zu verwenden, die noch nicht älter als drei Monate sind.

Pistazien und Mandeln blanchieren und trocknen. Die Pistazien feinhacken. Die Mandeln mit dem Zucker und dem Vanilleextrakt in einem Mörser oder Mixer zu einer Paste verarbeiten. Die Paste mit so viel Rosenwasser vermischen, daß ein fester Teig entsteht. Diesen Teig 10 – 15 Minuten kneten, dann zu einer langen Stange rollen. Die Stange in kleine Stücke schneiden und diese in der Handfläche zu kleinen Bällchen rollen. In gehackten Pistazienkernen wenden. Vor dem Servieren 2 – 3 Stunden in den Kühlschrank stellen.

◊ SADE LOKUM ◊
TÜRKISCHER HONIG

Lokum zählt zu den populärsten türkischen Süßigkeiten. Außer einfachem Lokum, als Lati Lokum bekannt, gibt es noch viele andere Lokum-Arten, die nach ihrer Zubereitung oder ihren Zutaten benannt sind. Çifte Kavrulmu (zweimal gekochtes) Lokum und Fındıklı (Haselnuß-)Lokum sind nur zwei Beispiele hierfür.

Lokum mit Haselnüssen und Pistazienkernen wird zubereitet, indem man die Nüsse enthäutet und im Ofen 5–10 Minuten trocken röstet, ehe man sie an das gekochte Lokum gibt, wenn dieses gerade vom Feuer genommen wird.

Sakızlı (ein bißfestes Lokum) wird zubereitet, indem man ihm am Ende der Garzeit zerdrücktes Mastixharz beifügt.

Man läßt Lokum in Formen erkalten, die mit Weizenstärke oder manchmal auch mit geraspelter Kokosnuß ausgestreut sind. Gutes Lokum kann an einem trockenen Ort sechs Monate bis ein Jahr aufbewahrt werden. Im allgemeinen wird es industriell hergestellt, aber man kann kleinere Mengen auch zu Hause zubereiten.

FÜR 1–1,5 KG

1 kg Zucker
225 g Reismehl (vorzugsweise der Marke Çorlu)
1,2 l Wasser
¼ TL Zitronensalzkristalle (keine Klümpchen)
100 g Puderzucker
(Quadratische Form von 25–30 cm,
Quadratisches Mull- oder Nylontuch
von 35 cm)

Die Form mit Nylon oder Mull auslegen und dick mit der Hälfte des Reismehls einstäuben.

Den Zucker, das restliche Reismehl und das Wasser in einen großen Kochtopf geben. Mit einem langstieligen Holzlöffel gründlich umrühren und bei starker Hitze zum Kochen bringen. Zitronensalz zugeben und weiter unter ständigem Rühren kochen lassen. Wenn die Mischung zu schäumen und zu steigen beginnt, die Hitze etwas verringern. Ständig rühren, bis die Mischung eine Konsistenz hat, um einen weichen Ball formen zu können (s. unten). Das Lokum kann gelegentlich spritzen, also tragen Sie ein Paar alte Handschuhe, damit Sie sich nicht die Finger verbrennen. Um die Konsistenz zu prüfen, nimmt man den Topf vom Feuer und gibt etwas von der Mischung, die nicht mehr am Topf kleben sollte, in eine Schüssel mit Eiswasser. Die Mischung wird unter Wasser mit den Fingern zu einem Ball geformt und wieder aus dem Wasser genommen. Wenn das Bällchen elastisch ist und zwischen den Fingern flacher zu werden beginnt, ist das Lokum fertig.

Lokum in die Form gießen und fest werden lassen. Auf einer Marmorplatte Puderzucker ausbreiten. Lokum auf ein Tablett stürzen. Das Tuch wegnehmen, Reismehl abbürsten und Lokum in den Puderzucker legen. Ein scharfes Messer in Puderzucker tauchen und das Lokum in Quadrate schneiden. Diese von allen Seiten in Puderzucker wenden und in einer Konfektbüchse aufbewahren.

KUCHEN UND BACKWAREN

◇

GETRÄNKE

◇

EINGEMACHTES

◇

JOGHURT UND KÄSE

◇

DRESSINGS UND SAUCEN

◇ KREMALI PASTA ◇
BISKUITTORTE MIT CREME

FÜR 16 PERSONEN

FÜR DIE FÜLLUNG
200 ml Milch
1 Ei
50 g Zucker
½ TL Zitronenschale, gerieben
½ TL Orangenschale, gerieben
30 g Mehl
Einige Tropfen Vanilleextrakt
½ TL Butter

ZUM BEFEUCHTEN DES BISKUITTEIGES
100 ml Milch

FÜR DEN ÜBERZUG
500 ml Milch
50 g Zucker
50 g Reismehl
300 g Butter

FÜR DEN BISKUITTEIG
175 g Mehl
Einige Tropfen Vanilleextrakt
1 TL Zitronenschale, gerieben
6 Eier
175 g Zucker
(Runde Kuchenform von 30 cm Durchmesser)

Die Kuchenform mit etwas Butter einfetten und mit 1 EL Mehl bestreuen. Die Form klopfen und drehen, damit sie überall mit Mehl bedeckt ist.

Die Milch für die Füllung aufkochen und beiseite stellen. Das Ei, Zucker, Zitronen- und Orangenschale in einem Topf verquirlen, auf sehr geringe Hitze stellen und unter ständigem Schlagen warm werden lassen. Vom Feuer nehmen und das Mehl unterrühren. Wieder auf sehr geringe Hitze stellen und die heiße Milch unterrühren. Wenn die Mischung zu kochen und anzudicken beginnt, vom Feuer nehmen, Vanille und Butter hinzufügen. Jetzt nicht mehr zu heftig rühren. Wenn die Mischung abkühlt, gelegentlich umrühren, damit sie nicht fest wird, oder mit Ölpapier abdecken. Die Mischung sollte cremig bleiben. Die Milch zum Befeuchten des Biskuitteiges aufkochen und abkühlen lassen, die Haut entfernen.

Für den Überzug die Hälfte der Milch mit dem Zucker in einem emaillierten Topf aufkochen lassen. Die restliche Milch mit dem Reismehl verquirlen und unter die kochende Milch rühren. Wenn die Mischung andickt, vom Feuer nehmen und abkühlen lassen. Dabei gelegentlich umrühren.

Die Butter cremig rühren und nach und nach löffelweise in die kalte Reismehlmischung geben. Zu einer glatten Creme verrühren.

Für den Teig das Mehl in eine Schüssel sieben, Vanille und Zitronenschale zugeben. Eier und Zucker verrühren und unter das Mehl heben. Die Kuchenform füllen und im vorgeheizten Ofen bei 175 °C (Gas Stufe 2) 30—35 Minuten backen. Der Biskuitkuchen ist fertig, wenn an einem in die Mitte gestochenen Spieß kein Teig mehr hängen bleibt. Auf einem Kuchengitter abkühlen lassen, dann den Biskuitkuchen mit einem sehr scharfen Messer waagerecht halbieren. Beide Hälften mit der angeschnittenen Seite nach oben auf Kuchengitter legen und mit Milch einpinseln. 3 Stunden ziehen lassen.

Dann die Füllung auf eine Kuchenhälfte streichen, die andere Hälfte obenauf legen; mitunter ist es besser, die untere Hälfte des Kuchens als Abdeckung zu verwenden. Mit einem Teigspachtel den Kuchen von allen Seiten mit dem Überzug bestreichen. Torte auf eine Servierplatte heben, den restlichen Überzug in eine Spritztüte füllen und damit die Oberseite garnieren. Vor dem Servieren 2—3 Stunden im Kühlschrank kalt stellen.

◊ CEVIZLI AY ◊
WALNUSSHÖRNCHEN

FÜR 12 HÖRNCHEN

FÜR DIE FÜLLUNG

50 ml Milch
100 g Walnußkerne, feingehackt
25 g Sultaninen
25 g Paniermehl
½ TL Zimtpulver
½ TL Nelkenpfeffer
½ TL Vanilleextrakt
1 TL Zitronenschale, gerieben
100 g Zucker

FÜR DEN TEIG

250 g Hartweizenmehl
½ TL Trockenhefe
4 EL warme Milch
½ TL Zucker
150 g Butter
1 Eigelb

FÜR DIE GLASUR

1 TL Puderzucker
1 Ei

Ein Backblech einfetten, dann die Füllung zubereiten. Die Milch erhitzen und die Walnüsse hineingeben. Wenn die Milch zum Kochen kommt, die Hitze verringern und die Milch unter Rühren 3–4 Minuten kochen lassen. Den Topf vom Feuer nehmen, Sultaninen hinzufügen, dann das Paniermehl, die Gewürze und die Zitronenschale. Gut vermischen, dann den Zucker unterrühren und abkühlen lassen.

Für den Teig die Hefe mit der warmen Milch und dem Zucker gehenlassen. Das Mehl in eine Schüssel sieben, eine Vertiefung in die Mitte drücken und die Hefemischung, sobald sie schaumig wird, hineingeben. Das Mehl von den Seiten her einarbeiten und gut untermischen. Den Teig zudecken und an einem warmen Ort gehen lassen. Wenn er sein Volumen fast verdoppelt hat, zusammendrücken und Butter und Ei einkneten. Den Teig in 12 Portionen teilen. An einem kühlen Ort auf einem bemehlten Brett unter einem feuchten Tuch 20 Minuten stehenlassen.

Die Oberfläche mit Mehl bestreuen und die Teigstücke zu 5 mm dicken, ovalen Küchlein ausrollen. Die kalte Füllung darauf verteilen und die Küchlein wie Zigaretten zusammenrollen. Die Enden so hochbiegen, daß sie eine Sichelform bilden. Auf ein Backblech legen, zudecken und nochmals 30 Minuten an einem warmen Ort gehen lassen.

Aus Puderzucker und Ei eine Glasur herstellen. Die Mischung auf die Hörnchen pinseln und diese im vorgeheizten Ofen bei 200 °C (Gas Stufe 4) 20–25 Minuten backen.

◊ KÜLÜNCE ◊
GEWÜRZKUCHEN

In Sanlı Urfa in Südostanatolien ist es Brauch, einem jungen Mann, der sich verabschiedet, um seinen Militärdienst anzutreten, ein Külünce zu reichen, von dem er ein kleines Stück abbeißt. Das Külünce wird dann als glückbringender Talisman für seine sichere Rückkehr an die Wand gehängt. Wenn er seinen Militärdienst abgeleistet hat und schließlich zurückkommt, ißt er zuerst ein Ei, das über einem aus seinen nach Hause geschriebenen Briefen entfachten Feuer gebraten wurde. Dann bricht er ein kleines Stück von dem Külünce ab und ißt es. Der Rest wird für die Vögel ausgestreut.

Wenn das Külünce für einen abreisenden jungen Rekruten gebacken wird, drückt man vor dem Backen ein Loch in die Mitte, damit man es aufhängen kann.

FÜR 4 KÜLÜNCE

---

300 g Hartweizenmehl
½ TL Trockenhefe
25 ml Milch
75 g Zucker
50 g Butter, zerlassen
25 ml Olivenöl
75 ml Milch oder Wasser
1 Ei
¼ TL Zimtpulver
¼ TL Çemen (s. Anmerkung unten) oder Bockshornklee
¼ TL Kokosraspeln, getrocknet
¼ TL Mahlep (nicht notwendig [S. 173])
¼ TL Nelken, gemahlen
¼ TL Lakritzepulver
1 Eigelb

Ein Backblech einfetten. Die Hefe mit ¼ TL Zucker in warmer Milch gehen lassen. Das Mehl in eine Schüssel sieben und eine Vertiefung in die Mitte drücken. Wenn die Hefemischung schaumig geworden ist, in die Vertiefung geben und das Mehl einarbeiten.

Zu einem Teig verarbeiten, zudecken und gehen lassen. Leicht zusammendrücken, eine Vertiefung in die Mitte drücken und da hinein zerlassene Butter, Olivenöl, Milch, Ei, den restlichen Zucker und die Gewürze geben. Zu einem festen Teig verkneten.

Den Teig in 4 Stücke teilen. Diese 2,5 cm dick ausrollen, in der Mitte ein Loch eindrücken oder ausstechen und auf das Backblech legen. Zudecken und an einem warmen Ort 1 Stunde gehen lassen.

Das Eigelb mit ein paar Tropfen Wasser verrühren und damit die Külünce bestreichen. Im vorgeheizten Ofen bei 200 °C (Gas Stufe 4) 20–25 Minuten backen. Heiß oder kalt servieren.

Anmerkung: Çemen ist eine Gewürzmischung, mit der man Pastırma (S. 173) überzieht. Sie besteht aus gemahlenem Bockshornklee, zerdrücktem Knoblauch und Paprika mit ein wenig Salz und genügend Wasser, um eine Paste herzustellen.

◊ YOĞURTLU KEK ◊

JOGHURTKUCHEN

FÜR 10 PERSONEN

---

300 g Mehl
1 TL Backpulver
250 g Butter
250 g Joghurt
¼ TL Vanilleextrakt
250 g Zucker
3 Eier
(Runde Kuchenform von 35 cm Durchmesser)

Die Kuchenform einfetten und beiseite stellen. Mehl und Backpulver zusammen durch ein Sieb geben. Die Butter zerlassen, in eine Schüssel gießen und Joghurt und Vanille unterrühren.

In einer anderen Schüssel Eier und Zucker cremig schlagen, dann zu der Joghurtmischung gießen und gut verrühren. Das Mehl einarbeiten und den Teig in die Kuchenform füllen.

Im vorgeheizten Ofen bei 200 °C (Gas Stufe 4) 20–25 Minuten backen, bis die Oberfläche goldbraun ist. In der Form abkühlen lassen, bis man den Kuchen berühren kann, dann auf ein Kuchengitter stürzen. Wenn er erkaltet ist, in Quadrate oder Rauten schneiden.

◇ UN KURABIYESI ◇
EINFACHE SÜSSE BISKUITS

Un Kurabiyesi« bedeutet wörtlich »mit Mehl gemacht«. Es handelt sich um eine der ältesten Gebäcksorten.

FÜR 24 KURABIYE

---

100 g Butter oder Margarine
50 g Zucker
175 g Mehl
24 Nelken
Puderzucker

Die Butter mit dem Zucker schaumig rühren, dann das Mehl hinzufügen und zu einem glatten Teig verarbeiten.

Den Teig in zwei Hälften teilen. Jedes Stück zu einer gleichmäßigen Rolle formen und in 12 Scheiben schneiden. Jede Scheibe mit der Handfläche leicht flachdrücken. Sie können den Teig auch in 24 Stücke schneiden und mit den Handflächen zu Bällchen rollen. Die Mitte mit dem Finger eindrücken und in jedes Stück eine Nelke stecken. Reihenweise auf ein gefettetes Backblech legen und im vorgeheizten Ofen bei 150 °C (Gas Stufe 1) 15 Minuten backen. Dabei darauf achten, daß die Oberfläche nicht zu braun wird.

Etwas Puderzucker in eine Schüssel geben und die Kurabiye vor dem Servieren darin wenden.

◇ KANDIL SIMIDI ◇
KANDIL-KRINGEL

Diese Simits, die man während der religiösen Kandil-Feiertage (S. 17) bäckt, haben ein besonderes Aroma, das von Mahleb (S. 173) herrührt. An den Kandil-Tagen ist die Luft vor Bäckereien und Konditoreien voll vom Duft der Kandil Simits, was eine besondere, festliche Atmosphäre schafft. Kandil Simidi paßt gut zu Salep (S. 168).

FÜR 16 SIMITS

---

150 g Hartweizenmehl
2 EL Milch
½ TL Trockenhefe
2 EL Milch
¼ TL Zucker
75 g Butter
1 Ei
½ TL Mahleb (S. 173)
½ TL Salz
1–2 Eigelb
25 g Sesamsamen

Die warme Milch, Hefe und Zucker in eine kleine Schüssel geben und gehen lassen. Das Mehl in eine andere Schüssel sieben, eine Vertiefung in die Mitte drücken und die Hefemischung, sobald sie schaumig wird, hineingeben. Das Mehl von den Seiten her untermischen und zu einem Teig verarbeiten. Aufgehen lassen, dann zusammendrücken und die Butter, das Ei, Mahleb und Salz hinzufügen. Zu einem glatten Teig verarbeiten, zudecken und an einem warmen Ort 1 Stunde gehen lassen.

Den Teig in 16 Stücke teilen. Jedes Stück auf einem Brett oder in den Händen zuerst zu einer langen Rolle und diese dann zu einem Kringel formen.

Das Eigelb mit etwas Wasser verrühren, die Simits erst darin und dann in Sesamsamen wenden. In 1 cm Abstand auf ein gefettetes Backblech legen.

Im vorgeheizten Ofen bei 200 °C (Gas Stufe 4) 20 Minuten backen.

◇ YOĞURTLU POĞAÇA ◇

WÜRZIGES GEBÄCK MIT JOGHURT

Dieses Poğaça wird meist zu Hause zubereitet.

FÜR 30 POĞAÇAS

300 g Mehl
½ TL Natron
1 TL Salz
100 g Butter
100 g Joghurt
1 Ei
1 Eigelb
Käse- oder Hackfleischfüllung (Rezept und
halbe Menge wie für Börek auf S. 130)

Das Mehl mit Natron und Salz in eine Schüssel sieben. Eine Vertiefung in die Mitte drücken, Butter, Joghurt und Ei hineingeben und vermischen. Das Mehl von den Seiten her untermengen und zu einem weichen Teig verarbeiten. 15 Minuten zugedeckt unter einem feuchten, aber gut ausgewrungenen Tuch ruhen lassen. Ein kleines Stück von dem Teig zwischen den Handflächen flachdrücken, ein wenig von der Füllung darauf legen, die Ränder so zusammenklappen, daß sie sich in der Mitte treffen, und festdrücken. Poğaças mit den Nahtstellen nach unten auf ein gefettetes Backblech legen. Vorgang mit dem restlichen Teig wiederholen, so daß Sie etwa 30 Poğaças erhalten.

Das Eigelb mit ein paar Tropfen Wasser verrühren und damit die Poğaças bestreichen, dann im vorgeheizten Ofen bei 200 °C (Gas Stufe 4) 20–25 Minuten backen.

◇ BIRA MAYALI POĞAÇA ◇

KÄSEGEBÄCK

Poğaças werden sowohl zu Hause wie in Bäckereien hergestellt und heiß oder kalt zum Frühstück oder als Imbiß verzehrt.

FÜR 20 POĞAÇAS

275 g Mehl
1 TL Trockenhefe
25 ml warme Milch
½ TL Zucker
150 ml Milch
125 g Butter
1 Ei
1 TL Salz
Käsefüllung (Rezept und Menge wie für Börek
auf S. 130)
1 Eigelb

Die Hefe mit dem Zucker in warmer Milch aufgehen lassen. Das Mehl in eine Schüssel sieben, eine Vertiefung hineindrücken und die Hefemischung, sobald sie schaumig ist, hineingeben. Das Mehl von den Seiten her untermischen und das Ganze zu einem Teig verarbeiten. Zudecken und gehen lassen. Zusammendrücken, eine Vertiefung in die Mitte machen, Butter, Ei und Salz hineingeben. Zu einem weichen Teig verkneten (so weich wie ein Ohrläppchen) und in 20 Stücke teilen. Zudecken und an einem warmen Ort 30 Minuten stehenlassen. Die Teigstücke zu kleinen runden Fladen flachdrücken. Etwas von der Füllung auf die eine Seite eines jeden Fladens legen, die andere Seite darüberklappen und die Ränder fest zusammendrücken. Auf ein gefettetes Backblech legen und unbedeckt an einem warmen Ort 30 Minuten stehenlassen. Das Eigelb mit ein paar Tropfen Wasser verrühren und damit die Gebäckstücke bestreichen. Im vorgeheizten Ofen bei 200 °C (Gas Stufe 4) 20–25 Minuten backen.

◊ ÇÖREK ◊
WÜRZIGE BISKUITS

FÜR 8–10 PERSONEN

200 g Hartweizenmehl
½ TL Trockenhefe
¼ TL Zucker
25 ml warme Milch
¼ TL Zimtpulver
¼ TL Çemen (S. 161) oder Bockshornklee
¼ TL Kokosraspeln, getrocknet
¼ TL Mahleb (S. 173)
¼ TL Nelken, gemahlen
¼ TL Lakritzepulver
½ TL Salz
50 g Butter, zerlassen
75 ml Milch oder Wasser
1 Ei
1–2 Eigelb, mit etwas Wasser vermischt
1 TL Nigella (S. 173)

Die Hefe mit dem Zucker in der Milch gehen lassen. Das Mehl in eine Schüssel sieben, alle Gewürze, das Salz und die aufgegangene Hefemischung zugeben, vermischen und gehen lassen. Dann den Teig zusammendrücken und die warme zerlassene Butter, die Milch oder das Wasser und das Ei einarbeiten. In zwei Hälften teilen, zudecken und etwa eine Stunde an einem warmen Ort gehen lassen.

Den aufgegangenen Teig mit etwas Mehl bestreuen und 5 mm dick ausrollen. Mit einem scharfen Messer diagonal (wie für Baklava S. 136/137) schneiden. Mit einer Gabel einstechen und mit dem Eigelb bestreichen, mit Nigella bestreuen und auf ein gefettetes Backblech legen. 15 Minuten an einem warmen Ort stehenlassen. Im vorgeheizten Ofen bei 200 °C (Gas Stufe 4) 20–25 Minuten backen.

◊ KAYISI BISKÜVISI ◊
APRIKOSENBISKUITS

FÜR 20 BISKUITS

250 g Mehl
125 g Butter
2 Eigelb
100 g Puderzucker
¼ TL Vanilleextrakt
½ TL Zitronenschale, gerieben
1 Prise Salz
100 g Aprikosenmarmelade
Grüne, gelbe und rote Lebensmittelfarbe
150 g Zucker
Kleine, feste Pflanzenblätter (zur Dekoration)

Das Mehl auf ein Teigbrett sieben. Die kalte Butter in die Mitte legen, mit einem Messer würfeln und mit dem Mehl zu winzigen streuselähnlichen Klümpchen verarbeiten. In der Mitte eine schüsselartige Vertiefung herstellen und da hinein das Eigelb geben. Puderzucker, Vanille, Zitronenschale und Salz ringsum verteilen. Von der Mitte aus zu kneten beginnen und das Mehl-Butter-Gemisch von den Seiten her einarbeiten. Wenn der Teig zu hart ist, mehr Butter zugeben, ist er zu weich, mehr Mehl hinzufügen. Gerade so lange kneten, bis ein glatter Teig entstanden ist. Diesen mit einem gut ausgewrungenen feuchten Tuch bedecken und gute 20 Minuten ruhen lassen.

Aus etwa haselnußgroßen Teigklümpchen mit der Hand 40 kleine Kugeln rollen. Diese reihenweise auf ein gefettetes Backblech legen. Im vorgeheizten Ofen bei 200 °C (Gas Stufe 4) 15–20 Minuten backen. Auf dem Blech abkühlen lassen.

Wenn die Bällchen kalt sind, vom Blech nehmen. Mit einem spitzen Messer die Bällchen von der Unterseite her vorsichtig aushöhlen, so daß sie nicht zerbrechen. Die dabei anfallenden Krumen sammeln und sehr fein zerbröseln. 2 EL davon mit der Aprikosenmarmelade vermischen.

Die Blätter waschen und abtrocknen. In drei verschiedenen Schüsseln grüne, gelbe und rote Speisefarbe mit Wasser vermischen (entsprechend der den Farben beigefügten Anweisung). Den Zucker auf einen Teller geben.

Die Höhlungen in den Biskuits mit der Marmeladen- und Biskuitmischung füllen und die Bällchen paarweise zusammenkleben. Dann die Biskuits rasch in grüne, gelbe oder rote Speisefarbe tauchen, anschließend in Zucker wenden. Die Blätter in die Biskuits stecken und servieren.

All das muß schnell geschehen, da die Biskuits sonst zerfallen.

◊ HAŞHAŞLI ÇÖREK ◊
MOHNBISKUITS

Haşhaşlı Çörek, an manchen Orten auch als Haşhaşlı Lokum bekannt, ist im Hinterland der ägäischen Region sehr beliebt. Dieses Çörek, das wegen der Mohnsamen einen ganz bestimmten Geschmack hat, wird zum Frühstück und zum Tee gereicht und auch zu Picknicks mitgenommen.

½ TL Trockenhefe
¼ TL Zucker
150 ml warmes Wasser
250 g Hartweizenmehl
½ TL Salz
Mohnsamenfüllung (Rezept und halbe Menge wie auf S. 133)
1 Eigelb, mit Wasser vermischt
20 g Sesamsamen

Die Hefe mit dem Zucker in etwas warmem Wasser gehen lassen. Wenn sie zu schäumen beginnt, die Hefemischung an das durchgesiebte Mehl mit dem Salz geben und zu einem Teig vermischen. Gehen lassen, dann zusammendrücken und das restliche Wasser hinzufügen. Zu einem sehr weichen Teig verkneten.

Den Teig in zwei Hälften teilen, zudecken und etwa 1 Stunde an einem warmen Ort gehen lassen. Den Teig, der recht klebrig ist, mit Mehl bestreuen und auf einer bemehlten Fläche ausrollen. Die Füllung auf der Oberfläche verstreichen und den Teig aufrollen. Die Rolle mit einem scharfen Messer in 5–6 cm lange Stücke schneiden, diese auf ein gefettetes Backblech legen und 10 Minuten ruhen lassen.

Mit der Eigelbmischung bestreichen. Zwei Finger zuerst in die Eimischung und dann in die Sesamsamen tauchen und anschließend auf das Çörek drücken.

Im vorgeheizten Ofen bei 250 °C (Gas Stufe 6) 20 Minuten backen. Danach aus dem Ofen nehmen, zudecken und abkühlen lassen.

IÇKILER

*S*owohl alkoholische als auch alkoholfreie Getränke sind in der türkischen Küche von Bedeutung. Das berühmteste alkoholische Getränk der Türkei ist natürlich Rakı, obwohl auch Biere und eine Reihe von Tischweinen erzeugt werden. Während der osmanischen Periode waren alkoholische Getränke zeitweise verboten; heute werden sie überall in der Türkei angeboten.

LIMON ŞERBETI
ZITRONENSORBET

*S*orbets sind leichte, kühlende Getränke, die früher bei Banketten zwischen den Gängen gereicht wurden, um den Appetit neu anzuregen. Sie werden aus frischen Früchten der Saison oder Blüten hergestellt, die ihnen Aroma und Farbe geben. Heute trinkt man sie zu jeder Tageszeit.

Schale von 2 Zitronen, gerieben
4 Minzblätter, 2 EL Zucker
150 ml Zitronensaft

100 g Zucker
600 ml Wasser

Zitronenschale, Minzblätter und 2 EL Zucker im Mörser zerstoßen, mischen und in ein Mullsäckchen binden.

Den Zitronensaft, den restlichen Zucker und das Wasser zusammen erhitzen und rühren, bis der Zucker schmilzt. Mullsäckchen in die Flüssigkeit legen und 10–12 Stunden kalt stellen, dann durch ein Mulltuch seihen.

GÜL ŞERBETI
GESÜSSTES ROSENSORBET

*R*osensorbet wurde häufig bei Versammlungen und zeremoniellen Anlässen serviert. Der Botschafter Elizabeths I. am osmanischen Hof, Edward Banton, schrieb in seinem Bericht, er habe an einem Diner teilgenommen, bei dem hundert verschiedene Gerichte gereicht wurden, darunter auch Sorbet.

Rosensorbet kann sowohl mit Rosenwasser als auch mit Blütenblättern zubereitet werden, indem man 200 ml Wasser und 40 g Zucker mit Rosenwasser oder Rosenessenz aromatisiert.

100 g duftende Rosenblütenblätter
25 ml Zitronensaft
150 g Zucker
1 l Wasser

Die unteren weißen Enden der Blütenblätter abschneiden und die Blütenblätter in eine Schüssel legen. Den Zitronensaft dazugeben und die Blätter mit den Händen 5–10 Minuten gut reiben. 30 Minuten stehenlassen.

Zucker und Wasser zum Kochen bringen, 1 Minute kochen lassen, dann vom Feuer nehmen. Den Sirup etwas abkühlen lassen, dann über die Rosenblätter gießen. Für 10–12 Stunden in den Kühlschrank stellen. Durch ein Mulltuch seihen und in eine Karaffe füllen. Etwas Sorbet auf einen Teller gießen. Die Ränder der Serviergläser zuerst darin, dann in Puderzucker eintauchen. Trocknen lassen, und die Gläser mit dem gekühlten Sorbet füllen und servieren.

◊ KAHVE ◊

KAFFEE

»Sollte auf unserem Weg zu einem Istanbuler Boulevard nicht ein Augenblick Zeit sein? Um über die Lebenskosten und dergleichen zu sprechen und unseren bitteren Kaffee zu trinken?«

FEYZI HALICI, »ISTANBUL BOULEVARD«

S eit dem 16. Jahrhundert wurde in Kaffeehäusern Kaffee serviert. Er wird in einem kleinen, langstieligen, Cezve genannten Topf zubereitet und in kleinen Tassen serviert, und gewöhnlich wird Lokum oder eine andere Süßigkeit dazu gereicht. In Südanatolien gibt man manchmal Kardamom an den Kaffee, um seinen Geschmack zu verstärken, aber Kenner trinken ihn seines natürlichen Aromas willen lieber pur.

FÜR 1 PERSON

---

50 ml Wasser (eine Mokkatasse voll)
½ TL Zucker
½ TL Kaffee, gemahlen

Das Wasser in ein Kupfertöpfchen geben, Zucker und Kaffee einrühren. Erwärmen, bis der Kaffee aufsteigt. Vom Feuer nehmen und den Schaum in die Tasse gießen. Den Topf wieder aufs Feuer stellen, zum Kochen bringen und wieder vom Feuer nehmen. Das Ganze noch zweimal wiederholen, dann den Kaffee in die Tasse gießen.

Mit dieser Zuckermenge erhalten Sie mittelsüßen Kaffee – Orta genannt; Sade ist Kaffee ohne Zucker; Tatlı bedeutet süß.

◊ ÇAY ◊

TEE

H eutzutage wird Tee sogar häufiger getrunken als Kaffee. Er wird pur in kleinen Gläsern mit oder ohne Zucker serviert.

In Anatolien ist eine bestimmte Art des Teetrinkens üblich, die Kırtlama genannt wird. Man nimmt ein Stück Würfelzucker in den Mund, um den Tee zu süßen, während man ihn trinkt. Kırtlama-Trinker können mit einem einzigen Stück Zucker drei oder vier Gläser Tee »süßen«.

FÜR 6 PERSONEN

---

6 TL Tee
Wasser

In einem großen Kessel Wasser erhitzen, den Deckel abnehmen und eine feuerfeste Teekanne auf den Kessel stellen.

Wenn das Wasser kocht, den Tee in die Kanne geben. Mit etwas kochendem Wasser begießen, den Tee schwenken und die Flüssigkeit sofort abgießen. Dann 200 ml kochendes Wasser in die Teekanne gießen und diese oben auf den Kessel stellen. Deckel auflegen, damit das Teearoma nicht entweichen kann.

Die Hitze unter dem Kessel sehr klein stellen. Den Tee 7–10 Minuten ziehen lassen, dann servieren. Für diejenigen, die starken Tee mögen, die Gläser füllen; denjenigen, die schwächeren Tee bevorzugen, nur ein wenig Tee in das Glas gießen und mit heißem Wasser auffüllen.

◊ BOZA ◊
BULGUR-GETRÄNK

Boza wird, vor allem im Winter, von Straßenhändlern verkauft.

---

150 g Bulgur, 25 g Reis
3 l Wasser
300 g Zucker
½ TL Hefe, 1 TL Zimt

Bulgur, Reis und Wasser in einen großen Topf geben, zudecken und etwa 1½ Stunden zu einem Brei verkochen. Durch ein Sieb streichen und wieder in den Topf geben (Sie sollten etwa 2½ l ziemlich flüssiges Püree erhalten). Den Zucker zugeben und unter ständigem Rühren zum Kochen bringen. Nach 2 Minuten vom Feuer nehmen und etwas abkühlen lassen. Noch warm in eine Schüssel gießen.

Die Hefe mit etwas von der warmen Flüssigkeit vermischen. Wenn sie aufgeht, unter das Boza mischen. Zudecken und bei Zimmertemperatur fermentieren lassen. Wenn an der Oberfläche Blasen erscheinen – das dauert gewöhnlich etwa 8 Stunden –, ist das Getränk fertig. Es sollte einen bittersüßen Geschmack haben.

In große Boza-Gläser füllen, mit Zimt bestreuen und mit Leblebi (gerösteten Kichererbsen) servieren.

◊ SALEP ◊
SALEP

Salep ist ein heißes Getränk, hergestellt aus der pulverisierten Wurzel der Salep-Orchidee – *Orchis mascula*. Im Winter trinken die Türken oft eine Tasse Salep und essen dazu Simits, bevor sie morgens zur Arbeit eilen.

FÜR 2–3 PERSONEN

500 ml Milch
½ TL Salep

50 g Zucker
¼ TL Ingwer, gemahlen
¼ TL Zimtpulver

Die Milch erhitzen, Salep und 2 EL Zucker dazugeben. Wenn die Milch aufkocht, den restlichen Zucker hinzufügen und unter ständigem Rühren 10 Minuten köcheln lassen, bis die Milch andickt. Mit Zimt und Ingwer bestreuen und heiß servieren.

◊ AYRAN ◊
JOGHURTGETRÄNK

Ayran wird häufig zu den Mahlzeiten getrunken.

FÜR 3–4 PERSONEN

500 g dicker Joghurt
400 ml Eiswasser
1 TL Salz (oder nach Belieben)

Joghurt in eine Schüssel geben und 1–2 Minuten mit dem Schneebesen glattrühren. Nach und nach Wasser und Salz hinzufügen und mit dem Schneebesen 2 Minuten schlagen. Ayran kann auch im Mixer bereitet werden. Die Konsistenz kann durch Zugabe von mehr oder weniger Wasser verändert werden.

◇ VİŞNE REÇELİ ◇

MARMELADE AUS SCHATTENMORELLEN

---

800 g Zucker
400 ml Wasser
¼ TL Zitronensalz (nicht notwendig)
500 g entkernte Schattenmorellen (nach dem
Entkernen gewogen)

Aus Zucker, Wasser und Zitronensalz einen Sirup herstellen. Wenn dieser zum Kochen kommt, Hitze verringern und 2 Minuten später die Kirschen hineingeben.

Wieder zum Kochen bringen, vom Feuer nehmen und 30 Minuten stehenlassen, damit die Früchte den Zucker absorbieren können. Dann wieder aufs Feuer stellen und nochmals 25–30 Minuten kochen, dabei sorgfältig auf die Konsistenz achten. Prüfen, ob die Marmelade fest wird, und allen Schaum von der Oberfläche abschöpfen. Abkühlen lassen und in gewärmte Gläser füllen.

Wenn der Inhalt erkaltet ist, die Gläser verschließen.

◇ AYVA MARMELATI ◇

QUITTENMARMELADE

---

400 g Quitten
600 ml Wasser
800 g Zucker
2 EL Zitronensaft

Die Quitten schälen und das Kerngehäuse entfernen. Die Früchte reiben, mit dem Wasser in einen Topf geben und zugedeckt etwa 30 Minuten kochen, bis sie weich sind. Abgießen und Flüssigkeit auffangen. Die Flüssigkeit,

falls nötig, mit heißem Wasser auf 400 ml auffüllen. Zucker und Zitronensaft zugeben und 1 Minute kochen lassen. Die Quitten in den kochenden Sirup geben und ohne Deckel 5 Minuten kochen. Dann vom Feuer nehmen und 3 Stunden stehenlassen.

Die Marmelade erneut zum Kochen bringen und 20–25 Minuten oder länger leise köcheln lassen, bis sie dick wird. In vorgewärmte Gläser füllen und diese nach dem Erkalten verschließen.

◇ ŞEFTALİ MARMELATI ◇

PFIRSICHMARMELADE

Nach diesem Rezept können Sie auch die vielseitig verwendbare Aprikosenmarmelade herstellen.

Marmeladensirup (Rezept und Menge wie für
Marmelade aus Schattenmorellen auf S. 169)
600 g reife Pfirsiche

Die Pfirsiche enthäuten, die Kerne entfernen. Das Fleisch pürieren. Den Sirup 2 Minuten kochen, dann das Pfirsichpüree hinzufügen. Bei mittlerer Hitze unter gelegentlichem Rühren 35–40 Minuten kochen lassen, bis die Marmelade dick wird. Vom Feuer nehmen, Schaum abschöpfen und noch warm in Gläser füllen. Nach dem Erkalten die Gläser verschließen.

KARIŞIK TURŞU

EINGELEGTE MISCHGEMÜSE

Die türkische Küche kennt eine Fülle von eingelegten Gemüsen und Früchten in allen nur erdenklichen Arten. Sie werden in Salzwasser oder Essig oder einer Mischung aus beidem konserviert. Bei manchen Früchten oder Gemüsen ist die Nachfrage nach der Einlegeflüssigkeit noch größer als die nach den eingelegten Früchten oder Gemüsen selbst. In Adana beispielsweise wird die Flüssigkeit von eingelegten Rüben an Ständen verkauft; in Izmir kaufen die Leute an heißen Tagen im Bazar eine eingelegte Gurke und ein Glas von deren erfrischendem Saft.

Das folgende Rezept umfaßt eine breite Auswahl an Früchten und Gemüsen; verwenden Sie, was immer erhältlich ist, oder legen Sie die Gemüse oder Früchte einzeln ein, wenn Sie das vorziehen. Ich gebe gern in jede Schicht etwas von allen Früchten und Gemüsen, um eine große Auswahl zu erhalten.

FÜR DIE EINLEGEFLÜSSIGKEIT

1 l Weißweinessig
25 g Salz

GEMÜSE

1 kg Kohl
1 kg kleine feste Gurken
1 kg Zucchini
1 kg Perlzwiebeln
1 kg Karotten
1 kg lange, grüne Paprikaschoten
2 kg halbreife Tomaten
100 g Weinblätter
100 g Knollensellerie
250 g Knoblauch
25 g Kichererbsen

FRÜCHTE

1 kg Quitten
500 g Kornelkirschen
500 g Mispeln (falls erhältlich)

Essig und Salz mischen und stehenlassen. Alle Gemüse putzen, waschen und abtropfen lassen. Die Kohlblätter in kleine Stücke schneiden. Gürkchen und Zucchini oben und unten abschneiden und an mehreren Stellen mit einem Zahnstocher einstechen. Die Karotten in Stäbchen schneiden. Die Paprikaschoten an mehreren Stellen mit einem Zahnstocher einstechen. Sellerieknolle in Stäbchen schneiden, die Blätter beiseite stellen.

Die Quitten waschen, vierteln und das Kerngehäuse entfernen. Die Kornelkirschen und Mispeln waschen und abtropfen lassen. Ein paar Weinblätter, einige Stückchen Sellerie und einige Kichererbsen auf den Boden eines großen Glases oder Steinguttopfes legen. Darauf eine Schicht Kohlblätter geben. Auf diese die verschiedenen Gemüse und Früchte schichten und Lücken mit Knoblauchzehen, Kornelkirschen und Mispeln füllen. Mit Weinblättern abdecken, und die Schichten wiederholen, bis alle Zutaten verbraucht sind und das Glas gefüllt ist. Mit Wein- und Sellerieblättern abdecken. Den gesalzenen Essig durch ein Sieb über den Glasinhalt gießen, dabei darauf achten, daß alle Gemüse bedeckt sind. Zuletzt einen Teller, der in das Glas oder den Steinguttopf paßt, auf die Gemüse legen und mit einem Stein beschweren, damit Gemüse und Früchte nicht hochsteigen und aus dem Essig tauchen können. Das Glas zudecken und bei Zimmertemperatur 2–3 Wochen stehenlassen.

◇ YOĞURT ◇
JOGHURT

Joghurt ist seit der Zeit, als die Türken noch in Zentralasien lebten, ein wesentlicher Bestandteil der türkischen Küche. Man verwendet zwei Arten von Joghurt: die halbflüssige, Sıvı Tas Yoğurt, und die festere Art, die Süzme Yoğurt heißt. Letztere wird allein oder mit Marmelade (vor allem mit Schattenmorellen-Marmelade) als Dessert gegessen. Man verwendet sie für alle möglichen Gerichte und zur Herstellung von Ayran (S. 168).

Wenn Sie Joghurt zubereiten, so erhalten Sie eine dickere Variante, wenn Sie der kochenden Frischmilch 1 EL Milchpulver zusetzen.

---

1 l Milch
2 EL dicker Joghurt

Die Milch in einem schweren Topf erhitzen. Wenn sie aufkocht, die Hitze verringern und die Milch 10 Minuten köcheln lassen. Dann in eine Schüssel gießen und stehenlassen, bis sie so weit abgekühlt ist, daß man einen Finger hineintauchen kann (etwa 35–40 °C).

Den Joghurt mit etwas von der warmen Milch verrühren, dann in die restliche Milch gießen und gut umrühren. Die Schüssel mit einem Deckel zudecken und in ein Handtuch oder eine Decke wickeln. An einem warmen Ort 5–6 Stunden zum Fermentieren und Setzen stehenlassen. Wenn der Joghurt fertig ist, die Schüssel in den Kühlschrank stellen.

Um Süzme Yoğurt herzustellen, 1 Liter Joghurt in ein Mulltuch geben, die vier Ecken oben zusammenfassen und verknoten.

Das Tuch über ein Becken oder eine Schüssel hängen oder in ein Sieb über einer Schüssel legen und 3 Stunden abtropfen lassen. Das ergibt etwa 500 ml Süzme Yoğurt.

◇ PEYNIR ◇
KÄSE

Weißer Käse, Beyaz Peynir, ist der in der Türkei am meisten verwendete Käse. Er kann frisch und ungesalzen sein oder in Salzlake aufbewahrt werden. Er ist leicht zu Hause herzustellen.

---

2 l Milch
1 TL Labferment

Die Milch bis zu einer Temperatur erwärmen, bei der man noch den Finger eintauchen kann (etwa 35 °C). Das Labferment einrühren, Deckel auflegen und den Topf an einem warmen Ort stehenlassen. Im allgemeinen wird die Milch binnen 3 ½–4 Stunden fermentieren und sich setzen. Wenn die Milch gestockt ist, in einen Mull- oder Baumwollbeutel geben und diesen in ein Sieb legen, mit einem Gewicht beschweren und 4–5 Stunden abtropfen lassen.

Um festzustellen, ob der Käse die richtige Konsistenz hat, nehmen Sie etwas davon zwischen zwei Finger und drücken ihn. Wenn die Finger nicht mit Milch benetzt sind, ist der Käse fertig, sind dagegen Spuren von Milch vorhanden, muß der Käse noch länger abtropfen. Zum Servieren den Käse in Scheiben schneiden und nach Wunsch mit Salz bestreuen.

SARIMSAKLI YOĞURT ◊

JOGHURTSAUCE MIT KNOBLAUCH

500 g dicker Joghurt
3 Knoblauchzehen
(oder nach Belieben)
Salz

Joghurt in eine Schüssel geben. Knoblauchzehen schälen und im Mörser mit Salz zu einer glatten Paste zerstoßen. Die Paste unter den Joghurt rühren und je nach Rezept weiterverwenden.

◊ TARATOR ◊

WALNUSS-SAUCE

Am häufigsten wird Tarator in der ägäischen Region verwendet. Man kann diese Sauce auch als Dip reichen; besonders gut schmeckt sie zu gekochtem Gemüse und einfach gegartem Fisch.

FÜR 4–6 PERSONEN

50 g Walnußkerne, 50 g Paniermehl
2 Knoblauchzehen
50 ml Brühe
1 EL Olivenöl
50 ml Essig oder Zitronensaft
Salz

ZUM GARNIEREN
1 EL Olivenöl
½ TL Paprikapulver

Walnüsse, Paniermehl und Knoblauch zu einer Paste zerstoßen oder im Mixer zerkleinern. So viel Brühe hinzufügen, daß die Mischung die Konsistenz von dickem Joghurt hat. Das Olivenöl und den Essig oder Zitronensaft dazugeben, mit Salz bestreuen und vermischen.

Tarator in eine Sauciere füllen, das Olivenöl darübergießen und mit Paprikapulver bestreuen.

◊ DOMATES SALÇASI ◊

TOMATENSAUCE

FÜR 6 PERSONEN

250 g reife Tomaten, enthäutet, entkernt und
feingehackt
25 ml Olivenöl
25 ml Essig
4 Knoblauchzehen
½ TL Salz
½ TL Zucker

Die Tomaten etwa 10 Minuten unter gelegentlichem Rühren in dem Öl erhitzen, bis der Saft eingekocht ist. Knoblauch mit Salz zerstoßen und zu den Tomaten geben, dann Essig und Zucker hinzufügen. Deckel auflegen und bei geringer Hitze 5 Minuten köcheln lassen, dann je nach Rezept weiterverwenden.

GLOSSAR

Bulgur oder Weizengrütze ist fein- und grobgeschrotet in türkischen Geschäften erhältlich.

Döğme ist eine Art grobes Weizenmehl aus Körnern, die in Wasser eingeweicht, dann zerstoßen und getrocknet wurden.

Fırık ist gerösteter unreifer junger Weizen.

Grenadinesirup (Granatapfelsirup) ist ein dikker Sirup aus dem Saft saurer Granatäpfel. In Delikateßgeschäften erhältlich.

Haspir (*Carthamus tinctorius*) oder Saflor sieht aus wie Safran, ist aber dunkler orange gefärbt. Man streut ihn in Anatolien als Dekoration auf viele Speisen. Wie Safran gibt er einem Gericht Farbe, hat aber nicht dessen Aroma.

Kaşar-Käse ist ein fester weißer Käse aus Schafsmilch. Er kann durch einen anderen Schafskäse oder einen milden Cheddar oder Gouda ersetzt werden.

Kaymak ist eine dicke, schwere Creme, die für Desserts und Gebäck verwendet wird. Saure Sahne oder Crème fraîche sind der beste Ersatz.

Kornelkirschen sind olivenförmige Früchte mit länglichen Kernen; man verwendet sie häufig für Marmelade.

Mahleb wird hergestellt aus gemahlenen Kernen von Schwarzkirschen. Es wird zum Aromatisieren von Brot und Backwaren verwendet. Mahleb gibt es in türkischen Geschäften zu kaufen.

Mastixharz ist das zähe Harz des Akazienbaumes. Es wird (mit Salz) pulverisiert oder granuliert zum Würzen von Fleischgerichten und Desserts verwendet.

Nigella (*Nigella sativa* / Schwarzkümmelsamen), oft fälschlich als Schwarzzwiebelsamen bezeichnet, sind schwarze, pfeffrige Samen, die auf Brot und Gebäck gestreut oder für Füllungen verwendet werden.

Paprikapulver, ein wesentlicher Bestandteil der türkischen Küche, kann man fein- und grobgemahlen kaufen. Es ist nicht so scharf wie Cayennepfeffer und nicht so mild wie edelsüßer Paprika (eine Kombination beider Gewürze dient als Ersatz). Man stellt es statt schwarzem oder weißem Pfeffer als Gewürz auf den Tisch.

Paprikaschoten – die in der Türkei meistverwendete Art sind die dünnhäutigen, schmalen, spitzen Schoten (Peperoni/Spitzpaprika), die aber nicht mit grünen Chilis verwechselt werden dürfen.

Pastırma ist luftgetrocknetes Kalbfleisch, mit einer Paste aus Knoblauch, Paprika (oder auch Kreuzkümmel) und Bockshornklee überzogen, und wird in dünnen Scheiben als Appetithappen gegessen.

Pekmez ist ein dicker Sirup aus Traubensaft. Man kann als Ersatz auch einen Zuckersirup verwenden, doch diesem fehlt das Aroma von Pekmez.

Rosenwasser, eine verdünnte Essenz aus Rosenblättern, die man zum Aromatisieren von Desserts, Backwaren und Sirups verwendet.

Sübye ist eine Mischung aus Reis und Wasser, die man als Basis für Milchdesserts verwendet. Der Reis wird 8 Stunden in der doppelten Menge Wasser (75 g in 150 ml Wasser) eingeweicht, dann wird die Mischung durch ein Sieb gegeben. Man kann Sübye auch durch eine Mischung aus gemahlenem Reis, Stärke und Milch ersetzen, aber das Dessert wird dann unter Umständen weniger fest.

Sumach (*Rhus corioria*) sind die sauren Beeren eines Strauches, der in ganz Anatolien wild wächst. Sie können in Wasser eingeweicht und anschließend ausgedrückt, aber auch gemahlen als Säuerungsmittel für Fleisch- und Gemüsegerichte verwendet werden. Sumach gibt es in türkischen Geschäften zu kaufen; ersatzweise kann man auch Zitronensaft verwenden.

Tahina-Paste ist eine ölige Paste aus zerdrückten Sesamsamen.

Traubensaft (Verjuice) aus sauren, unreifen Trauben wird für viele anatolische Gerichte verwendet; er kann durch Zitronensaft ersetzt werden.

Weizenstärke wird allgemein zum Andicken verwendet; sie kann durch Maismehl oder Kartoffelmehl ersetzt werden.

Zitronensalz oder Zitronensäure ist in Kristallform erhältlich. Ersatzweise kann Zitronensaft verwendet werden.

REGISTER

DANKSAGUNGEN DER AUTORIN

Ich danke meiner Freundin Claudia Roden für ihr lebhaftes Interesse an der türkischen Küche und ihre uneingeschränkte Unterstützung bei meiner Arbeit an diesem Buch.

Meiner Lektorin Jill Norman, mit der zusammenzuarbeiten viel Feude machte, spreche ich meinen Dank für ihr persönliches Engagement an diesem Buch aus und für die Hilfe und Unterstützung, die sie mir in allen Stadien der Arbeit zuteil werden ließ. Ich betrachte dieses Buch nicht allein als mein Werk, sondern als Ergebnis unserer aller Bemühungen.

Ich danke Mahmut Samy für die Übersetzung des Buches.

Großen Dank schulde ich meiner geschätzten Freundin Gülsen Kahraman für ihre großzügigen Bemühungen bei der gemeinsamen Bearbeitung des englischen Textes.

Bedanken möchte ich mich auch beim Türkischen Ministerium für Kultur und Tourismus für die materielle Unterstützung bei der Beschaffung von Fotomaterial, und bei Timuçin Dulgar vom Mitarbeiterstab des Ministeriums für seine unermüdliche und geduldige Arbeit bei der Aufnahme der nötigen Fotos.

Für ihre unschätzbare Hilfe danke ich von ganzem Herzen dem Vorsitzenden der Geschäftsleitung des Pera Palace Hotels in Istanbul, Hasan Süzer, sowie dem Besitzer des Restaurants Konyali in Istanbul, Nurettin Doğanbey, und dem Küchenchef des Restaurants Pandeli in Istanbul, Ismail Demir. Dank schulde ich außerdem den Restaurants Beyti und Urcan in Istanbul, dem Hotel-Restaurant Etap und dem Restaurant Palet, beide in Izmir, Ihsan Atasagun und Niyazi Ildirar, beide in Konya, und dem Tourismusverband von Konya sowie vielen anderen Einzelpersonen und Stiftungen für ihre Unterstützung und Hilfe, und nicht zuletzt gilt mein Dank einer Anzahl von Straßenhändlern, die zu groß ist, um sie hier aufzuführen.

Besonderen Dank spreche ich meinen geschätzten Kochlehrer-Kolleginnen in Izmir aus, Cemile Sezen, Nevin Yilmaz und Serpil Altay, deren Wissen und Sachkunde mir sehr zugute kamen, sowie meiner geschätzten Kochlehrerin in England, Mrs. Janet Meyrick aus Brighton, die mir half, Nahrungsmittel und Zutaten zu identifizieren.

Nilgün Çelebi, Aziz Kaplan und Yakup Çelik, alle aus Konya, und vielen anderen danke ich für ihre vielen verschiedenen Arbeitsbeiträge zu diesem Buch.

Für ihre große Mühe beim Testen der in diesem Buch beschriebenen Gerichte, als ich sie mit aus England mitgebrachten Zutaten bereitete, danke ich vor allem meiner Mutter, Halıcı Hanım, dieser großartigen Köchin und Feinschmeckerin und meiner ersten Kochlehrerin sowie meinen Brüdern Feyzi, Metin und Hasan und meiner Schwester Nermin.

Ich danke auch dem Verlag Dorling Kindersley Ltd. und den mit diesem Buch befaßten Mitarbeitern für die Veröffentlichung meines Buches.